Wolfgang Sander

Bildung – ein kulturelles Erbe
für die Weltgesellschaft

WOCHEN
SCHAU
VERLAG

Bibliografische Information der Deutschen Nationalbibliothek

Die Deutsche Nationalbibliothek verzeichnet diese Publikation in der Deutschen Nationalbibliografie; detaillierte bibliografische Daten sind im Internet unter http://dnb.d-nb.de abrufbar.

© WOCHENSCHAU Verlag,
Dr. Kurt Debus GmbH
Frankfurt/M. 2018

www.wochenschau-verlag.de

Umschlagbild: Jan Vermeer, Der Astronom, 1668 (Louvre) © akg-images
Gedruckt auf chlorfrei gebleichtem Papier
Gesamtherstellung: Wochenschau Verlag
ISBN 978-3-7344-0625-6 (Buch)
E-Book ISBN 978-3-7344-0626-3 (PDF)

Inhalt

Zur Einführung: Die Aktualität der Bildung

> *„Ein gemeinsames Bildungsideal fehlt heute weitgehend.*
> *Sowie das Bemühen darum.*
> *Das wäre auch eine Aufgabe für die Geisteswissenschaften."*
> *(Christoph Markschies)*[1]

‚Bildung' ist heute in aller Munde. Die Zukunft von Wirtschaft und Wohlstand sollen von ‚Bildung' abhängig sein, weshalb ‚Bildungsinvestitionen' notwendig sind, um die die ‚Bildungspolitik' sich kümmert. Das ‚Bildungssystem' durchlaufen in modernen Gesellschaften alle Menschen, und damit es seine Aufgaben erfüllt, bedarf es häufiger ‚Bildungsreformen'. Die Leistungen, die dieses System erbringen soll, werden in ‚Bildungsstandards' festschrieben und von der ‚Bildungsforschung' erhoben. Manchen fehlt es dennoch an der ‚Bildungsbeteiligung', denn es gibt ‚bildungsferne' und ‚bildungsnahe' Menschen, von denen aber nur letztere über genügend ‚Bildungskapital' verfügen, weshalb es für die anderen der ‚Bildungsförderung' bedarf. Gelegentlich werden dafür sogar ‚Bildungsprämien' ausgelobt, und wenn alles nichts hilft, stellen eine Bank oder der Staat vielleicht einen ‚Bildungskredit' zur Verfügung, damit es zu mehr erfolgreichen ‚Bildungsabschlüssen' kommt.

Bildung scheint allgegenwärtig zu sein – aber dieser Eindruck täuscht. Hinter dem Begriffsnebel, den die vielen Komposita mit ‚Bildung' in den Medien erzeugen, verbirgt sich eine große Leere. Es kann keine Rede davon sein, dass es in der Öffentlichkeit einen Konsens darüber gibt, was denn diese ‚Bildung' inhaltlich bedeuten soll, von der so viel die Rede ist. Woran soll sie sich zeigen? Was soll es bedeuten, ‚gebildet' zu sein? An der weithin ausbleibenden Antwort auf solche Fragen zeigt sich, dass die inflationäre Verbreitung des Bildungsbegriffs mit einem weitgehenden Verlust seines semantischen Gehaltes erkauft ist. Faktisch meint ‚Bildung' in den eingangs beispielhaft genannten Begriffsvarianten nicht mehr als eine Art Sammelbegriff für alles, was in irgendeiner Beziehung zu den Institutionen des Erziehungs- und Unterrichtswesens steht.

Bezieht man aber Bildung nur *formal* auf Leistungen des Bildungssystems, der Kindergärten, Schulen, Hochschulen, Einrichtungen der außerschulischen Jugend- und Erwachsenenbildung – ist dann notwendigerweise derjenige besser gebildet, der die meisten Zertifikate gesammelt und die besten Noten erhalten hat? Und umgekehrt, ist notwendigerweise der weniger gebildet oder ungebildet, der die Institutionen dieses Systems weniger erfolgreich durchlaufen hat? Müssen wir also jeden Verfasser von Trivialliteratur, der ein Gymnasium erfolgreich absolviert hat, als gebildeter bezeichnen als Thomas Mann und Hermann Hesse (ohne Abitur)? Oder muss uns der Schüler eines humanistischen Gymnasiums und erfolgreiche Studienabsolvent Heinrich Himmler als gebildeter gelten als der Volksschulabsolvent und Schreiner Georg Elser, der durch eigenes Nachdenken schon lange vor dem 1. September 1939 zu der Überzeugung kam, dass die Führung der NSDAP einen neuen Krieg plane, und mit einem Attentat auf Hitler am 8. November 1939 im Alleingang versuchte, das Schlimmste zu verhindern?

Solche Fragen führen zu den Problemen, die mit der leerformelhaften Verwendung des Bildungsbegriffs im öffentlichen Sprachgebrauch verbunden sind. Die Geschäftigkeit, die das Bildungssystems ohne Zweifel prägt, verdeckt nur mühsam eine verbreitete Unklarheit darüber, *wohin* erzieherische und unterrichtliche Bemühungen letztlich führen sollen, worin also ihr *Sinn* besteht. Eben dafür, für Sinn und Ziel pädagogischer Arbeit wie der Anstrengungen derer, die sich aktiv lernend um das Verstehen der Wirklichkeit bemühen, steht aber seit Jahrhunderten in der deutschen Sprache das pädagogische und philosophische Konzept der *Bildung.*

In gewisser Weise ist selbst das Floskelhafte seines öffentlichen Gebrauchs noch ein Indiz für die Unverzichtbarkeit des Bildungsbegriffs. Mit ihm verbindet sich zumindest noch eine Ahnung davon, dass Erziehung mehr sein sollte als die bloße Einpassung der jungen Generation in eine bestehende Ordnung und dass es in Schulen und Hochschulen um mehr gehen sollte als um Noten und Zeugnisse. Großen Institutionen droht zudem der Verlust ihrer Legitimation, wenn sie nicht nachvollziehbar erklären können, worin über den Erhalt ihrer selbst hinaus ihr Sinn besteht, der es beispielsweise rechtfertigt, dass Menschen viele Jahre ihres Lebens in ihnen verbringen. Wo ‚Bildung' leer wird, verbreiten sich deshalb Surrogate – wie die Versprechen von sozialem Ansehen, Erfolg oder

Wohlstand durch entsprechende Abschlüsse. Freilich weiß im Grunde jeder, dass solche Versprechen umso weniger eingelöst werden können, je mehr Menschen ihnen vertrauen; spätestens wenn *alle* Menschen das Abitur haben, verliert es seinen Distinktionswert vollständig.

Trotz der Leerformelhaftigkeit seines Gebrauchs in der Öffentlichkeit, auch trotz mancher Positionen in Wissenschaft und Politik, die es für überholt hielten, ist das Konzept der Bildung im akademischen Nachdenken über Erziehung nie ganz verschwunden. Im Gegenteil nimmt derzeit das Interesse an Bildungstheorie wieder zu, nachdem die jüngsten Surrogate für den Bildungsbegriff, eine überdrehte Kompetenzorientierung und die technokratische Illusion einer ‚evidenzbasierten' Steuerbarkeit des Schul- und Hochschulsystems auf der Grundlage empirischer Daten, an ihre Grenzen zu kommen scheinen.

In diesem Buch geht es um die Frage, was Bildung heute bedeuten und wie diese pädagogische Leitidee heute begründet werden kann. Der besondere Fokus liegt dabei auf einer *weltgesellschaftlichen* Perspektive und damit auf dem Aspekt, wie sich Bildung in Zeiten der *Globalisierung* bestimmen lässt. Meist und durchaus zu Recht wird im deutschen Sprachraum der Bildungsbegriff eng mit dem Wirken Wilhelm von Humboldts im frühen 19. Jahrhundert verknüpft. Aber es soll hier gezeigt werden, dass nicht nur in Europa das mit diesem Begriff Gemeinte weit älter ist, sondern dass es sich auch in anderen Kulturräumen nachweisen lässt. Die Idee der Bildung ist weder eine deutsche Besonderheit noch Instrument eines europäischen Kolonialismus. Sie ist ein kulturelles Erbe der Menschheit. Eben deshalb, das ist die Kernthese dieses Buches, ist *Bildung* in einer sich verdichtenden Weltgesellschaft als Leitidee für Erziehung wie für die Institutionen des Unterrichtswesens geeignet und perspektivenreich.

Dieses Buch versteht sich nicht als hochspezialisierter Beitrag zur erziehungswissenschaftlichen Forschung. Es nimmt Beiträge aus sehr unterschiedlichen wissenschaftlichen Disziplinen auf und reflektiert sie unter der leitenden Fragestellung, wie sie für das Verständnis von Bildung in Zeiten der Globalisierung fruchtbar gemacht werden können. Es ist zumindest die Absicht des Verfassers, diese Überlegungen nicht nur mit Spezialisten für Bildungstheorie zu teilen, sondern sie einem weiteren Kreis von am Thema Bildung Interessierten zugänglich zu machen. Inwieweit dies gelungen ist, müssen freilich die Leserinnen und Leser beurteilen.

Der Argumentationsgang in diesem Buch folgt unterschiedlichen Aspekten, Voraussetzungen und Folgen, die mit dem Begriff der Bildung verbunden sind. Wenn Bildung etwas mit Wissen und Erkenntnis zu tun hat – wie sind diese Begriffe dann zu verstehen? Was können wir überhaupt von der Welt erkennen und wie sicher ist unser Wissen? Von diesen Fragen handelt das erste Kapitel. Im zweiten Kapitel wird untersucht, in welchem Sinn wir in unserer Zeit davon sprechen können, dass wir in einer Weltgesellschaft leben, in welchem Zusammenhang Globalisierung und Weltgesellschaft miteinander stehen, wie sich die Weltgesellschaft als Konfliktfeld darstellt und wie sie sich auf das Bildungswesen auswirkt. Kapitel 3 befasst sich mit der Frage, was angesichts der großen kulturellen Vielfalt in der Weltgesellschaft alle Menschen miteinander verbindet. Kann der Humanismus, der ja eben diese Frage stellt, was den Menschen als Menschen ausmacht, eine verbindende Vorstellungswelt sein, auf die auch Bildung, in einer globalen Perspektive betrachtet, sich stützen kann – und wenn nein, warum nicht? Den Traditionen des Bildungsdenkens geht das vierte Kapitel aus einem transkulturellen Blickwinkel nach. Gibt es dem neuzeitlichen europäischen Konzept von Bildung vergleichbare Denkweisen in früheren europäischen Epochen, im Islam, im Konfuzianismus oder in Hinduismus und Buddhismus? Kapitel 5 diskutiert zentrale konzeptuelle Probleme eines zeitgemäßen Verständnisses von Bildung. Auf welche normativen Begründungen kann der Bildungsbegriff sich stützen und welche Bedeutung hat dafür aus einer europäischen Sicht das Christentum? Wie lassen sich der Bildung inhärente Spannungen und Dialektiken verstehen – zwischen Integration und Eigenständigkeit, zwischen Zweckfreiheit und Nützlichkeit, zwischen Vielfalt und Einheit der Bildung? Von Konsequenzen für Selbstverständnis und Praxis der Schule handelt das sechste Kapitel. Lässt sich ein gemeinsames Kerncurriculum für Schulen in der Weltgesellschaft umreißen und auf welche Weise können weltgesellschaftliche Perspektiven und Probleme im schulischen Unterricht zur Sprache kommen? Was kennzeichnet lernfördernden, was bildungsfördernden Unterricht? Und muss Schule nicht mehr als Unterricht bieten? Eine knappe Schlussbetrachtung zu der Frage, ob und in welchem Sinn zur Idee der Bildung heute auch der Aspekt einer Erziehung zum Weltbürger gehört, beendet das Buch.

Dieses Buch hätte nicht entstehen können ohne vielfältige Formen des Rates und der Unterstützung, die in den Anmerkungen zum Text nicht oder nicht zureichend zu würdigen sind. Es ist mir deshalb eine Freude, an dieser Stelle Dank sagen zu können. Elisa Klapheck (Frankfurt/M.) und Arie Kizel (Tel Aviv/Haifa) verdanke ich wichtige Hinweise zur Bildungsgeschichte des Judentums, Sebastian Günther (Göttingen) zu der des Islam. Lars Friedrich hat als studentische Hilfskraft zur Quellensuche für Kapitel 4 beigetragen, Maria Meixner wirkte als wissenschaftliche Mitarbeiterin an der Endredaktion des Manuskripts mit. Mein Gießener Kollege Ludwig Duncker hat sich gemeinsam mit mir immer wieder dafür eingesetzt, an Bildung als Leitidee der Universität festzuhalten und sie in der Praxis des Lehramtsstudiums zur Geltung zu bringen. Bernward Debus, Verleger des Wochenschauverlages und langjähriger Wegbegleiter bei vielen Projekten, zeigte sich sofort offen für dieses Buch und hat seine Realisierung aktiv unterstützt.

Kerstin Sander hat als meine Ehefrau die Entstehung dieses Buches nicht nur in vielen Gesprächen mit Neugierde und kritischen Nachfragen begleitet. Sie hat auch mit großer Geduld die Folgen dessen mitgetragen, was Martin Walser über das Bücherschreiben sagte: „Ein Buch ist für mich eine Art Schaufel, mit der ich mich umgrabe."

Gießen, im Oktober 2017   *Wolfgang Sander*

1.

DIE VERTREIBUNG AUS DEM PARADIES

> *„Je größer die Insel unseres Wissens wird, umso*
> *länger wird die Küste unserer Unwissenheit."*
> *(John Wheeler)*[1]

Im zweiten Schöpfungsbericht der Bibel wird die Geschichte vom Baum der Erkenntnis erzählt. Der Mensch übertritt Gottes Verbot, von dessen Früchten zu essen, und muss daraufhin das Paradies, den Garten Eden, verlassen. Gott schickt ihn hinaus in unsere Welt. Dort wird er sterblich und muss mit mühseliger Arbeit seinen Lebensunterhalt sichern: „Im Schweiße deines Angesichts sollst du dein Brot essen, bis du zurückkehrst zum Ackerboden. Denn Staub bist du, zum Staub musst du zurück." (Gen. 3, 19) Die Frau wird zur „Mutter aller Lebendigen", aber gebären muss sie unter Mühsal und Schmerzen.

So hat der Mensch zwar die Fähigkeit zur Erkenntnis gewonnen. Aber diese muss er sich in einer Welt zunutze machen, in der sein Leben kurz und seine Existenz beschwerlich ist. Verloren hat er die ursprüngliche unmittelbare Verbindung zu Gott, mit dem Adam und Eva gemeinsam im Paradies lebten; eine Verbindung, die Erkenntnis gar nicht notwendig machte. Den beiden ersten Menschen, so die Bibel, war vor dem Essen der verbotenen Früchte vom Baum der Erkenntnis nicht einmal bewusst, dass sie nackt waren.

Für die tiefe Wahrheit, die diese Geschichte enthält, spricht die geradezu universelle Verbreitung ihres Grundmotivs. Die biblische Geschichte selbst teilen Judentum, Christentum und Islam miteinander. Sie ist in der menschlichen Kulturgeschichte immer wieder gedeutet, variiert und auf andere Arten erzählt worden, so in Literatur, Malerei, Musik und Film; aber die Vertreibung aus dem Paradies findet sich auch als Metapher für alle möglichen Arten des unfreiwilligen Verlassens einer vergleichsweise angenehmen sozialen Situation in der Alltagssprache. Von der Genealogie, die das Buch Genesis reichlich mühsam und angestrengt von Adam und Eva bis zu den Erzvätern Israels herstellt, hat sie sich längst gelöst – nicht im Herkunftsmythos eines Volkes oder einer Religionsgemeinschaft, sondern in ihrem Beitrag zum Verständnis der Conditio humana besteht die bleibende Bedeutung der Erzählung von der Vertreibung des Menschen aus dem Paradies.

Entfremdung

Vertrieben aus dem Paradies, lebt der Mensch in einer Welt, mit der er nicht mehr eins ist. Im Christentum bezeichnet Sünde genau diesen Zustand der Trennung des Menschen aus einer ursprünglichen Einheit mit Gott. Aber das tiefe Empfinden einer Fremdheit in der uns zugänglichen Welt ist keine Besonderheit des Christentums, es durchzieht die ganze menschliche Kulturgeschichte. Die trotz aller Anstrengungen am Ende nicht aufhebbare Differenz zwischen Sein und Sollen im menschlichen Leben, das erlittene wie das verschuldete Leiden, die Brüche in der Existenz jedes Einzelnen wie auch die Vergeblichkeit vieler Bemühungen lassen sich durch das, was dennoch gelingt, nicht zum Verschwinden bringen. Momente des Glücks, der Freude und der Erfüllung versöhnen uns mit der Welt, aber sie sind nicht von Dauer – zum Augenblick zu sagen: „Verweile doch, du bist so schön", ist in Goethes Faust der Moment, in dem der Teufel seine Wette gewinnt.

Das Empfinden der Fremdheit in der Welt äußert sich aber auch im Bewusstsein des Nicht-Identischen zwischen menschlichem Denken und der Welt, auf die sich dieses Denken bezieht.[2] Dass unser Wissen Stückwerk ist, dass die Welt sich uns nicht durch bloße Anschauung offenbart, wusste schon die antike Philosophie, Platons Höhlengleichnis legt davon Zeugnis ab.

Mit dem Begriff der *Entfremdung* lässt sich wohl am ehesten dieses Uneigentliche im Verhältnis des Menschen zur Welt erfassen.[3] Versteht man ihn weit genug, kann er religiöse Deutungen wie die christliche Sündenlehre oder die buddhistische Sicht auf das Leben als Kreislauf des Leidens ebenso umfassen wie die zahlreichen theoretischen Konzeptualisierungen in der Geschichte der Philosophie und der neuzeitlichen Wissenschaften – von der Welt der Schatten im Höhlengleichnis bis Hegel und Marx, von Freud bis Durkheim und Heidegger, von Tönnies bis Adorno und Horkheimer oder Baudrillard. Versteht man ihn aber zu eng und begrenzt ihn auf jene Einschränkungen für die menschlichen Entfaltungsmöglichkeiten, die durch prinzipiell vermeidbare politische, ökonomische und soziale Restriktionen verursacht sind – so bedeutsam diese ohne Zweifel für die konkrete Lebensführung vieler Menschen in vielen Gesellschaften waren und sind –, dann liegt die Gefahr innerweltlicher Erlösungsideologien nahe. Das 20. Jahrhundert sollte hinreichend gezeigt haben, wie schnell Versprechungen, die Entfremdung in einem sozialtechnologisch hergestellten neuen Paradies aufzuheben, direkt in die Hölle führen. Diese innerweltlichen

Erlösungsideologien lassen sich neben den Illusionen, die religiöser Fanatismus wecken kann, als ‚große Fluchten' vor der Fremdheit der Menschen in der Welt verstehen. Sie sind groß nicht nur in ihren Imaginationen, sondern auch und vor allem in ihrer Tödlichkeit, in den menschenfressenden sozialen Monstern, die der Schlaf der Vernunft in dem berühmten Gemälde Goyas gebiert. In den Vernichtungslagern der Nationalsozialisten sind diese Monster zu besichtigen, in den Massenmorden des Stalinismus und der chinesischen Kulturrevolution, den Killing Fields Kambodschas oder den religiös-politischen Phantasmen und der blutigen Praxis des ‚Islamischen Staates' unserer Tage.

Vergleichsweise harmlos sind dagegen die ‚kleinen Fluchten' des Aberglaubens und der Esoterik, des Hedonismus und des Narzissmus, des Strebens nach Macht und Reichtum als Lebenssinn – harmlos für die Mitmenschen, im Vergleich jedenfalls zur massiven Gewalt, die ‚große Fluchten' nach sich ziehen, harmlos aber nicht unbedingt für die Flüchtenden selbst.

Gibt es Wege des Standhaltens angesichts unvermeidbarer Entfremdung? Kann Entfremdung in dem hier gemeinten weiten Sinn gar eine produktive Kraft sein? Da wir nicht eins sind mit der Welt, müssen wir uns mit den Bedingungen und Anforderungen auseinandersetzen, die sie für uns bereithält. Dies tun Menschen seit jeher mittels der von ihren Kollektiven hervorgebrachten Kultur, mit Praktiken und Symbolsystemen also, in und mit denen sie ihr Verhältnis zur Welt bestimmen und deuten. Zu ihnen gehören die Formen der *Arbeit*, zu der wir als Gattung gezwungen sind, wenn wir überleben wollen, denn „im Schweiße deines Angesichts sollst du dein Brot essen". Arbeit kann Entfremdung verstärken, aber sie kann auch ein Quell der Erfüllung sein und uns in der Welt beheimaten, Entfremdung also entgegenwirken. *Philosophie und Wissenschaften* setzen uns in ein reflexives Verhältnis zur Wirklichkeit, indem sie den denkenden Menschen in eine Position eines gedachten Gegenübers zur Wirklichkeit bringen, vor der aus er mit den Mitteln strenger Rationalität die natürliche und kulturelle Umwelt zum Gegenstand methodischer Untersuchungen macht. Die *Künste* wiederum eröffnen andere Weltverhältnisse als die von Nützlichkeit und methodischer Rationalität geprägten. Mit ihren ästhetischen Mitteln erreichen sie auf andere Weise als die Philosophie und die Wissenschaften Schichten von Wahrnehmung und Wirklichkeit, die die Selbstverständlichkeiten alltäglicher Welterfahrungen irritieren können. Die *Religionen* schließlich beziehen sich in großen Bildern und Erzählungen auf das Ganze von Mensch und Welt, das in der entfremdeten Wirklichkeit nur splitter- und schemenhaft zu spüren ist. Sie handeln von einem Göttlichen, das die erfahrbare Wirklichkeit transzendiert, aber für das Leben in dieser Wirklichkeit bedeutsam ist.[4] Für die Religionen erschließt sich das Verstehen unserer Wirklichkeit erst aus einer Perspektive, die diese Wirklichkeit als eine vorläufige betrachtet und auf eine ganz andere hofft.

Alle diese kulturellen Praktiken und Symbolsysteme sind Ausdrucksformen des menschlichen Geistes. Dass sie darum nicht notwendigerweise vernünftig sind, bedarf angesichts der menschlichen Geschichte keiner genaueren Begründung.[5] Dennoch verweisen sie auf die Möglichkeit des Menschen, die Entfremdung zwar nicht aufzuheben, sie aber doch zu erkennen, ihr standzuhalten und im Bewusstsein der Vorläufigkeit allen Wissens und Verstehens eine verantwortliche Lebensvorstellung zu denken und nach dieser Vorstellung auch zu handeln. Bezogen auf den Einzelnen, ist dies der Weg der *Bildung*. Auf ihn beziehen sich die späteren Kapitel dieses Buches.

Die Früchte vom Baum der Erkenntnis

Im zweiten Schöpfungsbericht heißt es, dass Gott dem Menschen alle Tiere gezeigt habe, um zu sehen, wie er sie benenne: „Und wie der Mensch jedes lebendige Wesen benannte, so sollte es heißen." (Gen. 2, 19) Interessanterweise geschieht dies in dieser Erzählung noch bevor der Mensch vom Baum der Erkenntnis isst; ob sich das aus der Verarbeitung verschiedener älterer Quellen erklärt, wie sie die alttestamentliche Forschung für den Pentateuch und darin auch für die Paradies-Erzählung annimmt, soll hier nicht weiter erörtert werden. Bemerkenswert an der zitierten Stelle ist, dass ihrem Verfasser offenbar die fundamentale Bedeutung sprachlicher Benennungen und Unterscheidungen für Weltverstehen bewusst war. Erkenntnis ist für uns gekoppelt an Unterscheidungen, mit denen wir Ordnung in die schier unendliche Fülle an Eindrücken bringen. Aber zugleich ist mit der ersten Unterscheidung, die wir treffen, die Welt als Ganzes für die Erkenntnis schon verloren. Aus dieser grundlegenden Aporie menschlicher Erkenntnis gibt es keinen Ausweg, sie ist Teil der Conditio humana.

Denis Diderot, der mit Jean-Baptiste le Rond d'Alembert ab 1751 über ein Vierteljahrhundert hinweg die „Encyclopédie" herausgab, ein Mammut- und Meisterwerk der europäischen Aufklärung, hatte dieses Grundproblem menschlicher Erkenntnis klar vor Augen. Die Enzyklopädie sollte das vernünftige Wissen der Menschheit sammeln und geordnet darbieten. Aber diese Ordnung, ja dieses Wissen selbst konnte keinesfalls als Abbild einer von der Natur vorgegeben Ordnung verstanden werden. In einem gleichnamigen Artikel in der Enzyklopädie legte Diderot Rechenschaft über sein Vorgehen ab und begründete darin, warum menschliches Wissen immer nur perspektivisch und ausschnitthaft sein kann: „Entspringt denn nicht alles, was wir wissen, dem Gebrauch unserer Sinne & dem Gebrauch unserer Vernunft? (…) Also läßt sich die Willkür von dieser großen Grundeinteilung nicht ausschließen. Das Weltall bietet uns nur besondere Dinge, unendlich viele, fast ohne irgendeine feststehende & bestimmte Einteilung; es gibt dabei kein Ding, das man das erste oder das letzte nennen kann; alles hängt zusammen & ergibt sich durch unmerklich feine Übergänge. Und wenn aus diesem unermeßlichen Meer von Gegenständen einige wie Bergspitzen hervorragen & die Oberfläche zu beherrschen scheinen, so verdanken sie diesen Vorzug nur besonderen Systemen, vagen Konventionen & gewissen sonderbaren Zufälligkeiten, nicht aber der natürlichen Anordnung der Dinge & der Absicht der Natur. (…) Das Weltall (…) hat doch unendlich viele Gesichtspunkte, unter denen es dargestellt werden kann, & die Zahl der möglichen Systeme des menschlichen Wissens ist ebenso groß wie die Zahl dieser Gesichtspunkte. (…) Vor allem aber darf man eine Überlegung nicht außer acht lassen: Wenn man den Menschen oder das denkende, die Erdoberfläche von oben betrachtende Wesen ausschließt, dann ist das erhabene & ergreifende Schauspiel der Natur nur noch eine traurige & stumme Szene. Dass Weltall verstummt, Schweigen & Dunkelheit überwältigen es; alles verwandelt sich in eine ungeheure Einöde, in der sich die Erscheinungen – unbeobachtete Erscheinungen – dunkel & dumpf abspielen.“[6]

Es sind mehrere Aspekte in diesem weitsichtigen Text, die auch für das heutige Verständnis davon, was menschliche Erkenntnis heißen kann, worin ihre Eigentümlichkeiten, ihre Möglichkeiten und ihre Grenzen bestehen, grundlegend sind: Alle menschliche Erkenntnis über die Welt lässt sich letztlich auf Sinneseindrücke zurückführen, sie wird durch die Funktionsweise unserer Sinnesorgane ermöglicht wie auch begrenzt; das Wissen, in dem Erkenntnis ihren Ausdruck findet, beruht auf Selektionen aus einem „unermeßlichen Meer von Gegenständen" und ist daher notwendig perspektivisch; die Ordnungen und Systeme des Wissens sind von Menschen geschaffen und entsprechen nicht einer „natürlichen Anordnung der Dinge & der Absicht der Natur"; wir können uns der Welt nur aus unserer menschlichen Beobachterperspektive nähern und prinzipiell nicht wissen, wie die Welt ohne uns, in „Schweigen & Dunkelheit", wäre.

Die moderne Psychologie bestärkt nachdrücklich Diderots Sicht, dass wir mit unseren Wissenssystem Ordnung in die Welt zu bringen versuchen. Wissen lässt sich metaphorisch als Netzwerk von Kategorien und Konzepten verstehen, mit denen wir Objekte und Erfahrungen voneinander unterscheiden, unterschiedlichen Klassen zuordnen und diese benennen. Dies ist nur möglich, indem wir bestimmte Aspekte konkreter Dinge oder Situationen hervorheben, andere hingegen herunterspielen oder ignorieren.[7] Bei genauer Betrachtung ist jeder einzelne Apfel anders; um ihn dennoch als ‚Apfel' kategorisieren und ihn von Tomaten oder Birnen unterscheiden zu können, müssen wir von vielen Merkmalen des jeweils konkreten Apfels absehen. Nur dadurch können wir Stühle oder Tische, Häuser oder Hütten, Berge oder Hügel identifizieren und unterscheiden, obwohl es eine Vielzahl sehr unterschiedliche Stühle, Häuser oder Berge gibt. Kategorisieren ist ein grundlegender, schon im frühesten Kindesalter beginnender Prozess des Ordnens von Welterfahrungen. Aber diese Kategorisierungen ergeben sich nicht zwingend aus den Eigenschaften der Realität.

Während nun mit ‚Kategorien' solche Ordnung stiftenden Unterscheidungen gemeint sind, bezeichnet der Begriff des ‚Konzepts' das Verständnis, das jemand mit einer Kategorie verbindet. „Concepts are the glue that holds our mental world together."[8] Konzepte repräsentieren die Vorstellungen, die Menschen sich von der Welt machen. Mit Konzepten interpretieren und erklären wir uns unsere Erfahrungen in der Welt. Solche Konzepte können unterschiedlich komplex und kontextabhängig sein; die Verständnisse davon, was ein ‚Apfel' ist, wie er sich von anderen Früchten unterscheiden und was man mit ihm anfangen kann, können sich bei Biologen, Landwirten oder Köchen sehr voneinander unterscheiden.

Dem Linguisten George Lakoff und dem Philosophen Mark Johnson verdanken wir den Nachweis, dass unsere Konzepte in hohem Maße metaphorisch strukturiert sind:[9] Häufig erklären wir uns eine Sache oder ein Erlebnis in Begriffen, die ihren Ursprung in anderen Gegenständen oder Erfahrungen haben. Dies geschieht auf so selbstverständliche Weise, dass es im alltäglichen Sprachgebrauch in der Regel nicht bewusst ist. Wenn wir beispielsweise darüber sprechen, ob eine Theorie *gut fundiert* ist, sich auf gesicherte Daten *stützen* kann, mit einer bestimmten These *steht und fällt* oder mit Gegenargumenten *untergraben* werden kann, benutzen wir die Metapher ‚Eine Theorie ist ein Gebäude‘ – aber auch schon die Wörter ‚darüber‘ oder ‚gesichert‘ in diesem Satz sind bereits metaphorisch.

Die Arbeit von Lakoff und Johnson unterstreicht nachdrücklich, dass menschliche Erkenntnis uns die Welt nicht so zugänglich macht, wie sie tatsächlich und unabhängig von unserer Wahrnehmung ist. Wir können die Welt nicht ‚an sich‘ erkennen (so Immanuel Kant), nicht so wie sie auch dann wäre, wenn es uns gar nicht gäbe. Anders gesagt, Erkenntnis hebt Entfremdung nicht auf, sie führt uns nicht ins Paradies zurück. Aber sie hilft uns, uns in dieser Welt zurechtzufinden und zu leben.

Dies gilt nicht nur für Alltagswissen, es gilt auch für wissenschaftliche Erkenntnis und hier nicht allein für die Geisteswissenschaften, sondern auch für die Naturwissenschaften. Albert Einstein und Leopold Infeld haben dies für die Physik mit einer schönen Metapher erläutert:

„Physikalische Begriffe sind freie Schöpfungen des Geistes und ergeben sich nicht etwa, wie man sehr leicht zu glauben geneigt ist, zwangsläufig aus den Verhältnissen in der Außenwelt. Bei unseren Bemühungen, die Wirklichkeit zu begreifen, machen wir es manchmal wie ein Mann, der versucht, hinter den Mechanismus einer geschlossenen Taschenuhr zu kommen. Er sieht das Zifferblatt, sieht, wie sich die Zeiger bewegen, und hört sogar das Ticken, doch hat er keine Möglichkeit, das Gehäuse aufzumachen. Wenn er scharfsinnig ist, denkt er sich vielleicht irgendeinen Mechanismus aus, dem er all das zuschreiben kann, was er sieht, doch ist er sich wohl niemals sicher, daß seine Idee die einzige ist, mit der sich seine Beobachtungen erklären lassen. Er ist niemals in der Lage, seine Ideen an Hand des wirklichen Mechanismus nachzuprüfen.“[10]

Die Benutzeroberfläche

Donald D. Hoffman hat an die Stelle der Taschenuhr bei Einstein und Infeld eine andere, dem heutigen Umgang mit Technik angepasste Metapher gesetzt: Was wir sehen, wenn wir unsere Umwelt betrachten, gleicht einer „Benutzeroberfläche“ mit unzähligen „Icons“.[11] Mit ihnen können wir interagieren, sie verändern oder neue Icons hervorbringen, wir können auch Regeln formulieren, nach denen dies geschieht, aber die „Software“, die dies ermöglicht, ist uns nicht zugänglich. Aus „Icons“ auf der „Benutzeroberfläche“ besteht unsere gesamte visuelle Wirklichkeit: die Gegenstände des Alltags, Menschen, Tiere und Pflanzen; der eigene Körper, das Bild im Spiegel; die Seiten dieses Buches, das Licht zum Lesen; die Sonne und alle anderen Himmelskörper; die Bilder in Teleskopen und Mikroskopen; die Quellen, auf die die Geschichtswissenschaft sich bezieht, und die fossilen Funde der Paläontologie; das Gehirn und die MRT-Bilder der neurobiologischen Forschung, die Lichtblitze und Datenströme auf den Bildschirmen der Teilchenphysiker. Keiner der visuellen Eindrücke zeigt die Welt so, wie sie tatsächlich ist (den Mechanismus der Taschenuhr bei Einstein/ Infeld, die Funktionsweise der Software bei Hoffman). Mehr noch: Keiner dieser Eindrücke ergibt ohne die von Menschen erzeugten Wissenssysteme, ohne auf Kategorien und Konzepte basierende Interpretationen, für uns Sinn.

Am Beispiel des Sehens lässt sich das prekäre Verhältnis von Wahrnehmung und Wirklichkeit gut verdeutlichen.[12] Sehen können wir überhaupt nur deshalb, weil wir über Sinnesorgane verfügen, die auf einen sehr kleinen Bereich elektromagnetischer Strahlung spezialisiert und in der Lage sind, daraus in einem komplexen Wechselspiel zwischen Auge, Sehnerv und Gehirn Bilder einer hell erscheinenden Umwelt zu erzeugen. Schon die Nachbarbereiche des Lichts im elektromagnetischen Spektrum, Infrarotstrahlung und UV-Licht, sind für uns – anders als für manche Tiere – nicht wahrnehmbar, von Gammastrahlen, Radar oder Radiowellen ganz zu schweigen. Wir können keineswegs, wie unsere alltägliche Wahrnehmung es nahelegt, davon ausgehen, dass es eine Eigenschaft der Welt ist, hell zu sein, wenn die Sonne scheint. Zwar können wir als Menschen nicht anders, als dann Helligkeit zu empfinden. Aber diese Helligkeit ist keine Eigenschaft des Lichts, sondern ein aus dessen Verarbeitung durch Lebewesen *erzeugter* Sinneseindruck. Gäbe es keine Lebewesen, die sehen können, wäre das Weltall vermutlich tatsächlich dunkel, wie Diderot sagte (so wie es tatsächlich, anders als viele Science-Fiction-Filme es vorgaukeln, stumm ist, wo kein Trägermedium für Schall wie Luft und keine Lebewesen mit Ohren aufeinandertreffen).

Was aus der vom Licht beschienenen Umwelt dann auf der Netzhaut unseres Auges ankommt, ist ein sehr kleines, zweidimensionales und vieldeutiges Bild. Der Eindruck einer räumlichen, farbigen, in Tiefen geschichteten, mit Linien und Flächen strukturierten sowie mit zahlreichen Objekten verschiedener Größen und Formen angefüllten Wirklichkeit entsteht erst durch die Interpretation unseres visuellen Systems, sie ist ein *Konstrukt* unserer Wahrnehmung: „Konstruieren ist das Wesen des Sehens. Verzichten Sie auf das Konstruieren, und Sie verzichten auf das Sehen."[13] Allerdings erfolgt dieses Konstruieren nicht willkürlich, sondern zu einem erheblichen Teil (wenn auch nicht ausschließlich) nach angeborenen Regeln. Hoffman hat anhand einer Fülle von Beispielen 35 solcher Regeln formuliert, die es uns als Menschen ermöglichen, uns in einer gemeinsamen visuellen Wirklichkeit zu bewegen. Aber keine Regeln ohne Ausnahmen – und es sind die Ausnahmen, die auf die Variabilität solcher Konstruktionsprozesse verweisen. So gibt es Menschen, die verschiedene Bereiche der Wahrnehmung verknüpfen können (,Synästhesie'), beispielsweise Zahlen mit Farben verbinden, Geschmack in Formen beschreiben, Töne als taktile Reize erleben oder als Farben und Formen sehen können. ,Sehen' ist hier wörtlich und nicht metaphorisch zu verstehen; eine Synästhetikerin berichtete, ein Autoradio störe sie eher, denn: „Wenn ich Musik höre, ist das ganze Auto voller Farben und Formen.“[14] Synästhesie ist keine Krankheit, im Regelfall nicht mit Beeinträchtigungen verbunden und tritt familiär gehäuft auf; würde sie sich weiter verbreiten oder als Regelfall von Wahrnehmung durchsetzen, würde sich die als normal geltende Konstruktion der visuellen Wirklichkeit sehr deutlich verändern.

Sehen beruht aber nicht allein auf angeborenen Regeln. Was wir aus der sichtbaren Umwelt tatsächlich wahrnehmen, ist hochgradig selektiv; das meiste, was uns umgibt, nehmen wir normalerweise gar nicht wahr. Was wir überhaupt sehen und wie genau wir es sehen, hängt davon ab, worauf wir unsere *Aufmerksamkeit* richten. Diese Aufmerksamkeit sowie die Interpretation dessen, was wir mit ihrer Hilfe wahrnehmen, basieren wiederum auf *Vorannahmen* über die Beschaffenheit der Umwelt. Sie sind von bisherigen Erfahrungen und damit auch von sozio-kulturellen Einflüssen geprägt. Eindrucksvolle Beispiele hierfür finden sich in der Ethnologie. So wird der Fall eines Mannes aus einer afrikanischen Pygmäenkultur berichtet, der immer in dichten Wäldern gelebt hatte. Als er eines Tages mit einem Anthropologen erstmals mit dem Auto über eine sich weit erstreckende Ebene fuhr und in Entfernung von mehreren Kilometern Büffel grasen sah, war er fest davon überzeugt, dass es sich um eine besondere Art von Insekten handeln müsse. Auch als diese ,Insekten' zu seiner offenkundigen Überraschung beim Näherkommen immer größer wurden, ließ er sich nicht davon überzeugen, dass es sich hier um wirkliche Büffel handelte.[15]

Wir sehen also die Welt nicht einfach so, wie sie ist, anders als wir das im Alltag meist empfinden, denn die uns zugängliche Benutzeroberfläche ermöglicht uns ja im alltäglichen Leben verlässliche Orientierung. Dennoch handelt es sich bei ihr um ein Konstrukt. In den Wissenschaften hat diese erkenntnistheoretische Sichtweise in den letzten Jahrzehnten unter der Bezeichnung *Konstruktivismus* weite Verbreitung gefunden. Diese Bezeichnung ist insofern etwas unglücklich, als sie die Assoziation nahelegen kann, es gehe beim ‚Konstruieren' um eine Art absichtsvollen und womöglich beliebigen Zusammenbastelns von Vorstellungen über die Welt. Das ist aber im Konstruktivismus nicht gemeint. Die Metapher des ‚Konstruierens' meint hier lediglich ein ‚Hervorbringen' und betont damit, dass wir keinen unmittelbaren Zugang zur Realität haben und dass menschliche Erkenntnis über die Welt immer den Charakter eines Entwurfs hat, der sich bewähren, uns aber die Welt nicht so zeigen kann, wie sie ‚an sich' (Kant) ist. Was wir als *Wirklichkeit* erleben, ist in dieser Perspektive nichts anderes als das Ergebnis von Wahrnehmungen und Wissen von der Welt.

Allerdings ist ‚der Konstruktivismus' keine in sich geschlossene wissenschaftliche Theorie. Die Bezeichnung ist eher als Ober- und Sammelbegriff für Beiträge aus ganz verschiedenen Wissenschaften zu verstehen, denen Grundannahmen zum Verhältnis von Mensch, Wirklichkeit und Welt gemeinsam sind, die sich aber mit den daraus resultierenden Fragen mit den Konzepten und Methoden ihres jeweiligen Fachgebietes auseinandersetzen. Deshalb gibt es aus den letzten Jahrzehnten zwar viele theoretische Modelle wie auch kontroverse Debatten, die sich explizit auf den Begriff des Konstruktivismus beziehen, insbesondere in den Geistes- bzw. den Kultur- und Sozialwissenschaften, aber auch grundlegende Arbeiten zum Konstruktivismus, die diesen Begriff gar nicht verwenden.[16] Es gehört zu den wichtigsten Leistungen des Konstruktivismus, eine erkenntnistheoretische Brücke zwischen den Geistes- und den Naturwissenschaften gebaut zu haben.

In der Teilchenphysik hat die Quantentheorie eine konstruktivistische Sichtweise eingeführt. Mit diesem physikalischen Verständnis der Wirklichkeit kam es, so der Physiker Wolfgang Pauli, zur Abkehr der physikalischen Theorie „von der gewöhnlichen Kausalität im engeren Sinne" und zum „Miteinbeziehen des Beobachters in eine symbolische Wirklichkeit".[17] Die Einbeziehung des Beobachters besteht im Eingriff in die Natur durch das Experiment, das die Natur in diesem Moment beeinflusst – die gemessenen Eigenschaften etwa eines Elektrons treten nur durch die Messung auf, sind damit aber nicht für die Situation außerhalb der Messung bestimmbar. „Dies bedeutet aber wiederum, dass es grundsätzlich unmöglich ist, einem quantenmechanischen System Eigenschaften zuzuordnen, die es vor der Beobachtung gehabt haben soll. (…) Also, ohne die Beobachtung gibt es keine Phänomene."[18] Damit aber wird es problematisch, die Mikrowelt, mit der die Teilchenphysik sich beschäftigt, als eine objektive Wirklichkeit zu denken, die sich aus realen Objekten zusammensetzt, die der Wissenschaft als beobachtbares, unabhängiges Gegenüber begegnen. Niels Bohr hat in der ‚Kopenhagener Deutung' der Quantenphysik die erkenntnistheoretischen Konsequenzen aus dieser Situation so formuliert: „Es gibt keine Quantenwelt. Es gibt nur eine abstrakte quantenphysikalische Beschreibung. Es ist falsch zu denken, die Aufgabe der Physik sei zu ergründen, wie die Natur wirklich ist. Die Physik bezieht sich auf das, was wir über die Natur sagen können."[19] Anton Zeilinger nimmt in diesem Zusammenhang auch den Begriff des Konstruierens auf: „Zur Wirklichkeit (…) haben wir also nur einen indirekten Zugang. Sie ist stets etwas – ein Bild, eine Vorstellung, ein Gedanke –, das wir aufgrund unserer Vorstellungen und Erfahrungen konstruieren. (…) Es ist ganz offenkundig sinnlos, nach der Natur der Dinge zu fragen, da eine solche Natur, selbst wenn sie existieren sollte, immer jenseits jeder Erfahrung ist."[20]

Mit einem solchen Verständnis des Verhältnisses menschlicher Erkenntnis zur Welt öffnet sich die theoretische Physik für einen produktiven Dialog mit der Philosophie, der Theologie und den anderen Geisteswissenschaften. Allerdings steht dieser Dialog noch ganz in den Anfängen. Zu den Hindernissen auf diesem Weg zählen nicht zuletzt populäre Darstellungen der Naturwissenschaften, in denen sich eine essentialistische Sprache (und Bildsprache) mit einem naiven Fortschrittsoptimismus verbindet. Seht her, so kann man viele dieser Darstellungen auch lesen, welche andauernden Fortschritte wir im richtigen Verstehen der Welt machen (und bitte sorgt für die weitere Bereitstellung der damit verbundenen Forschungsgelder). Selbst in den für eine breitere Öffentlichkeit gedachten pädagogischen Materialien des CERN findet sich eine solche essentialistische, die philosophischen Herausforderungen der Quantentheorie nicht erreichende, ja nicht einmal in den Blick nehmende Ausdrucksweise.[21]

Die breite Rezeption der modernen Naturwissenschaften ist noch immer von einer naiv realistischen Denkweise geprägt.[22] Die gänzlich unanschaulichen, hoch abstrakten Modellvorstellungen werden in pseudokonkrete Metaphern zu übersetzen versucht (‚Urknall', ‚Teilchen', ‚Strings', ‚dunkle Materie', ‚Großer Attraktor'), die den Keim zu einer neuen Mythologie in sich tragen. Bildliche ‚Übersetzungen' wissenschaftlicher Modelle in sichtbare Icons wie Fotos oder animierte Filme tendieren ebenfalls dazu, das Fremde, Unverständliche und Geheimnisvolle, auf das eine erkenntnistheoretisch reflektierte naturwissenschaft-liche Forschung Hinweise gibt, beiseite zu wischen. Besonders anfällig dafür scheint die Astrophysik zu sein. So werden gerne astronomische Bilder von Ga-laxien verbreitet, in denen viele Informationen aus dem nicht sichtbaren Bereich des elektromagnetischen Spektrums verarbeitet und poppig-bunte Kunstwerke erzeugt werden, die Astronauten, könnten sie diesen Bereich des Universums bei der Anreise mit eigenen Augen sehen (was wegen der Entfernungen aus heuti-ger Perspektive ohnehin unmöglich ist), niemals so wahrnehmen würden.[23] Auch werden von Naturwissenschaftlern – unter anderem von einem Verbund mit dem bezeichnenden Namen DEUS-Consortium – zweidimensionale Kar-ten sowie Animationen des gesamten Universums angeboten. Es wird dabei zwar darauf hingewiesen, dass alle Blicke in das Universum nur Blicke in die Vergan-genheit sein können, weil das Licht eines fünf Milliarden Lichtjahre entfernten Objekts nur etwas über einen Zustand vor fünf Milliarden Jahren mitteilen kann. Aber zugleich erwecken solche Darstellungen den Eindruck, wir könnten gleich-wohl das gesamte Universum innerhalb unserer visuellen Erfahrungswelt voll-ständig und zutreffend repräsentieren. Dies ist aber nicht möglich, weil jede raumbezogene Kartierung zwingend Angaben zu Orten enthalten muss, über deren heutige Situation wir aus dem genannten Grund nichts wissen können.

Aber die Bilder und Filme, mit denen die heutigen Naturwissenschaften in der Öffentlichkeit vielfach assoziiert werden, sind schön und wirken tröstlich; in-dem sie das Unaussprechliche und Unsichtbare scheinbar zurück auf die Benut-zeroberfläche holen, sind sie Ikonen des neuzeitlichen Glaubens, mit den Mit-teln der Wissenschaft die Welt tatsächlich als Ganzes verstehen zu können.

An dieser Stelle ist eine Zwischenbemerkung notwendig. Mehrfach wurden bis-lang Begriffe verwendet, deren Verwendung im Allgemeinen wie im wissen-schaftlichen Sprachgebrauch höchst heterogen ist. Über jeden ließen sich ganze Bücher schreiben und sind auch viele geschrieben worden. Der folgende Vor-schlag definiert sie so, wie sie für den Gegenstand dieses Buches in ihrer wech-selseitigen Relationierung als sinnvoll abgrenzbar und einander ergänzend er-scheinen:

Die *Welt* ist die Gesamtheit alles Seienden. Sie ist als Ganzes kein Gegen-stand unserer Wahrnehmung, durchaus aber unseres Denkens, insbesondere in der Religion und in der Philosophie.

Als *Realität* lässt sich das verstehen, was uns in der Welt als ein äußeres ,Etwas' entgegentritt. Die Realität veranlasst uns zu Wahrnehmungen und zu Reaktionen in Denken und/oder Handeln. Sie ist selbst nicht direkt erkennbar, aber sie veranlasst uns, sie in mentalen Konstruktionen zu modellieren.

Wirklichkeit ist das Ergebnis unserer Konstruktionen. Sie ist die Umgebung, in der wir uns orientieren, die wir erforschen und erklären und die wir gestalten und verändern können. In ihr verständigen wir uns zum Beispiel darüber, dass das ,Etwas', das mein Schmerzempfinden auslöst, ein Stein ist, über den ich versehentlich gestolpert bin.

Wissen ist ein zentraler Bestandteil unserer Wirklichkeit. Wissen ist vernetzte, geordnete und systematisierte Information, die wir für zutreffend halten, weil sie sich in bestimmten Bereichen unserer Lebenspraxis bewährt – beispielsweise beim Kochen, bei der Behandlung gesundheitlicher Beschwerden, bei der Lösung von Problemen im Zusammenleben oder als Antwort auf Fragen in der wissenschaftlichen Forschung.

Angesichts der tatsächlich aber sehr unterschiedlichen Verwendung dieser Begriffe in der Literatur, auf die in diesem Buch zurückgegriffen wird, werden sich diese Unterscheidungen hier nicht konsequent durchhalten lassen. Dies gilt insbesondere für den Begriff der ,Welt'. Zwar wird er in der Regel für die Bezeichnung von etwas als Ganzem, für eine Gesamtheit verwendet. Aber diese Gesamtheiten können in der sprachpraktischen Verwendung dieses Begriffs recht unterschiedlicher Art sein. So wird in der Soziologie ,Welt' auf die Gesamtheit aller Menschen auf der Erde bezogen („Weltgesellschaft"), in den Naturwissenschaften hingegen eher auf das uns bekannte Universum; in der Existenzphilosophie wird ,Welt' (nur) in Grenzsituationen erfahrbar, in der christlichen Theologie dagegen kann die Welt als das Irdische im Unterschied zum (ebenfalls im menschlichen Lebens bereits erfahrbaren) Reich Gottes verstanden werden. Ebenso gibt es begrenztere Verständnisse von ,Welt', so wenn etwa von der ,Welt der Kunst' oder der ,Welt der Antike' die Rede ist. Dennoch können solche differenten Verständnisse des Begriffs ,Welt' in ihrem jeweiligen Zusammenhang sinnvoll sein, auch wenn sie sich aus einer vergleichenden Perspektive widersprechen mögen; diese Mehrdeutigkeit ist ein Beispiel für die Kontextabhängigkeit menschlicher Konzepte. Was in den folgenden Kapiteln dieses Buches jeweils mit ,Welt' gemeint ist, muss sich daher aus dem jeweiligen Kontext heraus erschließen.

Drei Ebenen der Konstruktion von Wirklichkeit

Die Prozesse, die beim Konstruieren von Wirklichkeit ablaufen, lassen sich analytisch auf drei Ebenen verstehen, die auf komplexe Weise miteinander verschränkt sind. Es kann keine Rede davon sein, dass als wissenschaftlich geklärt gelten könnte, wie diese Verschränkungen in allen ihren Variationen zu verstehen sind. Das würde ein komplettes Verständnis menschlicher Wirklichkeit und damit letztlich des Menschen selbst voraussetzen. Es ist nicht zu erwarten, dass Wissenschaft dies jemals erreichen wird. Wohl aber lassen sich dafür, dass Konstruktionsprozesse auf diesen drei Ebenen ablaufen und dass es zwischen ihnen komplexe Verknüpfungen gibt, gute Gründe aus den Natur- wie aus den Geisteswissenschaften angeben. Gleichwohl bleibt die Unterscheidung dieser Ebenen ein noch recht rudimentäres theoretisches Modell, das es aber ermöglicht, Beiträge aus verschiedenen Wissenschaften miteinander in eine Beziehung zu setzen.

Die erste Ebene, auf der Menschen ihre Wirklichkeit erzeugen, ist die der *biologischen Determination*. Menschen sind von Natur aus mit bestimmten Sinnesorganen ausgestattet, die auf Umweltreize reagieren und Informationen über das Nervensystem in Form elektrischer Impulse an das Gehirn übermitteln, das auf dieser Basis bestimmte Sinneseindrücke erzeugt, die uns als äußere Wirklichkeit erscheinen. Sieht man von bestimmten erblich bedingten Variationen ab, wie beispielsweise verändertem Farbensehen, Synästhesie oder schweren Sinnesbeeinträchtigungen, entsteht auf dieser Ebene zwischen allen Menschen eine gemeinsame Wirklichkeit. Dass es sich hierbei gleichwohl um Konstruktionen handelt, wird nicht nur durch die erwähnten erblichen Variationen oder durch Krankheiten und Unfälle bedingte andersartige Wahrnehmungen, sondern mehr noch dadurch deutlich, dass es Lebewesen gibt, die über gänzlich anders geartete Sinnesorgane verfügen. Im Bereich des Farbensehens beispielsweise gibt es Tiere, die über keine oder sehr viel mehr unterschiedliche Farbrezeptoren im Auge verfügen als wir und deren Farbenwelt sehr anders seine dürfte als unsere. Wieder andere Lebewesen erzeugen innere Raumbilder auf der Basis von Ultraschall, können für uns unsichtbares polarisiertes oder ultraviolettes Licht sehen, verfügen über einen Magnetsinn oder sehen überhaupt nur, was sich bewegt. Es ist hoch plausibel anzunehmen, dass die Wirklichkeit solcher Tiere sehr anders ‚aussieht‘ als unsere – und es gibt keinen Grund anzunehmen, dass unsere ‚richtiger‘ oder ‚wahrer‘ wäre. Wir leben mit diesen Lebewesen in einer gemeinsamen Welt, aber nicht in einer gemeinsamen Wirklichkeit.

Heinrich von Kleist hat sich die erkenntnistheoretische Konsequenz dieser Situation in einem Gedankenexperiment klargemacht (das allerdings nicht auf einer biologischen, sondern einer philosophischen Überlegung im Anschluss an Kant basiert). In einem Brief an seine Braut aus dem Jahr 1801 berichtet er über die Erschütterung, die dieses Gedankenexperiment bei ihm auslöste: „Vor kurzem wurde ich mit der neueren sogenannten Kantischen Philosophie bekannt – und Dir muß ich jetzt daraus einen Gedanken mitteilen, indem ich nicht fürchten darf, daß er Dich so tief, so schmerzhaft erschüttern wird, als mich. (…) Wenn alle Menschen statt der Augen grüne Gläser hätten, so würden sie urteilen müssen, die Gegenstände, welche sie dadurch erblicken, *sind* grün – und nie würden sie entscheiden können, ob ihr Auge ihnen die Dinge zeigt, wie sie sind, oder ob es nicht etwas zu ihnen hinzutut, was nicht ihnen, sondern dem Auge gehört. So ist es mit dem Verstande. Wir können nicht entscheiden, ob das, was wir Wahrheit nennen, wahrhaft Wahrheit ist, oder ob es uns nur so scheint."[24]

Die zweite Ebene ist die der *sozio-kulturellen* Konstruktion der Wirklichkeit. Zu den Besonderheiten des Menschen gehört es, dass wir zwar als Lebewesen auf das Zusammenleben mit anderen in mehr oder weniger großen Verbänden angewiesen sind, für die Gestaltung dieses Zusammenlebens aber eine erhebliche Variabilität haben. Die große Vielfalt an Lebensformen, die Menschen in ihrer Gattungsgeschichte realisiert haben, hat zugleich eine unübersehbare Vielfalt an – im weitesten Sinne – kulturellen Ausdrucksformen hervorgebracht, an Sprachen etwa, an Wissenssystemen, Religionen, Künsten, Alltagspraktiken oder sozialen Regeln. Entsprechend unterscheidet sich das, was als ‚Wirklichkeit‘ gilt, oftmals deutlich zwischen Gesellschaften, sozialen Gruppen, religiösen und weltanschaulichen Gemeinschaften oder kulturellen Großräumen. Aber auch bereits soziale Kleingruppen wie Familien können jeweils spezifische Vorstellungen von (sozialer) Wirklichkeit hervorbringen, die sich von anderen unterscheiden. Wie Vorgänge und Ereignisse kategorisiert und konzeptualisiert werden, kann sich entsprechend zwischen kulturell differenten Gruppen deutlich unterscheiden: „Der Mann in Haiti, der die Voudou-Psychologie internalisiert, wird zum Besessenen, wenn er gewisse Zeichen entdeckt. Der Intellektuelle in New York, der die Psychologie nach Freud internalisiert, wird zum Neurotiker, wenn er gewisse Zeichen entdeckt."[25]

Es versteht sich, dass zu dieser Ebene auch der gesamte Bereich des Politischen und die Konstruktion von Macht- und Herrschaftsverhältnissen gehören.

Was als Wirklichkeit gelten darf und was nicht, kann auch eine Machtfrage sein: „die Bestimmung der Wirklichkeit kann durch die Polizei erhärtet werden."[26]

Bei aller Differenz und Gegensätzlichkeit dieser kulturellen Bestimmungen von Wirklichkeit darf nicht übersehen werden, dass die *Notwendigkeit* solcher Bestimmungen auf dieser zweiten Ebene eine *Gemeinsamkeit* aller Menschen war und ist. Ohne die kulturellen Symbolsysteme, die Gesellschaften hervorbringen, mit denen sie Wirklichkeit erzeugen und die sie an die Nachkommen weitergeben, könnten Menschen sich in der Realität nicht zurechtfinden und nicht überleben.

Die dritte Ebene ist die *individuelle* Konstruktion von Wirklichkeit. Trotz biologischer Determinationen und der Vorgaben einer jeweils bereits bestehenden sozio-kulturellen Umgebung für jedes neugeborene Kind bleibt ein Raum für differente Wirklichkeitsverständnisse zwischen den einzelnen Menschen. Wer je einen Streit mit einem anderen Menschen durchgestanden hat, weiß, wie unterschiedlich die Verständnisse davon sein können, was als ‚wirklich' gelten kann. Die Wirklichkeit jedes einzelnen Menschen unterscheidet sich schon dadurch von der anderer, dass er im Lauf seines Lebens Erfahrungen mit je verschiedenen Menschen in je unterschiedlichen Situationen macht.

Es kann davon ausgegangen werden, dass die Spielräume für die Entwicklung und die soziale Akzeptanz individuell verschiedener Wirklichkeitsverständnisse in verschiedenen Gesellschaften und zu verschiedenen Zeiten unterschiedlich groß waren und sind. Dennoch ist es keiner Gesellschaft gelungen, diese Ebene der Konstruktion von Wirklichkeit durch massiven Anpassungsdruck zum Verschwinden zu bringen. Man kann es aber auch positiv sagen: Es gehört zur Conditio humana, dass Menschen jedenfalls das Potenzial dafür mitbringen, sich in bewusster Unterscheidung zu anderen und zu geltenden Normierungen zu entwickeln. Gewiss ist die ausgeprägte Hochschätzung von Individualität ein kulturelles Produkt westlicher Gesellschaften. Aber dass jeder Mensch ein Einzelner, von anderen Menschen Unterschiedener ist, zeigt sich schon in der in allen bekannten Gesellschaften geübten kulturellen Praxis, jedem einen Namen zu geben.

Zwischen Skylla und Charybdis

Das konstruktivistische Verstehen menschlicher Erkenntnis stellt eine Gratwanderung dar, die beständig von zwei Ungeheuern bedroht ist: dem Monster des naiven, repräsentationistischen Realismus (Skylla) und dem tödlichen Strudel des Solipsismus (Charybdis).[27] Wir benötigen zwar im Alltag eine realistische Grundhaltung, die darauf vertraut, dass unsere Sinne uns im Normalfall nicht täuschen und die in Raum und Zeit wahrnehmbare Umwelt stabil, erkennbar und bis zu einem gewissen Grad berechenbar ist. Aber wie oben dargelegt, ist aus heutiger Sicht die Vorstellung nicht haltbar, wir würden die Realität so wahrnehmen, wie sich tatsächlich ist, unsere Sinne und unser Gehirn würden also, gewissermaßen ohne eigenes Zutun, lediglich Repräsentationen realer Dinge und Vorgänge in der Außenwelt erstellen.[28] Eine solche Sichtweise lässt sich weder mit dem kultur- und sozialwissenschaftlichen Wissen über die Vielfalt menschlicher Weltverständnisse noch mit dem naturwissenschaftlichen Wissen über die Funktionsweise des menschlichen Wahrnehmungssystems vereinbaren. Das gilt auch für das Wissen über die unbelebte Natur: „Zwar mag der Realismus ein verlockender Standpunkt sein, doch ist er (…) nach allem, was wir über die moderne Physik wissen, schwer zu verteidigen."[29]

Auf der anderen Seite gerät in den Strudel der Charybdis, wer aus dem Konstruktionscharakter der Wirklichkeit folgert, es gäbe gar keine von Menschen unabhängige Realität. Die solipsistische Idee, die Außenwelt sei nur eine Art Traum oder eine Imagination und real seien nur die inneren Zustände des denkenden Menschen, liegt dem Konstruktivismus nicht zugrunde, auch wenn dieses Missverständnis immer wieder in Kritiken am Konstruktivismus auftaucht. Beide Extreme, den naiven Realismus und den Solipsismus, verbindet die Tendenz, die Nicht-Identität zwischen der Realität und dem menschlichen Denken über sie wegwischen zu wollen. Beide sind deshalb tödliche Gefahren für die Bildung – der Solipsismus, weil er für eine den Menschen bildenden Auseinandersetzung mit der äußeren Realität keinen logischen Ort hat, und der naive Realismus, weil sich ihm eine lernende Auseinandersetzung von Menschen mit der Wirklichkeit letztlich nur als Übernahme vorgegebenen richtigen Wissens darstellen kann, bei der Prozesse kritischer Reflexion, des Prüfens, Urteilens und Suchens nach eigenen Wegen, allenfalls Durchgangsstadien auf dem Weg zu der richtigen Erkenntnis sein können, bei der äußere Realität und innere Repräsentation in eins fallen. In den Schulen und Hochschulen ist der naive Realismus wohl das mächtigere Hindernis für Bildung.

Aber gerade weil menschliche Erkenntnis eine Gratwanderung zwischen Skylla und Charybdis darstellt, wäre es ein Irrtum zu glauben, die Konstruktion der Wirklichkeit sei auf irgendeine willkürliche Weise möglich und der Konstruktivismus öffne die Tür zur Beliebigkeit im Denken über Welt und Realität. Zwar trifft es empirisch zu, dass Menschen äußerst sonderbare Wirklichkeiten konstruieren können, und zwar nicht nur als Fiktionen in Kunst und Literatur, sondern auch in ihrer alltäglichen Lebenswelt, von den bunten und für andere ungefährlichen Formen des Exzentrischen bis zu Pathologien, die für andere tödlich sein können. Geschichte und Gegenwart bieten allzu reiches Anschauungsmaterial dafür, welche Verheerungen ins Wahnhafte abgleitende politische oder religiöse Vorstellungen anrichten können. Aber die Kategorisierung solcher Wirklichkeiten als exzentrisch, pathologisch oder wahnhaft ist nicht beliebig, sondern gut begründbar, obwohl auch sie selbstverständlich ein Konstrukt des menschlichen Verstandes ist.

Es widerspricht dem Konstruktionscharakter der Wirklichkeit keineswegs, dass in ihr Tatsachen von Fiktionen, Richtiges von Falschem, Gutes von Schlechtem unterschieden werden können. Mit Recht wird im Allgemeinen der Anspruch erhoben, dass solche Unterscheidungen nicht beliebig getroffen werden dürfen, sondern nachvollziehbar begründbar sein müssen. Die Alternative zu solchen, der Vernunft zugänglichen Begründungen wäre am Ende die Durchsetzung bestimmter Vorstellungen mit Gewalt.

Aber solche Begründungen beziehen sich immer auf einen Bezugsrahmen aus Kategorien, Konzepten und Theorien, der ein Konstrukt ist. Eine Datums- und Uhrzeitangabe kann richtig oder falsch sein, aber sie basiert auf komplexen Konstrukten wie einem kalendarischen System, Zeitzonen, Tages- und Stundeneinteilungen und anderem mehr. Schon der Wechsel des kalendarischen Bezugssystems vom gregorianischen zum jüdischen oder islamischen Kalender macht eine richtige Aussage falsch. Eine Krankheit kann zutreffend oder nicht zutreffend diagnostiziert werden (auch wenn das bei weitem nicht in jedem konkreten Fall eindeutig möglich ist), aber die Richtigkeit der Diagnose bemisst sich an einem medizinischen Wissens- und Theoriesystem. Man kann nachvollziehbar begründen, warum die DDR trotz der Selbstbezeichnung ‚Deutsche Demokratische Republik' keine Demokratie war, benötigt dafür aber eine politiktheoretisch begründete Definition von Demokratie und eine fachkundige Analyse des politischen Systems der DDR.

Weil aber solche Begründungen sich letztlich niemals auf die Anschauung der jeweiligen Sache ‚an sich' stützen können, gibt es in konstruktivistischen

Theorien oft zurückhaltende Skepsis gegenüber dem Begriff der *Wahrheit*. Stattdessen wird vielfach von *Viabilität* als Geltungsmaßstab bei der Entscheidung über divergierende Ansichten gesprochen. Viabilität meint so viel wie Gangbarkeit, Passung oder Brauchbarkeit. Ein Beispiel hierfür wäre der Satz ‚Wer heilt, hat recht‘ in der Medizin. In sehr vielen Situationen der Lebenspraxis reicht Viabilität als Kriterium auch völlig aus. In persönlichen wie politischen Konflikten etwa muss eine mögliche Lösung bei alle Konfliktparteien akzeptabel sein, aber nicht dem Anspruch genügen, der „Wahrheit" des Konflikts gerecht zu werden. Auch in der wissenschaftlichen Forschung wird für die Frage, welche Forschungsmethode für eine Untersuchung gewählt werden soll, in den meisten Fällen als Entscheidungskriterium genügen, ob eine Methode für den jeweiligen Zweck geeignet ist.

Dennoch ist der Wahrheitsbegriff unverzichtbar. Alleine Viabilität zum Kriterium für die Geltung von Aussagen zu machen, führt in der Tat zu nahe an den Strudel der Charybdis. Zu unterschiedlich sind die möglichen Maßstäbe dafür, was als viabel gelten darf und was nicht. In manchen Situationen kann die bewusste Täuschung viabler sein als die Ehrlichkeit. Daran ändert freilich auch der Wahrheitsbegriff nichts, aber er ermöglicht immerhin die Unterscheidung zwischen Lüge und Wahrheit. Der Rekurs auf den Wahrheitsbegriff steht nicht im Gegensatz zum Konzept der Viabilität. Aber er kann dieses Konzept vor beliebiger Instrumentalisierung schützen, nach der jeder selbst definiert, was für ihn als passend oder brauchbar erscheint. Dies gilt im Alltag, wo in vielen Situationen Kommunikationspartner eine gemeinsame Verpflichtung auf Wahrheit unterstellen müssen, um einander vertrauen zu können. Dies gilt auch in der Wissenschaft, wo der Anspruch auf Wahrheit essenzielle Merkmale wissenschaftlicher Kommunikation begründet, so etwa den Zwang zu rationaler Begründung, den Anspruch auf Widerspruchsfreiheit einer Argumentation, die Offenlegung von Quellen, das Verbot von absichtsvollen Fälschungen und Plagiaten und die ernsthafte, Einwände und andere Positionen in Rechnung stellende Suche nach Erkenntnis. Wahrheit wäre dann aber nicht abbild- oder korrespondenztheoretisch als Übereinstimmung von Denken und Realität zu verstehen, sondern als eine regulative Idee für unsere Verständigungen über die Wirklichkeit.

Diesem Verständnis steht nicht entgegen, dass es in der menschlichen Verständigung über die Wirklichkeit viele Wahrheiten geben kann. Ein schöner, Pablo Picasso zugeschriebener Satz bringt diese Erfahrung treffend zum Ausdruck:

„Wenn es nur eine einzige Wahrheit gäbe, könnte man nicht hundert Bilder über dasselbe Thema malen." Gleichwohl verweist auch das Konzept von Wahrheit als regulativer Idee auf ein Absolutes und Vollkommenes, das jenseits der für uns erfahrbaren Wirklichkeit liegt. In religiöser Sprache gesprochen, gibt es Wahrheit nur bei Gott (vgl. auch Kapitel 5). Jede von Picassos hundert Arten, ein Bild zu malen, stellt nur eine Perspektive oder eine Annäherung an das jeweilige Thema dar, weil wir das Ganze des Themas – jedes Themas – nicht erfassen können.

Dass dies auch in der Wissenschaft nichts völlig anders ist, zeigt ihre Geschichte allzu deutlich. Es ist eine, wenn auch weit verbreitete, Illusion zu glauben, die Entwicklung der Wissenschaften sei die eines beständigen Fortschritts an Erkenntnis, an dessen Ende eines Tages ein vollständiges und richtiges Verstehen der Realität stehen werde.[30] Wissenschaftliches Wissen unterscheidet sich zwar von anderen Wissensformen dadurch, dass es höheren Rationalitäts- und Begründungsansprüchen unterliegt und nach transparenten, durch andere prinzipiell nachprüfbaren Verfahren und Regeln gewonnen wurde. Aber nicht anders als Alltagswissen hat wissenschaftliches Wissen den Charakter von mentalen Modellen. Wissenschaftliche Theorien wollen bestimmte Phänomene beschreiben, erklären und verstehen; aber sie können niemals ausschließen, dass diese Phänomene auch mit anderen Theorien sinnvoll beschrieben, erklärt und verstanden werden können. In den Geisteswissenschaften zeigt sich diese Situation seit jeher in einem sehr lebendigen Theorienpluralismus, in den Naturwissenschaften dominierte hingegen bis ins 20. Jahrhundert hinein ein erkenntnistheoretisch eher naives Fortschrittsdenken.

Es ist deshalb besonders bemerkenswert, dass Hawking und Mlodinow den unhintergehbaren Charakter auch des naturwissenschaftlichen Wissens an einem historischen Beispiel erläutern, das lange ganz anders verstanden wurde: dem Verhältnis des kopernikanischen zum ptolemäischen Weltbild. Ptolemäus entwickelte bekanntlich um 150 n. Chr. ein astronomisches Modell, nach dem die Erde im Mittelpunkt des Universums steht und die anderen Himmelskörper auf komplizierten Bahnen sich um sie herumbewegen. Kopernikus beschrieb dagegen im 16. Jahrhundert erstmals das heute allgemein geläufige Modell, nach dem die Sonne von der Erde und anderen Planeten umkreist wird. Letzteres sorgte zunächst für wenig Aufsehen, führte aber nach seiner Aufnahme und Weiterführung durch Johannes Kepler und Galileo Galilei zu jenem Konflikt zwischen Galilei und der Kirche, der später nachgerade zu einem Gründungsmythos der modernen Naturwissenschaft wurde. Hawking und Mlodinow stellen dazu fest: „Welches System entspricht der Wirklichkeit, das ptolemäische oder das kopernikanische? Zwar heißt es nicht selten, Kopernikus habe Ptolemäus widerlegt, doch das ist nicht richtig. (…) (man) kann (…) jede der beiden Darstellungsweisen als Modell des Universums verwenden, denn unsere Himmelsbeobachtungen lassen sich ebenso durch die Annahme einer unbewegten Erde wie einer unbewegten Sonne erklären. Ungeachtet seiner Rolle in Debatten über das Wesen unseres Universums liegt der eigentliche Vorteil des kopernikanischen Systems einfach darin, dass die Bewegungsgleichungen in einem Bezugssystem mit unbewegter Sonne viel einfacher sind."[31] Es ist eine eigentümliche Ironie der Geschichte, dass es vermutlich nie zum Konflikt zwischen der Kirche und Galileo gekommen wäre, hätte dieser wie Hawking und Mlodinow argumentiert, das System des Kopernikus lediglich als ein Modell vertreten und nicht den Anspruch erhoben, alleine die „mathematischen Philosophen" (von denen es damals genau einen gab, Galilei selbst) hätten zu entscheiden, wann die Bibel neu zu interpretieren sei.[32]

In unserer Zeit ließe sich die oft verbissen ausgetragenen Debatten über die Evolutionstheorie wesentlich entspannter führen, würden sich die Biologen öffentlich klarer zu diesem Modellstatus der Evolutionstheorie(n) bekennen. In der öffentlichen Wahrnehmung dominieren stattdessen immer wieder zu lesende Formulierungen wie die „Tatsache der Evolution ist das Fundament der Biologie, und dieses Fundament ist außerordentlich sicher" und „über jeden vernünftigen Zweifel erhaben"; aufgrund „der gigantischen Fortschritte der Evolutionsbiologie lässt sich heute sagen, dass es in unserer Kenntnis der Entwicklungsgeschichte des Lebens keine größeren Lücken mehr gibt."[33]

Solche selbstbewussten, lauten Töne mögen vielleicht dem Streit mit einem dogmatischen christlichen Fundamentalismus in den USA geschuldet sein, aber sie haben auch etwas vom Pfeifen im Walde angesichts von vielen, sehr wohl gut begründbaren Zweifeln. Von „keine(n) größeren Lücken" zu sprechen, wirkt reichlich vollmundig, wenn die paläoanthropologische Forschungslage sich so darstellt: „Trotz aller Funde fossiler Menschenreste fehlen im Puzzle der Stammesgeschichte der Hominiden mehr als 99,99 Prozent der Teile, die unsere Herkunftsgeschichte vollständig belegen könnten. Statistisch gesehen, steht zur Rekonstruktion von 100 Generationen nicht mehr als fossiles Knochen- oder Zahnfragment zur Verfügung."[34] Zudem „tragen Fossilien (…) außer ihrer stummen Anwesenheit nichts zu ihrer Interpretation bei"[35], sondern bekommen erst durch einen Theoriekontext eine Bedeutung.

Zu den Kernproblemen der Evolutionstheorie gehört ferner, überzeugend zu erklären, warum in der Evolutionsgeschichte geistbegabte und selbstreflexive Lebewesen auftauchen (die dann plötzlich auch noch Bücher über Evolution schreiben, also gewissermaßen die Evolution selbstreflexiv machen müssten). Es kann auch keine Rede davon sein, dass die neurobiologische Forschung plausibel das Entstehen einer Ich-Perspektive im menschlichen Denken erklären und diese aus der Analyse neuronaler Prozesse rekonstruieren oder gar deren Denken und Entscheiden vorhersagen könnte. Um derartige Versprechungen aus der Frühzeit dieser Forschungsrichtung ist es inzwischen recht still geworden. Mittlerweile werden auch in der Philosophie die Stimmen lauter, die eine kritische Debatte über den naturalistischen Reduktionismus in der Evolutionstheorie fordern. Thomas Nagel legt seiner grundlegenden Studie über Geist und Kosmos zwei Fragen zugrunde: „Erstens, wie groß ist in Anbetracht dessen, was über die chemischen Grundlagen der Biologie und der Genetik bekannt ist, die Wahrscheinlichkeit, dass sich selbst reproduzierende Lebensformen allein aufgrund der Wirkung der Gesetze der Physik und der Chemie in der Frühzeit der Erde spontan entstanden sind? Die zweite betrifft die Quellen der Variation im evolutionären Prozess, der in Gang gesetzt wurde, als das Leben begann: Wie groß ist die Wahrscheinlichkeit, dass es infolge physikalischer Zufälle zu einer Reihe lebensfähiger genetischer Mutationen gekommen ist, die ausreichte, um der natürlichen Auslese in dem geologischen Zeitraum, der seit dem Auftreten von ersten Lebensformen auf der Erde verfügbar war, die Produktion der Organismen zu ermöglichen, die tatsächlich existieren?"[36] Nagel hält beide Wahrscheinlichkeiten für extrem gering und gibt damit der Skepsis des gesunden Menschenverstandes und ausdrücklich auch der Kritik von Vertretern des ‚Intelligent Design' recht. Er folgt als nicht theistisch denkender Philosoph zwar nicht den Konsequenzen, die im ‚Intelligent Design' gezogen werden, hält aber eine grundlegende theoretische Neuorientierung der Naturwissenschaften für notwendig. Andere Kritiker des Naturalismus aus der Philosophie fordern einen Rekurs auf das Denken über Gott und einen produktiven Dialog zwischen Naturwissenschaften, Philosophie und Theologie (vgl. auch Kapitel 5).[37]

Sucht man den Weg zwischen Skylla und Charybdis für die Evolutionstheorie, dann dürfte ein Vorschlag von Ernst Peter Fischer hilfreich sein: „Die Idee der Evolution ist ein Angebot, die mannigfaltigen Formen des Lebens zu verstehen, und die Frage lautet, wie weit der Gedanke getrieben werden kann und soll."[38] Dies würde bedeuten, diese Idee mit Vorsicht, im Bewusstsein ihrer Vorläufigkeit und mit dem Blick für ihre Grenzen zu verstehen – eben als wissenschaftliches Modell. Es wäre auch etwas anderes, als die weit verbreitete Redeweise von der Evolution als eine Art handelndem Subjekt – die Evolution habe dieses hervorgebracht oder bewirke jenes –, bei der gänzlich aus dem Blick gerät, dass ‚Evolution' kein Akteur, sondern ein von Menschen erdachtes Konzept ist.

Was dagegen in der Öffentlichkeit mit all den Erfolgsmeldungen aus den Naturwissenschaften und den Grafiken, die mit lückenfreien Visualisierungen suggerieren, wir würden den Ablauf der Entwicklung der Welt vom Urknall bis zur Gegenwart kennen, ankommt, ist, so Nagel, „ein heroischer Triumph ideologischer Theorie über den gesunden Menschenverstand".[39] Aber vielleicht lässt dies noch besser als eine Art neuer Mythologie verstehen, in der Elemente aus dem naturwissenschaftlichen Weltverstehen zu einer sinnstiftenden „großen Erzählung" verknüpft werden, mit der Skylla ihre Verlockungen attraktiv macht. Ohne Wirkung ist das nicht geblieben, denn: „Des Menschen Wille, zu glauben, ist unerschöpflich."[40]

Das Geheimnis

Der italienische Philosoph Noberto Bobbio sagte einmal, er habe sich „immer als Anhänger der Vernunft verstanden, nicht als Mann des Glaubens. Aber gerade als Mann der Vernunft weiß ich um die Grenzen der Vernunft, die nur einen winzigen Teil der Finsternis, die uns umgibt, aufklären kann. (…) Ich weiß, dass wir vom Geheimnis umgeben sind. Und das nenne ich den religiösen Sinn des Menschen – den Sinn dafür, dass wir von einem undurchdringlichen Mysterium umgeben sind. Heute helfen uns die Wissenschaften, das Sonnensystem, die Galaxien zu verstehen; wir haben Tausende, Millionen von Fakten gelernt, von denen die Alten nichts wussten. Und doch ist uns die Welt immer unbegreiflicher, immer undurchschaulicher geworden. Je mehr wir wissen, umso mehr werden wir uns dessen bewusst, dass wir unwissend sind."[41]

Bobbio verweist uns hier gerade mit Blick auf den scheinbar riesigen Wissenszuwachs, den die neuzeitlichen Wissenschaften produziert haben, auf Sokrates – auf den Beginn der abendländischen Philosophie mit der Einsicht, dass das sicherste Wissen das um das eigene Nicht-Wissen ist. Kary Mullis, Nobelpreisträger für Chemie 1993, beschreibt diese Erfahrung so: „Die meisten No-belpreisträger, die ich kenne, machen ziemlich interessante Dinge. Aber ich glau-be, ich bin der einzige, der nicht schlafen kann, weil er die Welt so merkwürdig, ja immer merkwürdiger findet."[42]

Das Bewusstsein für das Nicht-Wissen ist ein wesentlicher Ausgangspunkt für Bildung. Das gesammelte Wissen als sicheren Bestand weitergeben zu wol-len, schüttet die immer neuen Fragen zu, die neues Wissen regelmäßig mit sich bringt. Aber das Geheimnis mit einer idealisierten und ideologisierten Fort-schrittserzählung zu leugnen, bringt noch eine andere Gefahr mit sich: die düs-teren Seiten des Wissens zu übersehen und ihren Gefahren zu erliegen. Es wird sich nicht bestreiten lassen, dass die wissenschaftliche Zivilisation eine dunkle Seite hat.[43] Die Geschichte der Wissenschaften ist auch eine Geschichte der Gewalt, und es waren oft Wissenschaftler, die das ihre zur Entwicklung und Per-fektionierung von Herrschafts- und Gewaltverhältnissen beigetragen haben, ja vieles daran überhaupt erst ermöglicht haben. Das blutige 20. Jahrhundert mit seinen großen Kriegen und Massenmorden ist auch ein Tiefpunkt der Wissen-schaftsgeschichte.

Dies spricht nicht dagegen, Vernunft, Wissen und Wissenschaft durch Bil-dung zu fördern. Aber Bildung muss die Reflexion dieser düsteren Seiten der Er-kenntnis in sich aufnehmen. Bildung bedarf auch der Erkenntniskritik.

2.

LEBEN IN DER WELTGESELLSCHAFT

„Alle Geschichte neigt dazu,
Weltgeschichte zu sein."
(Jürgen Osterhammel)[1]

„Gesellschaft ist heute eindeutig Weltgesellschaft."[2] Mit diesem Diktum verweist Niklas Luhmann auf eine Bedingung wie einen notwendigen Gegenstand
heutigen Nachdenkens darüber, was unter *Bildung* verstanden werden soll. Denn
Prozesse der Bildung sind eingewoben in soziale Wirklichkeiten, sie werden in
hohem Maße angeregt oder behindert durch Begegnungen mit anderen Menschen, sei es in direkter Interaktion, sei es über von Menschen erzeugte Artefak-
te wie beispielsweise Bücher, Kunstwerke, Architektur oder moderne elektroni-
sche Medien. Soll das Konzept der Bildung schließlich in der Praxis des Lehrens
und Lernens wirksam werden, so müssen auch diejenigen Institutionen in den
Blick genommen werden, die dieser Praxis in modernen Gesellschaften einen
formellen Rahmen geben, zu allererst die Schulen und die Universitäten. Diese
wiederum sind selbst als Subsysteme in die komplexen Strukturen, Interessen-
konstellationen und Konflikte des gesellschaftlichen Lebens eingebunden, von
denen sie geprägt werden und auf die sie zurückwirken. So ist zwar, wie noch (in
Kapitel 4) zu zeigen sein wird, das Konzept der Bildung in seinem Kern sehr alt
und in sehr unterschiedlichen gesellschaftlichen Kontexten präsent gewesen.
Dennoch bedarf seine Konkretisierung des Rekurses auf die soziale Wirklichkeit
der jeweiligen Zeit.

Weltgesellschaft im Alltag

Nähern wir uns der Frage, wie das eingangs zitierte Diktum Luhmanns zu verstehen ist, zunächst mit einem Blick auf Situationen des alltäglichen Lebens. In
ihnen wird das, was mit ‚Weltgesellschaft' gemeint ist, in vielfältigen überregio-
nalen, transnationalen und globalen Verknüpfungen sichtbar, die die Objekte, die
wir nutzen, und die Kommunikationsprozesse einschließlich der Arbeitsvorgän-
ge, in die wir eingebunden sind, in zunehmendem Maße prägen. Ein großer Teil
der Produkte, die auf den Wochenmärkten, in den Regalen der Supermärkte und
an anderen Orten des Handels angeboten werden, sind das Ergebnis weltweiter

Handelsbeziehungen oder globaler Arbeitsteilung. Nicht anders verhält es sich mit Dienstleistungen, Informationen und kulturellen Angeboten.

Um nur wenige Beispiele zu nennen[3]: Das in einem europäischen Bekleidungsgeschäft gekaufte T-Shirt kann in Bangladesch hergestellt worden sein und nach dem Tragen über eine Altkleidersammlung auf einem afrikanischen Markt landen, wo sich unter den Kunden der westliche Kleidungsstil über globale Fernsehangebote oder Internetvideos verbreitet hat. Hinter einem Alltagsprodukt wie einer elektrischen Zahnbürste steht u.U. eine globale Wertschöpfungskette, zu der Komponenten aus Malaysia, China, Japan, den USA, Schweden, Frankreich und Österreich beitragen. Das World Wide Web trägt den globalen Anspruch schon im Namen und bildet die Basis für eine Fülle von weltweit verfügbaren Informations-, Kommunikations-, Kooperations- und Handelsangeboten, auch wenn es in manchen Staaten Versuche zu deren Kontrolle und Zensur gibt. Erfolgreiche Sendeformate im Fernsehen werden ebenso weltweit vermarktet wie Kinoproduktionen, insbesondere die der großen Player in den USA (Hollywood) und Indien (Bollywood), ebenso hat die Jugendkultur (Musik, Videos, Kleidungsstile) ausgeprägt globale Züge. Nicht minder gilt das für den Sport, dessen globale Verbände und Institutionen weltweit akzeptierte Regeln entwickeln sowie Veranstaltungen verantworten, die von weltweitem Interesse und beträchtlicher ökonomischer und teilweise auch politischer Relevanz sind.

Global geworden sind auch die Möglichkeiten des Reisens. Aus Kostengründen gilt dies zwar de facto nicht für alle Menschen, aber rechtliche und technische Hindernisse, alle Regionen der Erde zu bereisen, gibt es nur wenige. Der Flugverkehr hat eine global verständliche, überall im Grundsatz nach gleichen Regeln funktionierende Infrastruktur des Reisens hervorgebracht, wozu auch das Englische als Verkehrssprache beiträgt. Es braucht keine 80 Tage mehr für eine Reise um die Welt, wie es sich Jules Verne 1873 in seinem Roman vorstellte – der damit auch damals schon eine weltgesellschaftliche Phantasie beschrieb –, und mit einem ‚Around-the-world-ticket‘, das viele Fluglinien anbieten, ist eine solche Reise mit geringem Aufwand realisierbar. Dass 2004 die Zerstörungen durch einen Tsunami in Südasien weltweit eine große Solidarität auslösten, dürfte nicht nur an der medialen Verbreitung dieses Ereignisses gelegen haben, sondern auch an der Bedeutung der betroffenen Gebiete als internationaler Tourismusregion, die vielen Menschen als Besuchern bekannt war.

In einer zunehmenden Zahl von Berufen ist der Arbeitsmarkt transnational oder global und Auslandserfahrung wird für beruflichen Aufstieg vorausgesetzt. Aber bekanntlich ist nicht alleine und in quantitativer Hinsicht nicht einmal in erster Linie der berufliche Aufstieg das Motiv für Migration. Auch die pure wirtschaftliche Not sowie Verfolgung und Kriege setzen immer wieder Millionen von Menschen in Bewegung, und die globalen Informations- und Verkehrssysteme verbreiten diese Migrationen über den Globus. Längst sind die großen Städte in vielen Ländern zu Mikrokosmen der Weltgesellschaft geworden, in denen dutzende von Sprachen gesprochen und unterschiedlichste kulturelle Muster gelebt werden. So gibt es beispielsweise in Frankfurt am Main rund 170 religiöse Gemeinschaften aus allen Weltreligionen, davon mehr als die Hälfte aus unterschiedlichen christlichen Konfessionen.

Allerdings wandern in der Weltgesellschaft nicht nur Menschen, Güter und Dienstleistungen. Auch globale Krisen wie die Finanzkrise ab 2008, Krankheiten wie AIDS, Ebola oder die jährliche Grippeinfektion, Drogenhandel und organisierte Kriminalität verbreiten sich in den vernetzten Strukturen der Weltgesellschaft schnell zwischen Ländern und Kontinenten. Die globalen Umweltprobleme schließlich sind geradezu ein paradigmatisches Beispiel für globale Effekte menschlichen Handelns und daraus erwachsende globale Handlungsnotwendigkeiten, die auch den Alltag der Menschen betreffen.

Durch Globalisierung zur Weltgesellschaft

In der öffentlichen Wahrnehmung sind die oben beispielhaft angesprochenen Veränderungen im alltäglichen Leben seit den 1980-Jahren meist unter dem Begriff der ‚Globalisierung' wahrgenommen und – kontrovers – diskutiert worden. Dieser Begriff hatte zunächst eine stark ökonomische Ausrichtung und bezog sich anfangs im Wesentlichen auf die weltweite Verdichtung wirtschaftlicher Beziehungen unter marktwirtschaftlichem Vorzeichen und die damit verbundenen gravierenden Veränderungen durch Öffnungen von Märkten für Güter, Dienstleistungen und Finanzprodukte, Standortkonkurrenz sowie arbeitsteilige Industrieproduktion im globalen Maßstab. Erst nach und nach wurde der Begriff der Globalisierung auch auf andere Bereiche gesellschaftlicher Vernetzung bezogen wie Kultur, Sport, Medien und Politik, insbesondere auch auf die globale Dimension politischer Probleme etwa in der Umweltpolitik und der Bekämpfung von Hunger und Armut.

Mit dem Konzept der Globalisierung wird kein gesellschaftlicher Zustand, sondern ein Prozess beschrieben: die *„Intensivierung und Beschleunigung* grenzüberschreitender Transaktionen bei deren gleichzeitiger räumlicher Ausdehnung".[4] Allerdings bereitet es beträchtliche Schwierigkeiten, den zeitlichen Beginn dieses Prozesses historisch zu verorten. Es trifft auch die Annahme nicht zu, Globalisierung sei ein alleine vom Westen ausgehender Prozess. Dies illustrieren die technischen und wissenschaftlichen Innovationen, die schon vor vielen Jahrhunderten in Europa aus dem Fernen und dem Nahen Osten importiert wurden, wie etwa das Papier, das Schießpulver, der magnetische Kompass und die arabische Mathematik. Die in der 1990er-Jahren verbreitete Wahrnehmung, man lebe erst jetzt im Zeitalter der Globalisierung und hierbei handele es sich um etwas historisch gänzlich Neuartiges, ist jedenfalls nicht haltbar.[5] Die beiden Weltkriege und ihre Folgen haben für eine gewisse Zeit den Blick dafür getrübt, dass spätestens im 19. Jahrhundert die Grundlagen für das gelegt wurden, was Ende des 20. Jahrhunderts als ‚Globalisierung' wahrgenommen wurde – wie weltweite Verkehrsnetze und Nachrichtensysteme sowie globale Handelsbeziehungen, wenngleich damals gewiss weniger Menschen konkret in diese neuen Netze eingebunden waren als dies zu Beginn des 21. Jahrhunderts der Fall ist. Dennoch zeigt sich rückblickend, wie begrenzt und unangemessen es ist, die Geschichte des 19. Jahrhunderts alleine als Summe von National- und Regionalgeschichten zu verstehen. Schon für dieses Jahrhundert erweist sich als fruchtbar, was für die Zeit nach 1945 unabweisbar geworden ist: die menschliche Geschichte als *Weltgeschichte* zu erzählen.[6]

Während also ‚Globalisierung' einen komplexen Prozess weltweiter Verknüpfung und Verdichtung menschlicher Austauschbeziehungen meint, bezeichnet das Konzept der ‚Weltgesellschaft' das Resultat solcher Verknüpfungen und Verdichtungen – Globalisierung führt die Weltgesellschaft herbei.

Der Begriff der ‚Weltgesellschaft' wurde seit den 1970er-Jahren in den Sozialwissenschaften eingeführt, insbesondere von Niklas Luhmann, Peter Heintz und John Meyer.[7] Ganz anders als in den kosmopolitischen Vorstellungen zu einem künftigen Weltbürgertum, die in der europäischen Renaissance und Aufklärung verbreitet waren (vgl. Kapitel 3), geht es bei den heutigen Theorien und Forschungen zur Weltgesellschaft nicht oder zumindest nicht in erster Linie um Entwürfe einer wünschbaren Zukunft. Der Begriff der Weltgesellschaft stellt vielmehr eine analytische Kategorie dar, mit deren Hilfe prägende Aspekte der heutigen gesellschaftlichen Wirklichkeit charakterisiert sowie bereits stattgefundene und weiter stattfindende Entwicklungen analysiert werden können. Die Weltgesellschaft findet hiernach nicht in einer fernen Zukunft statt, sie ist auch nicht nur Option neben anderen für künftige Entwicklungen. Als theoriehaltiges Konzept bezieht sich ‚Weltgesellschaft' auf konkrete soziale Wirklichkeiten in unserer Zeit, wie sie im vorigen Abschnitt beispielhaft angesprochen wurden, und bietet für deren Verständnis Erklärungen an.

Im Wesentlichen lassen sich hierbei systemtheoretische und neo-institutionalistische Ansätze unterscheiden. In *systemtheoretischer* Perspektive lässt sich unter ‚Gesellschaft' die Gesamtheit der füreinander erreichbaren Kommunikationen verstehen. Weil heute, anders als in vormodernen Gesellschaften, diese wechselseitige Erreichbarkeit zumindest im Grundsatz für alle Menschen tatsächlich besteht, gibt es aus dieser Perspektive nur noch *eine* Gesellschaft, eben die Weltgesellschaft. Die unzweifelhaft bestehenden vielfältigen Unterschiede und Ungleichheiten zwischen Regionen, Staaten, sozialen Gruppen und Milieus, kulturellen und religiösen Orientierungen lassen sich hiernach als Differenzen *innerhalb* der Weltgesellschaft interpretieren. Der systemtheoretische Blick ermöglicht es, die wechselseitigen Beobachtungen und Beeinflussungen in den Blick zu nehmen, die an territorialen Begrenzungen nicht haltmachen. Aus systemtheoretischer Sicht gliedert sich die moderne Gesellschaft in funktionale Subsysteme wie Wirtschaft, Politik, Erziehung, Wissenschaft oder Religion. Diese wiederum sprengen die territorialen Grenzen vormoderner Gesellschaften: „*Alle* Zahlungen, *alle* Regierungsentscheidungen, *alle* Vertragsabschlüsse, *alle* Fernsehsendungen, *alle* Unterrichtsstunden usw. fügen sich in den weltweiten Kommunikationszusammenhang eines globalen Wirtschaftssystems (Zahlung), der Weltpolitik (Regierungsentscheidung), des Weltrechts (Verträge), des globalen Systems der Massenmedien (Sendung) oder der Erziehung (Unterrichtsstunden) ein."[8]

Die Stärke dieser Theorie ist es erstens, komplexe globale Vernetzungen auch dort gut beschreiben zu können, wo sie gar nicht von konkret identifizierbaren Akteuren gezielt betrieben werden, und zweitens, mit dem Begriff der Weltgesellschaft ein gehaltvolles Konzept für die Beschreibung des sozialen Gesamtzusammenhangs der heute lebenden Menschen anzubieten. Weniger gut kann sie aber unterschiedliche Grade an kommunikativer Erreichbarkeit und somit unterschiedliche Verdichtungen des weltgesellschaftlichen Zusammenhangs erfassen, die sich zwischen Menschen an verschiedenen sozialen und durchaus auch regionalen Orten zeigen, ebenso Ungleichzeitigkeiten und gegenläufige Entwicklungen.

Neo-institutionalistische Theorien betrachten die Weltgesellschaft als eine globale Ordnungsebene. Auf dieser Ebene lassen sich zunächst eine Vielzahl von Organisationen und Institutionen identifizieren, die historisch jung sind und die transnational bzw. global agieren. Hierzu gehören insbesondere die Vereinten Nationen mit ihren zahlreichen Programmen und Sonderorganisationen (wie z. B. UNICEF, WHO, ILO, UNESCO, Weltbank, Internationaler Währungsfond und Internationaler Gerichtshof), die Welthandelsorganisation, die NATO oder Staatengruppen wie G7 oder G20. In diesen Kontexten entstehen zur Bewältigung globaler Probleme *Regime*, die Kooperation auf verbindliche, vertraglich vereinbarte Regelwerke gründen und die ggf. auch mit Zwangsmaßnahmen wie etwa Wirtschaftssanktionen durchgesetzt werden können, so beispielsweise Regime zur Nichtverbreitung von Atomwaffen, im Bereich der internationalen Wirtschaftsbeziehungen oder in der Umweltpolitik. Unter Umständen kann der Weltsicherheitsrat in den Vereinten Nationen inzwischen auch militärische Interventionen in Staaten durch Dritte gestatten oder veranlassen, wenn massenhafte Menschenrechtsverletzungen wie Völkermord vorliegen.

Beträchtlich an Bedeutung gewonnen haben auf dieser globalen Ordnungsebene auch Nichtregierungsorganisationen (NGOs). In vielen einflussreichen NGOs wie etwa Amnesty International, Greenpeace, Transparency International, Rotes Kreuz oder Human Rights Watch kann jeder interessierte Bürger mitarbeiten. Von Anfang des 20. bis zu Beginn des 21. Jahrhunderts erhöhte sich die Zahl der internationalen NGOs von 179 (1909) auf 8976 (2015), wobei der Schwerpunkt der Entwicklung auf der Zeit nach 1945 liegt und der schnellste Anstieg seit den 1980er-Jahren stattfand.[9]

Solche Institutionen, Organisationen und Regime lassen sich als Elemente einer *global governance* verstehen, als neue Formen des Regierens in der Weltgesellschaft oder als Weltinnenpolitik ohne Weltstaat. Neo-institutionalistische Theorien gehen aber bei der Interpretation dieser Entwicklung noch einen Schritt weiter. Sie verstehen die globale Ordnungsebene der Weltgesellschaft nicht als bloße Ergänzung zu älteren Institutionen. Vielmehr werden die neuen weltgesellschaftlichen Akteure auch als normsetzende Beobachter verstanden, die zu einer globalen Vereinheitlichung von Normvorstellungen beitragen, also als eine Art globaler Diskursebene, deren Themen und Maßstäbe auf regionale oder lokale soziale Zusammenhänge zurückwirken. Dies lässt sich aus neo-institutionalistischer Sicht gut am Verhältnis zwischen Nationalstaat und Weltgesellschaft zeigen. Der moderne Nationalstaat ist ein historisch junges Phänomen und seine globale Verbreitung als politisches Ordnungsmuster fand nicht etwa lange vor der Entwicklung zur Weltgesellschaft statt, sondern parallel zu dieser Entwicklung: Im Jahr 1900 gab es in Europa 22 und weltweit 50 Nationalstaaten, im Jahr 2014 waren es in Europa 50 und weltweit 195.[10] Mehr noch, die Ablösung älterer politischer Ordnungen wie Imperien oder Kolonialreiche, die im 19. Jahrhundert die Landkarten bestimmten, durch das Modell des Nationalstaats lässt sich selbst schon als Ausdruck der Weltgesellschaft verstehen, weil sie Ausdruck globalisierter, isomorpher kultureller Leitbilder ist. Sehr anschaulich hierfür ist folgendes Gedankenexperiment:

„Stellen wir uns vor, auf einer bislang unbekannten Insel würde eine unbekannte Gesellschaft ,entdeckt'. Was würde sich in der Folge auf dieser Insel verändern? Es würde schnell ein Staat entstehen, der ungefähr wie ein moderner Staat aussehen und über viele der üblichen Ministerien und Behörden verfügen würde. In der Folge würde er von den anderen Staaten offiziell anerkannt werden und den Vereinten Nationen beitreten. Die Insel würde als Volkswirtschaft betrachtet werden und über standardisierte Datensätze, Organisationen und gesetzliche Regelungen für den inländischen und internationalen Wirtschaftsverkehr verfügen. Die Inselbewohner würden zu Staatsbürgern mit den üblichen Rechten erklärt werden (…) Die Bevölkerung würde gezählt und nach weltweit verbreiteten Zensusmodellen klassifiziert werden. Moderne Institutionen im Bildungs- und Gesundheitswesen, in der Wissenschaft und im Familienrecht würden entstehen. (…) Ebenso klar ist, was mit der Insel höchstwahrscheinlich *nicht* passieren würde. So würde es kaum theologische Dispute über die Frage geben, ob man den neu entdeckten Einwohnern Seelen zuschreiben könnte und ob sie Teil der allgemein-menschlichen Ordnung seien oder nicht. Auch würde es wenig geben, was einem imperialistischen Ansturm zur Kolonialisierung der Insel gleichen würde. Und es würden sich nur wenige Vertreter der Ansicht finden, daß für die Eingeborenen eingeschränkte Menschen- oder Bürgerrechte und für ihre Bildung ein paar Jahre Berufsausbildung genügen würden. Ohne auch nur das geringste über die Geschichte, die Kultur, die Gewohnheiten und Traditionen dieser bislang unbekannten Gesellschaft zu wissen, könnten wir also viele der Veränderungen vorhersagen, die nach der ‚Entdeckung' der Insel unter dem Titel ihrer ‚Entwicklung' über sie hereinbrechen würden."[11]

Es geht in der neo-institutionalistischen Theorie der Weltgesellschaft also auch um die Beschreibung kultureller, im Wesentlichen aus der westlich-rationalistischen Tradition stammender Muster, die als normsetzende Maßstäbe, gestützt durch das Handeln globaler Institutionen und Akteure, weltweit in das soziale Leben hineinwirken. Deren Wirkung lässt sich selbst in den zahlreichen Fällen von Staaten zeigen, die diesen Normen in der Praxis durchaus nicht oder nicht zureichend genügen. Nicht so sehr ob in einem Staat Verfassung, Bürgerrechte und Regeln rationaler „good governance" *tatsächlich* gelten, ist hiernach für das Verständnis von Weltgesellschaft als Ordnungsebene entscheidend. Wesentlich ist vielmehr, dass auch Staaten, in denen dies nicht der Fall ist, sich in aller Regel gezwungen sehen, zumindest den Anschein zu erwecken, dass sie als rationale Akteure agieren und im Inneren über entsprechende Institutionen verfügen, wenn sie nicht Gefahr laufen wollen, in eine Paria-Situation zu kommen. Auch autoritäre politische Systeme neigen deshalb dazu, mittels Institutionen wie Präsidenten, Gesetzgebung, Parlamenten und (Schein-)Wahlen den Eindruck bloßer Willkürherrschaft zu vermeiden und damit weltgesellschaftlichen kulturellen Leitbildern zumindest indirekt Rechnung zu tragen.

Neo-institutionalistische Theorien können sehr gut beschreiben und erklären, wie sich auf globaler Ebene weltgesellschaftliche politische Normen und Strukturen herausbilden, ohne dass es dafür eines Weltstaates bedarf. Allerdings wird diese Entwicklung manchmal allzu einlinig als Durchdringung der Welt durch westliche Prinzipien interpretiert.[12] Derzeit jedenfalls ist nicht recht zu sehen, dass die Weltgesellschaft zwingend zu einer universellen Durchsetzung einer westlich gedachten Kombination von Menschenrechten, Demokratie, Marktwirtschaft und Sozialstaat führen muss. Selbst in solchen Ländern, in denen diese Kombination zweifelsfrei gegeben ist, zeigen sich deutliche kulturelle Unterschiede, die sich in vielen Bereichen des gesellschaftlichen Lebens auswirken, so beispielsweise zwischen Westeuropa, Japan und den USA.[13] Die Weltgesellschaft impliziert zwar vielfältige wechselseitige Beobachtungen und Beeinflussungen von Sozialräumen, aber es dürfte zumindest aus heutiger Sicht nicht zu erwarten sein, dass daraus in absehbarer Zeit eine Art globaler Einheitskultur erwachsen wird. Plausibler erscheint die Vorstellung einer Vielfalt der Moderne, von „multiple modernities"[14]; in dieser Vielfalt wirken historisch weit zurückreichende, nicht zuletzt religiöse, Traditionen auch im Kontext der Weltgesellschaft fort. Weltgesellschaft wäre dann weder (wie in der Systemtheorie) als alleine nach funktionalen Teilsystemen gegliedert noch (wie im Neo-Institutionalismus) als globale Durchsetzung der westlichen Moderne zu verstehen. Weltgesellschaft wäre eher als Rahmung zu sehen, die aus globalen Institutionen und kulturellen wie rechtlichen Normierungen besteht und innerhalb und mit Hilfe derer Vernetzungen und Verdichtungen der Kommunikationen von Verschiedenen stattfinden. Dabei ist es möglich, dass die Verschiedenen sich auch verwandeln, sicher vorhersehbar ist aber weder, in welchem Maße noch in welcher Weise dies geschieht. Anders gesagt, die Weltgesellschaft ist eine multikulturelle Gesellschaft – mit all den damit verbundenen Problemen und Konflikten.

Weltgesellschaft als Konfliktfeld

Nach dem Ende des Ost-West-Konflikts, der nach dem Zweiten Weltkrieg für vier Jahrzehnte die globale Politik prägte, schien es für einen kurzen Moment, als stünde nun ein Zeitalter des dauerhaften Friedens bevor, ja als sei mit dem Ende des Kommunismus auch das „Ende der Geschichte" gekommen, zumindest jedenfalls ein Ende der großen antagonistischen Konflikte um die Ordnung der menschlichen Gesellschaft.[15] Aber spätestens seit den Anschlägen der Terrororganisation al-Qaida in den USA am 11. September 2001 und den nachfolgenden Kriegen in Afghanistan und im Irak hat sich diese Erwartung als voreilig erwiesen. Ganz im Gegenteil: Im frühen 21. Jahrhundert hat sich der islamistische Extremismus zu einem globalen Netzwerk entwickelt, das mit Propaganda ebenso wie mit kriegerischer Gewalt, die von terroristischen Anschlägen Einzelner und kleiner Gruppen bis zu militärisch koordinierten Aktionen großer Milizen reicht, der eigenen religiös-politischen Ideologie Geltung verschaffen will. Das Aktionsfeld dieses Netzwerks reicht vom Nahen und Mittleren Osten über Afrika, Asien, Russland und Europa bis zu den USA. Seine Aktionen haben im 21. Jahrhundert zu einem globalen Krieg neuen Typs geführt. Das letztendliche Ziel des islamistischen Extremismus ist die globale Durchsetzung einer sich islamisch verstehenden gesellschaftlichen Ordnung – so gesehen ist diese sich antiwestlich gebende Bewegung selbst ein Ausdruck der Weltgesellschaft und der Konflikt mit ihr ein Kampf um deren Gestalt.

Dieser globale Konflikt bietet auch reiches Anschauungsmaterial für weltgesellschaftliche Vernetzungen. Die Weltgesellschaft zeigt sich nicht nur im

Austausch von Waren und Ideen, sie zeigt sich auch in den Netzwerken des Terrors, dem Überspringen von organisierter Gewalt von Region zu Region und in Fluchtbewegungen über Kontinente hinweg. Ein Beispiel ist der komplexe Zusammenhang zwischen dem Bündnis der USA mit arabischen Staaten im von der UNO legitimierten Krieg gegen den Irak zur Befreiung Kuweits 1990/91; dem Widerstand islamistischer Gruppen gegen die damit verbundene Militärpräsenz der USA in islamischen Ländern und deren Radikalisierung; den darauf folgenden, von der inzwischen in Afghanistan im Bündnis mit den dortigen Taliban fest verankerten al-Qaida verübten Anschläge auf US-Einrichtungen sowie in den USA 2001 und die Feststellung des Bündnisfalls durch die NATO; der wiederum vom UN-Sicherheitsrat legitimierten Intervention einer US-geführten Koalition in Afghanistan unter Beteiligung europäischer NATO-Mitgliedsstaaten; schließlich den Flüchtlingsbewegungen aus Afghanistan in Folge des weiteren Bürgerkrieges im Land, die bis nach Europa gelangten. Ähnliche Wirkungsketten ließen sich auch für andere Konflikte im frühen 21. Jahrhundert beschreiben.

An den Spaziergängern, die in Goethes Faust aus der Stadt herausziehen, lässt sich illustrieren, wie sich in der Weltgesellschaft internationale Konflikte und ihre Wahrnehmung verändern. Diesen Bürger wird es wohl noch immer geben, den Goethe sagen lässt:

„Nichts Bessers weiß ich mir an Sonn- und Feiertagen
Als ein Gespräch von Krieg und Kriegsgeschrei,
Wenn hinten, weit, in der Türkei,
Die Völker aufeinander schlagen.
Man steht am Fenster, trinkt sein Gläschen aus
Und sieht den Fluß hinab die bunten Schiffe gleiten;
Dann kehrt man abends froh nach Haus,
Und segnet Fried und Friedenszeiten."

Aber wie oft wird es noch jenen geben, der antworten kann:

„Herr Nachbar, ja! so laß ich's auch geschehn:
Sie mögen sich die Köpfe spalten,
Mag alles durcheinander gehn;
Doch nur zu Hause bleib's beim alten."

Immer öfter, so scheint es, bleibt es in solchen Fällen zu Hause nicht beim Alten. Verpflichtungen aus einem internationalen Militärbündnis oder Interventionen im Auftrag der Vereinten Nationen können junge Soldaten aus allen Teilen der Welt zu Einsätzen in Staaten bringen, die in keinem direkten Konflikt mit dem eigenen Heimatstaat stehen; Flüchtlinge aus Konfliktregionen bleiben zwar oft, aber längst nicht immer in der Nähe zu ihrer Heimat, sondern wandern potenziell weltweit; global agierende terroristische Gruppen verüben in weiten Teilen der Welt Anschläge als Mittel asymmetrischer Kriegsführung. Die deutsche Bundeswehr hatte von ihrer Gründung im Jahr 1955 im Kontext des Ost-West-Konflikts bis zu dessen Ende 1989/90 keinen einzigen militärischen Einsatz; 25 Jahre später gab es bereits 39 abgeschlossene und 16 laufende Auslandseinsätze.[16] Gleichzeitig sind die düsteren Bedrohungen, die aus der Hochrüstung mit Massenvernichtungswaffen, insbesondere mit Atomwaffen, erwuchsen, keineswegs verschwunden. Zwar ist die Gesamtzahl der Atomwaffen durch Abrüstungsmaßnahmen nach Angaben des Stockholm International Peace Research Institute auf rund 16.300 (2014) gesunken (von rund 70.000 in den 1980er-Jahren). Aber auch diese Zahl dürfte in einem mit diesen Waffen geführten Krieg für verheerende, die gesamte menschliche Zivilisation gefährdende Schäden ausreichen. Hinzu kommen neue Risiken durch die drohende weitere Proliferation von Massenvernichtungswaffen und das Streben verschiedener staatlicher und nichtstaatlicher Akteure nach ihnen. Die Weltgesellschaft verändert somit den Handlungsrahmen für gewaltsam ausgetragene politische Konflikte wie auch für deren Eindämmung und Lösung. Aber die Weltgesellschaft führt nicht zwingend zu einer friedlichen Welt.

Gehört zu diesem Handlungsrahmen im 21. Jahrhundert auch ein Antagonismus unterschiedlicher Kulturkreise? Folgt auf den Kalten Krieg im Ost-West-Konflikt nun ein drohender „Kampf der Kulturen", wie Samuel Huntington schon den 1990er-Jahren schrieb?[17] Huntington teilt die Welt in sieben bis acht prägende Kulturkreise ein: den sinischen (chinesisch-konfuzianisch geprägten), den japanischen, den hinduistischen, den islamischen, den orthodoxen, den westlichen sowie, mit gewissen Vorbehalten, den lateinamerikanischen und den afrikanischen. Diese Kulturkreise seien das „umfassendste ‚Wir', in dem wir uns kulturell zu Hause fühlen, gegenüber allen anderen ‚Sie' da draußen."[18] Auf diese Weise sieht Huntington die Weltordnung durch kulturelle Affinitäten und Gegensätze geprägt. Staaten und Gesellschaften würden bevorzugt mit anderen aus dem gleichen Kulturkreis kooperieren, während die Kulturkreise miteinander um Macht konkurrieren. Die Identifikation mit dem eigenen Kulturkreis würde durch gewaltsame Konflikte an dessen Rändern, durch „Bruchlinienkriege", weiter gefördert. Huntingtons Theorie steht im stärksten Gegensatz zu solchen Theorien der Weltgesellschaft, die deren Zukunft in einer universellen Ausbreitung westlicher Normen und Werte sehen. Für Huntington hingegen führen die universalistischen Vorstellungen des Westens nahezu zwangsläufig zu Konflikten mit anderen Kulturkreisen, insbesondere mit China und mit dem Islam. Sein strategischer Rat an den Westen lautet daher: Sein Überleben „hängt davon ab, daß die Amerikaner ihre westliche Identität bekräftigen und die Westler sich damit abfinden, daß ihre Kultur einzigartig, aber nicht universal ist, und sich einigen, um diese Kultur zu erneuern und vor den Herausforderungen durch nichtwestliche Gesellschaften zu schützen."[19] Die Alternative sei ein weltweiter Kampf der Kulturen.

Huntingtons Theorie hat vielfältigen und kräftigen Widerspruch hervorgerufen. Exemplarisch sei auf Amartya Sen hingewiesen, der mit seinem Buch „Die Identitätsfalle" geradezu einen Anti-Huntington geschrieben hat.[20] Sen hinterfragt kritisch eine Reihe vom Implikationen bei Huntington und hält ihm anhand von zahlreichen historischen Beispielen mangelnde Differenziertheit beim Blick auf nicht-westliche Kulturen vor. So kritisiert er die These von der Einzigartigkeit westlicher Werte unter Verweis auf frühe Beispiele für religiöse Toleranz aus der indischen Geschichte, auf demokratische Elemente kommunaler Regierung in asiatischen Städten in den Jahrhunderten nach der athenischen Demokratie und auf Traditionen deliberativer Entscheidungsfindung in buddhistischen und islamischen Gesellschaften. Mit Recht lässt sich in diesem Zusammenhang Huntington auch eine zu starre Sicht auf die großen Religionen vorhalten, die deren innere Vielfalt und Wandelbarkeit zu wenig in Rechnung stellt.[21]

Für empirisch wie normativ höchst problematisch hält Sen das von ihm bei Huntington wahrgenommene einlinige Verständnis von kollektiver Identität. Huntingtons Konzept der Kulturkreise basiere auf der Vorstellung, dass für Menschen letztlich nur *eine* Klassifikation zähle, eben die des gemeinsamen „Wir" in einem Kulturkreis. Dagegen betont Sen die Bedeutung multipler Zugehörigkeiten für Menschen in der Moderne: „Im normalen Leben verstehen wir uns als Mitglieder einer Vielzahl von Gruppen, denen wir alle angehören.

Staatsangehörigkeit, Wohnort, geographische Herkunft, Geschlecht, Klassenzu-
gehörigkeit, politische Ansichten, Beruf, Arbeit, Essgewohnheiten, sportliche
Interessen, Musikgeschmack, soziale Engagements usw. – das alles macht uns zu
Mitgliedern einer Vielzahl von Gruppen. Jedes dieser Kollektive, denen ein
Mensch gleichzeitig angehört, verleiht ihm eine bestimmte Identität. Keine seiner Identitäten darf als seine einzige Identität oder Zugehörigkeitskategorie verstanden werden."[22] In dieser Vielfalt der Einzelnen und in jedem Einzelnen
sieht Sen eine Basis für Freiheit und friedlicher Zusammenleben auch und gerade in der Weltgesellschaft; hingegen sei das Konzept des Multikulturalismus
zumindest dann problematisch, wenn es Menschen einseitig auf die Zugehörigkeit zu einer kulturellen Gemeinschaft oder einer Religion festschreibe. Das Ge-
fangensein in einer solch einseitigen kollektiven Identitäten sowie deren Fremd-
zuschreibung sieht Sen als eine starke Quelle von Gewalt, ja von Greueltaten
großen Ausmaßes. In der Tat lassen sich in der jüngeren Geschichte leicht Beispiele dafür finden, wie solche Zuschreibungen eine starke Rolle bei kollektiver
Gewalt bis hin zum Genozid führen können – etwa im Antisemitismus der Nationalsozialisten, den „ethnischen Säuberungen" im Jugoslawienkrieg, dem Bür-
gerkrieg in Ruanda in den 1990er-Jahre oder in der Bekämpfung aller Anders-
gläubiger im „Islamischen Staat" nach 2010. Sen berichtet in diesem Zusammenhang von seinen Kindheitserfahrungen im Indien der 1940er-Jahre mit gewaltsamen Zusammenstößen im Konflikt um die Teilung Indiens: „ich weiß
noch, wie schnell sich die Menschen, die sich im Januar noch kaum voneinander
unterschieden, in die grausamen Hindus und die bösen Muslime vom Juli ver-
wandelten."[23]

Auf den ersten Blick erscheinen die Perspektiven von Huntington und Sen
als unvereinbar. Dennoch lassen sie sich miteinander in Beziehung setzen. Sen
bestreitet nicht, dass es Formen von Identitäten gegeben hat und gibt, bei denen
eine bestimmte Ebene kollektiver Zugehörigkeit – sei sie ethnischer, kultureller,
nationaler oder religiöser Art – auf eine Weise dominiert, die gewaltsame Konflikte mit als ‚anders' konstruierten Gruppen und Gesellschaften evoziert. Es
sind, so Sen, die gesellschaftlichen Umstände, die zu solchen Identitätskonstruktionen und den mit ihnen gesetzten Unterschieden führen. Anders gesagt, so ließe sich die Überlegung Sens weiterführen, jede Form kollektiver Identität wird
auf der Ebene der *sozio-kulturellen Konstruktion der Wirklichkeit* erzeugt, sie ist
weder naturgegeben noch unveränderlich (vgl. Kapitel 1). Das bedeutet aber

nicht, dass sie jederzeit und beliebig umgestaltet werden kann. Es hat Generationen gebraucht, bis in Europa im Zuge der Entstehung von Nationalstaaten Hamburger und Bayern sich als ‚Deutsche‘ in einem nationalen (und nicht nur geographischen) Sinn oder Sizilianer und Mailänder als ‚Italiener‘ empfunden haben, und auch Jahrzehnte nach Beginn der Europäischen Integration ist das Verhältnis zwischen nationaler und europäischer Identitätsebene in den europäischen Staaten durchaus noch prekär. Es ist daher keineswegs abwegig, historisch viel weiter zurückreichende differente Weltverständnisse, wie sie insbesondere von den großen Weltreligionen repräsentiert werden, in ihrer Bedeutung für die künftige Entwicklung der Weltgesellschaft höher einzuschätzen als die vergleichsweise jungen Konstrukte nationaler Identität. Eben dies kann man als Kern von Huntingtons Theorie betrachten. Huntington betrachtet Kulturkreise keineswegs als unveränderlich[24], aber er schätzt die damit von ihm beschriebene Ebene kollektiver Identität als persistenter und als deutlich gewichtiger für die künftige Weltpolitik ein als etwa Sen.

Andererseits sieht auch Huntington, dass es jenseits seiner Kulturkreise eine, wie er schreibt, „dünne“ und minimale universale Moral gibt, aus der sich ein für den Frieden bedeutsames Prinzip ergibt: „Menschen in allen Kulturen sollten nach Werten, Institutionen und Praktiken suchen und jene auszuweiten trachten, die sie mit Menschen anderer Kulturen gemeinsam haben.“[25] Zu diesen Gemeinsamkeiten könnte die Anerkennung der legitimen Vielfalt von Weltbezügen und sozialen Bindungen gehören, die das Leben aller Menschen in der Moderne prägt. So gesehen, ließe sich Huntingtons Theorie als Szenario eines Mahners und Warners lesen, Sens Konzept multipler Identitäten hingegen als Suche nach einem Weg aus den Gewalt fördernden Zwängen einliniger Zugehörigkeitszuschreibungen.

Die Religion in der Weltgesellschaft

Spätestens mit den islamistisch motivierten Terroranschlägen in den USA am 11. September 2001 beschäftigt die Relevanz der Religion für die Weltpolitik eine breite Öffentlichkeit. Aber lange vor diesem Ereignis war in den Wissenschaften bereits eine Vorstellung problematisch geworden, die in Teilen der westlichen Welt, allen voran in Westeuropa, seit dem 19. Jahrhundert mehr und mehr populär geworden war und es in weiten Teilen der Öffentlichkeit noch immer ist: die Vorstellung, in der Moderne werde in Folge der Verbreitung von Vernunft und Wissenschaft die Religion nach und nach verschwinden, zumindest aber zu einem wenig relevanten Randphänomen einer weitgehend areligiösen Gesellschaft werden. Diese gemeinhin als *Säkularisierungsthese* bezeichnete Vorstellung stützte sich auf den Bedeutungsverlust der organisierten Religion, wie er sich in den west- und nordeuropäischen Gesellschaften an vielen Indikatoren wie sinkende Zahl an Kirchenmitgliedern, Bedeutungsrückgang religiöser Praktiken in der Öffentlichkeit und zunehmende Verlagerung der Religion in den Bereich des Privaten sowie stärkere Trennung von Staat und Kirchen festmachen lässt. Zwar lassen sich auch mit Blick auf Westeuropa kritische Anfragen an die Säkularisierungsthese stellen, so etwa die, ob mit dieser These das Niveau der tatsächlichen Religiosität in der breiten Bevölkerung im Europa vor der Aufklärung nicht drastisch überschätzt wurde.[26] Weiterhin stellt sich die Frage, wie die parallel zu den eben angesprochenen Prozessen stattgefundene Ausbreitung synkretistischer und esoterischer Vorstellungswelten, von „Neomythen"[27], die unter dem Aspekt eines vernunftgeleiteten Weltverständnisses nur als drastischer Rückfall hinter das Reflexionsniveau christlicher Theologie zu sehen sind, mit der Säkularisierungsthese zu vereinbaren ist. In diesem Zusammenhang wäre auch zu fragen, warum sich die dediziert anti-religiös gebenden totalitären Diktaturen des 20. Jahrhunderts – Nationalsozialismus, Stalinismus und Maoismus – zur ihrer legitimatorischen Absicherung in beträchtlichen Maße auf Elemente religiöser Symbolsysteme zurückgegriffen haben, so beispielsweise in der Vergöttlichung der Führer, gottesdienstähnlichen Versammlungen und anderen kultischen Ritualen sowie verbindlichen Glaubenssystemen inklusive diesseitiger Heils- und Erlösungsversprechungen. Schließlich ist zu fragen, inwieweit die ‚Freisetzung' autonomer Vernunft in und nach der europäischen Aufklärung nicht nur gegen das, sondern auch mit dem Christentum stattfand, ja zumindest bis zu einem gewissen Grade sogar als eine Transformation christlichen Denkens, insbesondere in seiner protestantischen Gestalt, verstanden werden kann.[28]

Akzeptiert man trotz dieser Rückfragen eine gewisse Plausibilität der Säkularisierungsthese für West- und Nordeuropa, so geht diese völlig ins Leere, wenn man mit einer globalen Blickperspektive nach der Relevanz der Religion in der Weltgesellschaft fragt.[29] Innerhalb des Westens waren die USA mit ihrer höchst vitalen und vielfältigen religiösen Kultur in der Öffentlichkeit trotz der institutionellen Trennung von Staat und Kirche immer schon ein Gegenbild zu den west- und nordeuropäischen Gesellschaften. Mit Blick auf andere Teile der Welt, insbesondere auf Lateinamerika, Asien und Afrika, ist die Vitalität der Religion, vor allem die der großen Weltreligionen, so deutlich, dass geradezu von einer „Wiederkehr der Götter" gesprochen werden kann.[30] Als Beispiel sei auf die Entwicklung in Afrika hingewiesen: „Um 1900 lebten in Afrika 10 Millionen Christen und 34,5 Millionen Muslime. Nur hundert Jahre später zählt man in Afrika 360 Millionen Christen und 317 Millionen Muslime."[31] Andere Beispiele für Länder und Regionen, in denen die Modernisierung nicht etwa die Religion schwächt, sondern von einer starken Ausbreitung christlicher Kirchen begleitet wird, sind Lateinamerika, Südkorea und China. In islamischen Ländern ist die – mit starken Konflikten verbundene – Wiederentdeckung der Religion als politischer Faktor spätestens seit der „islamischen Revolution" 1979 im Iran nicht zu übersehen.

In den Sozialwissenschaften wird daher die Säkularisierungsthese kaum mehr vertreten. Der westeuropäische Weg in die Moderne erscheint mit Blick auf die Entwicklung der Religion nicht mehr als weltweites Vorbild und Vorreiter einer unvermeidlichen Entwicklung in der Weltgesellschaft, sondern als erklärungsbedürftige Ausnahme, die zudem in Folge der Einwanderung religiös aktiver großer Minderheiten in Schwierigkeiten gerät. In keinem Feld hat die Theorie der ‚multiple modernities' gegenüber einer Gleichsetzung von Modernisierung mit Verwestlichung so starke Argumente für sich wie im Feld der Religion.

Dabei kann allerdings nicht übersehen werden, dass die zunehmende Relevanz der Religion in der Weltgesellschaft alles andere als konfliktfrei und ohne gravierende Probleme vonstattengeht. Die Ausbreitung des Islamismus in vielen islamisch geprägten Gesellschaften ist hierfür das offenkundigste und im frühen 21. Jahrhundert weltweit gefährlichste Beispiel. Aber auch in anderen Religionen spielen fundamentalistische Bewegungen eine beträchtliche Rolle und können zu einer Gefahr für das friedliche Zusammenleben werden. Es wäre jedoch eine Illusion zu erwarten, diese Gefahr ließe sich durch eine globale Übernahme europäischer Vorstellungen von Säkularität bannen. Es spricht wohl mehr für die These, dass sich „Religion durch Religion domestizieren" lässt.[32] Nicht die Verdrängung der Religion, sondern ihre Öffnung für eine Kultur der Toleranz, die das Vertreten eines eigenen Wahrheitsanspruchs mit der Akzeptanz des Rechtes anderer Religionen, den ihren vertreten zu dürfen, ist angesichts der unausweichlichen religiösen Pluralität in der Weltgesellschaft die gleichermaßen wünschenswerte wie notwendige Entwicklungsperspektive. Für eine solche Kultur gibt es in allen Weltreligionen Traditionen, an die in den intra- wie den interreligiösen Diskursen angeknüpft werden kann. Intellektuelle und institutionelle Räume für solche Diskurse zu schaffen, zu pflegen und zu verbreiten, wird mit Blick auf ein friedliches Zusammenleben in der Weltgesellschaft eine der wichtigsten künftigen Aufgaben der Kultur-, Religions- und Bildungspolitik sein. Denn hierin ist dem Skeptiker Huntington zuzustimmen: „den großen Weltreligionen (…) (sind) doch gewisse zentrale Werte gemeinsam. Falls die Menschen je eine Universalkultur entwickeln, wird sie nach und nach aus der Erkundung und Ausweitung dieser Gemeinsamkeiten hervorgehen."[33]

Die Globalisierung von Schule und Universität

Auf kaum einen sozialen Bereich kann sich die neo-institutionalistische These, die Entwicklung zur Weltgesellschaft sei im Wesentlichen als ein Prozess der Globalisierung westlicher Ideen und Institutionen zu verstehen, so gut stützen wie auf den des Schulwesens und der Universitäten.

Zwar gibt es schulische Einrichtungen in Europa ebenso wie in Asien, insbesondere in China und Japan sowie in islamischen Ländern, seit vielen Jahrhunderten. Sie richteten sich aber durchweg an Eliten, an Adel, Kleriker oder Staatsbeamte, und waren weit davon entfernt, Schulen für alle zu sein. In Europa lässt sich die Geschichte der Schule bis in die griechische Antike zurückverfolgen, in der bereits Theorien, Einrichtungen und Lehrpläne für höhere Bildung entwickelt wurden. Mit dem Christentum kam ein wesentlicher, wenn auch erst auf lange Sicht die gesellschaftliche Wirklichkeit in großer Breite prägender Gedanke hinzu: die universalistische Vorstellung vom Menschen als einem selbst für seine Lebensgestaltung verantwortlichen Individuum.[34] Anders als die antike Götterwelt, um deren Gunst man sich bemühen konnte, was aber nur selektiv in Gefahr und Not erforderlich war, und die ansonsten vor allem der Legitimation sozialer Institutionen, von der Familie bis zum Kaiser, diente, anders auch als das Judentum, dessen Beziehung zu Gott in starkem Maße als Beziehung eines Volkes zu diesem Gott gedacht war und dessen Heilsperspektive damit primär die eines Kollektivs war, wandte sich das Christentum unterschiedslos an alle Menschen. Das Neue am christlichen Gottesbild war die Gewissheit einer persönlichen Beziehung jedes einzelnen Menschen zu einem liebenden Gott und die damit verbundene Aufforderung zu einer verantwortlichen Lebensgestaltung. Moralische Gleichheit und Gewissensfreiheit waren Implikationen dieses Gottesverständnisses, die zur hohen Attraktivität dieser neuen Religion im Römischen Reich beitrugen. Schon in diesem frühen Christentum findet sich ferner eine Vorstellung, die später vom Protestantismus mit dem Konzept des Priestertums aller Gläubigen radikalisiert wurde: die Vorstellung, dass es zwischen dem Einzelnen und Gott keine menschlichen Mittler gibt, weshalb die Einzelnen durch Bildung in die Lage versetzt werden müssen, die für den Glauben wesentlichen Schriften, allen voran die Bibel, selbst zu lesen und in Glaubensfragen urteilsfähig zu sein. Der Protestantismus wurde deshalb in Europa zu einer treibenden Kraft bei der Ausweitung der Schulen und Hochschulen vom 16. bis zum 20. Jahrhundert (vgl. Kapitel 4).

Es sollte freilich bis zum 19. Jahrhundert, in manchen Regionen sogar bis ins 20. Jahrhundert hinein dauern, bis sich in Europa allgemeine Schulpflicht und Massenalphabetisierung tatsächlich durchsetzten. Als dies schließlich geschah, entstand das Grundmodell einer öffentlichen, für alle zugänglichen und, von Ausnahmen wie Homeschooling abgesehen, auch obligatorischen Schule, das sich im Lauf des 19. und 20. Jahrhunderts von Europa aus nach und nach verbreitete[35] und das heute in der Weltgesellschaft ubiquitär geworden ist. Tatsächlich sind die strukturellen Ähnlichkeiten, die Schulen heute weltweit kennzeichnen, erstaunlich: der Zusammenhang der einzelnen Schulen in einem nach politischen Rahmenvorgaben strukturierten Schulsystem, die Gliederung des Unterrichts in Fächer und der Kanon dieser Fächer, die Ordnung der Schüler nach festen Lerngruppen, in der Regel in Form von Jahrgangsklassen, eine professionalisierte Lehrerausbildung, zumeist an Hochschulen, ähnliche, zumindest aber vergleichbare Strukturen der Finanzierung und Steuerung des Schulsystems, meist sogar die Bauweise von Schulen – dies alles führt dazu, dass Schulen heute praktisch weltweit sehr leicht als solche erkennbar sind.

Es sind im 19. und 20. Jahrhundert vor allem Prozesse der weltweit wechselseitigen Beobachtung sowie die globale Durchsetzung des politischen Ordnungsmodells Nationalstaat gewesen, die diesen Prozess befördert haben. Bei der Entstehung von Nationalstaaten, die wie oben erwähnt selbst schon ein Aspekt der Entwicklung zur Weltgesellschaft war, spielte der Aufbau von Schulsystemen deshalb eine zentrale Rolle, weil von den Schulen die Vermittlung der wesentlichen Merkmale der imaginierten Gemeinschaft „Nation" und damit die Legitimation und Stabilisierung der jungen Nationalstaaten erwartet wurde:

Merkmale wie gemeinsame Sprache, Schrift und Literatur, historische Narrationen im Sinne einer Nationalgeschichte, geographische Orientierung im Staatsgebiet oder Kenntnisse der politischen, gesellschaftlichen und wirtschaftlichen Ordnung im Staat.

Seit der zweiten Hälfte des 20. Jahrhunderts verdichtet und verändert sich diese weltgesellschaftliche Grundlage der modernen Schulsysteme. So wird die wechselseitige Beobachtung durch Instrumente wie internationale Schulleistungsvergleiche, Rankings und vergleichende Bildungsberichte gewissermaßen formalisiert und institutionalisiert. Ferner treten in zunehmendem Maße internationale Akteure wie die OECD, die UNESCO oder die Weltbank, aber auch NGOs, mit eigenen schulpolitischen Initiativen mit dem Ziel auf, die Entwicklung nationaler Schulsysteme nach der Maßgabe globaler Kriterien oder Standards zu beeinflussen, sei es im Sinn der Unterstützung für bestimmte Entwicklungen (wie etwa Grundbildung für alle), sei es im Sinn von Impulsen für Umsteuerungen.[36] Dass diese Form indirekter globaler Steuerung durchaus Wirkungen haben kann, zeigt beispielhaft die intensive Reaktion der deutschen Bildungspolitik mit zahlreichen Reformmaßnahmen auf das schlechte Ergebnis deutscher Schulen bei der von der OECD durchgeführten ersten PISA-Studie aus dem Jahr 2000.[37] Diese neuen Formen weltgesellschaftlicher Integration gehen über das nationalstaatliche Ordnungsmodell hinaus, sie öffnen sozusagen die nationalen Container, in denen sich die Schulen trotz ihrer weltweiten Isomorphie im 19. und 20. Jahrhundert befunden haben.

Solche Öffnungsprozesse infolge von weltgesellschaftlichen Entwicklungen zeigen sich inzwischen auch im Alltag vieler Schulen. Die globalen Migrationsströme verändern vielerorts die einstmals national homogene Schülerschaft; internationale Schulpartnerschaften, Schüleraustausch und zeitweilige Schulaufenthalte in anderen Ländern werden in vielen Schulen mehr und mehr Teil des normalen Schullebens, auch wenn sie sich wohl noch für geraume Zeit schon aus ökonomischen Gründen auf den wohlhabenderen Teil der Weltgesellschaft konzentrieren werden. Aber es ist, um ein Beispiel zu nennen, heute durchaus möglich, dass ein Gymnasium in einer mittelgroßen deutschen Stadt Austauschprogramme mit Partnerschulen in Schottland, England, Frankreich, Spanien, China, Singapur, Kolumbien, Indien und den USA unterhält.[38]

Im Bereich der Universitäten ist noch deutlicher zu sehen, dass und wie sich das westliche Modell der modernen Universität im Laufe des 19. und 20. Jahrhundert weltweit verbreitet hat.[39] Auch hier gibt es sehr unterschiedliche ältere Modelle von Universitäten und anderen höheren Bildungseinrichtungen, die aber sowohl in Europa als auch in anderen Regionen weitgehend verschwunden oder umgeformt worden sind, abgesehen von einigen religiös geprägten Hochschulen in islamischen Ländern. Die moderne Universität wurde im frühen 19. Jahrhundert im protestantischen Deutschland entwickelt und fand ihre erste Gestalt in der von Wilhelm von Humboldt und Friedrich Schleiermacher betriebenen und 1810 verwirklichten Gründung der Berliner Universität. Zu den Merkmalen dieser Universität neuen Typs zählt vor allem die Verbindung von Forschung und Lehre und der hohe Stellenwert von Grundlagenforschung und Erkenntnis als Selbstzweck. Die Universität in diesem Verständnis definiert sich somit nicht alleine als Stätte der Berufsausbildung für Eliten und wissenschaftsbasierte Berufe. Von ihrer Gründungsidee her sollte sie darüber hinaus auch eine Stätte der Persönlichkeitsentwicklung für junge Menschen sein, der *Bildung* durch Auseinandersetzung mit Wissenschaft.

Dieses Konzept für eine moderne Universität setzte sich im Verlauf des 19. Jahrhunderts in Deutschland durch und wurde schrittweise zunächst in Europa sowie in den USA und in Asien rezipiert, wenn auch teilweise mit Modifikationen. Dabei hat mit der gleichzeitigen quantitativen Ausweitung des Universitätssystems und der Akademisierung von immer mehr Berufen dessen utilitaristische, auf beruflichen Erfolg der Studierenden außerhalb der Wissenschaft zielende Orientierung zugenommen. Viele Universitäten sind heute zu großen Institutionen mit starken innerer Differenzierungen geworden, teilweise auch mit Spezialisierungen der ganzen Universität (z.B. als technische oder pädagogische Hochschulen). Unabhängig davon und bei allen Unterschieden regionaler und nationaler Hochschulsysteme im Einzelnen, wird man heute die Institution der Universität ohne ihre weltgesellschaftliche Ausrichtung kaum verstehen können. Es ist selbstverständlich geworden, dass Wissenschaft als global orientiert verstanden wird, sich auf weltweite Forschung bezieht und den weltweiten Austausch aktiv sucht. Der Arbeitsmarkt für Wissenschaftler hat sich in den vergangenen Jahren immer stärker internationalisiert und auch in der Studentenschaft nimmt die Zahl derer zu, die ganz oder phasenweise im Ausland studieren.[40] ,Internationalisierung' gilt als eine weithin positive besetzte Orientierung für die weitere Entwicklung der Universitäten.

Das Desiderat der Bildung

So deutlich die Entwicklung zur Weltgesellschaft Schulen und Universitäten in den beiden letzten Jahrhunderten verändert hat, so deutlich ist andererseits, dass dieser Prozess noch kaum von der Suche nach einem neuen Bildungsverständnis begleitet wird, das die konzeptuelle Grundlage für das Selbst- und Aufgabenverständnis dieser Institutionen in der Weltgesellschaft des 21. Jahrhunderts bilden könnte. Nationale Identitätsbildung gepaart mit der Vermittlung berufsvorbereitender Kompetenzen, eine solche Aufgabenzuweisung wäre angesichts des heutigen Grades an transnationaler Vernetzung, angesichts weiter fortschreitender Globalisierung, aber auch angesichts der Konflikte und Probleme, die das Zusammenleben in der Weltgesellschaft in unserer Zeit prägen, ein Anachronismus.

Wie ließen sich die Bildungsaufgaben der Schule, aber auch die der Universität, im Kontext der heutigen Weltgesellschaft bestimmen und begründen? Wie stellt sich diese Frage vor dem Hintergrund von kultureller Vielfalt dar und wie lässt sich die Akzeptanz dieser Vielfalt mit einem gemeinsamen konzeptuellen Fundament für Bildung vereinbaren, das notwendigerweise, wenn es denn gemeinsam sein soll, eine universalistische Perspektive haben muss? Mit anderen Worten, wie kann das global vernetzte Bildungssystem in der Weltgesellschaft junge Menschen auf das Leben in dieser Weltgesellschaft mit ihrer Vielfalt und ihren Konflikten auf eine verantwortliche Weise vorbereiten – und woran soll sich diese Verantwortlichkeit bemessen?

Um diese Fragen wird es in den folgenden Kapiteln dieses Buches gehen.

3.

GLOBALER HUMANISMUS – MÖGLICHKEITEN UND GRENZEN

„Gottes ist der Orient!
Gottes ist der Okzident!
Nord- und südliches Gelände
Ruht im Frieden seiner Hände"
(Johann Wolfgang von Goethe)[1]

Die Frage nach einem konzeptuellen Fundament für *Bildung* in der Weltgesellschaft führt zwingend zu der Frage, was alle Menschen miteinander verbindet. Denn Bildung bezieht sich immer auf die Beziehung des Einzelnen zu der sozialen und kulturellen Umgebung, in der er lebt und in die er seit seiner Geburt hineingewachsen ist. Dieses Hineinwachsen geschieht zunächst durch Sozialisation und Erziehung. Bildungstheorien beziehen sich auf Leitvorstellungen für dieses Hineinwachsen, sei es in Institutionen wie Schulen und Universitäten, sei es im privaten Rahmen wie in Familien, sei es in Formen der eigenständigen und selbstgesteuerten Auseinandersetzung von Individuen mit der Wirklichkeit. Es wird noch gezeigt werden (in Kapitel 4 und 5), dass sich mit dem Begriff der Bildung nicht irgendwelche, sondern sehr bestimmte Vorstellungen davon verbinden, wie dieses Hineinwachsen zu gestalten ist.

Wenn diese Umgebung, in die Menschen in unserer Zeit hineinwachsen, als sich verdichtende Weltgesellschaft zu verstehen ist (vgl. Kapitel 2), dann wird sich die Frage, wie Bildungsaufgaben unter diesen Umständen zu bestimmen sind, nicht alleine im Rückgriff auf partikulare kulturelle Traditionen beantworten lassen. Zu prüfen ist vielmehr, ob und welche Verständnisse vom Menschen und seinem gesellschaftlichen Zusammenleben es gibt, die angesichts der kulturellen und religiösen Vielfalt in der Weltgesellschaft tatsächlich oder zumindest potenziell im globalen Maßstab soweit akzeptabel sind, dass sie als Referenzpunkte einer auf die Weltgesellschaft bezogene Bildungstheorie dienen können. Anders gesagt, es ist zu klären, ob und welche globalen Gemeinsamkeiten im Weltverstehen es gibt oder geben kann, die nicht als Gegensatz zu kultureller und religiöser Vielfalt zu verstehen sind, sondern diese Vielfalt auf produktive Weise aufnehmen, nicht zuletzt als Ressourcen für ein global orientiertes Bildungsverständnis. Auch wenn man die Möglichkeiten von Erziehung und Bildung nicht überschätzen darf: Das friedliche Zusammenleben in einer in sich höchst vielfältigen Weltgesellschaft wird auf längere Sicht gesehen mit davon abhängen, ob das Hineinwachsen der nächsten Generationen von eben solchen globalen Gemeinsamkeiten zumindest mitgeprägt ist.

Ein übergreifender Konsens für die Weltgesellschaft?

Der amerikanische Philosoph John Rawls hat aus der Sicht des politischen Liberalismus auf ein strukturelles Problem moderner Gesellschaften hingewiesen: Stabilität im gesellschaftlichen Zusammenleben zu ermöglichen, obwohl die Bürger „durch konträre und sogar einander ausschließende religiöse, philosophische und moralische Lehren einschneidend voneinander getrennt sind."[2] In der Weltgesellschaft ist dies offenkundig der Fall. Schon in regional oder national gedachten Gesellschaften muss jeder Versuch, die daraus erwachsenden Gegensätze auf dem Wege der Durchsetzung einer diese Lehren, verbunden mit der Unterdrückung aller anderen, zu lösen, letztlich zum Einsatz massiver Gewalt führen, wie die Erfahrungen des 20. Jahrhunderts zeigen. Unter den Bedingungen der Weltgesellschaft müssten solche Versuche zu einem gewaltsamen „Clash of Civilizations" (Huntington, vgl. Kapitel 2) führen, der bei einer Beteiligung von mit Massenvernichtungswaffen ausgestatteten Akteuren leicht zur Zerstörung der gesamten menschlichen Zivilisation führen könnte.

Rawls unterbreitet einen Lösungsvorschlag für dieses Problem, der auch für ein stabiles Zusammenleben in der Weltgesellschaft perspektivenreich ist. Er geht zunächst von der grundlegenden Annahme aus, „daß es viele einander entgegengesetzte vernünftige umfassende Lehren mit der ihnen zugehörigen Konzeption des Guten gibt, von denen jede mit der uneingeschränkten Rationalität menschlicher Personen zu vereinbaren ist", und dass eben diese Pluralität unter den Bedingungen freier Institutionen „als das normale Ergebnis des praktischen Vernunftgebrauchs" zu betrachten ist.[3] Anders gesagt, es kann nicht davon ausgegangen werden, dass der freie Gebrauch der menschlichen Vernunft irgendwann einmal zu einem einheitlichen Verständnis von Mensch und Welt führen wird, das jedermann aufgrund der zwingenden vernünftigen Gründe, die für es vorgebracht werden, übernehmen muss. Dem steht die prinzipielle und unaufhebbare Begrenztheit des menschlichen Erkenntnisvermögens entgegen (vgl. Kapitel 1).

Dennoch und trotz dieser Hindernisse ist für Rawls ein basaler Konsens für die Stabilität des Zusammenlebens unabdingbar. Entscheidend für dessen Ak-

zeptanz ist, dass ihm die Gesellschaftsmitglieder, die verschiedenen „Lehren" anhängen, „jeweils von ihrem eigenen Standpunkt aus" zustimmen können.[4] Rawls
unterscheidet zwei Ebenen eines solchen Konsenses: einen „Verfassungskonsens" und einen „übergreifenden Konsens". Beim Verfassungskonsens geht es nur
um gewisse Grundsätze wie etwa Grundrechte und Grundfreiheiten sowie
Wahl- und Gesetzgebungsverfahren. Im Verfassungskonsens „werden diese
Grundsätze schlicht als Grundsätze anerkannt, das heißt ohne eine Fundierung
in bestimmten Ideen der Gesellschaft und der Person einer politischen Konzeption, geschweige denn einer geteilten öffentlichen Konzeption. Der Konsens
reicht deshalb nicht tief."[5] Ein übergreifender Konsens geht in Weite, Tiefe und
Bestimmtheit über die bloße Akzeptanz der Verfassungsgrundsätze hinaus.
Zwar wird er nach Rawls niemals vollständig, sondern allenfalls annäherungs-
weise erreichbar sein. Ein übergreifender Konsens ersetzt deshalb nicht die Konkurrenz politischer Konzeptionen, verringert aber den Spielraum, innerhalb dessen sie sich voneinander unterscheiden. Beispielsweise kann ein übergreifender
Konsens Vorstellungen darüber umfassen, wie eine Verfassung zu interpretieren
ist oder welche gesetzgeberischen und praktischen Folgerungen sich aus bestimmen Verfassungsgrundsätzen ergeben. So sagt die bloße Anerkennung der Religionsfreiheit noch sehr wenig über die konkreten Handlungsspielräume von
einzelnen Gläubigen sowie von Religionsgemeinschaften in einem konkreten
Gemeinwesen oder gar über den Umgang von Angehörigen verschiedener Religionsgemeinschaften miteinander aus. Das Zusammenleben in einer multireli-
giösen Gesellschaft wird sich, so ließe sich Rawls wohl interpretieren, umso kon-
fliktärmer gestalten, je ausgeprägter ein übergreifender Konsens über eben dieses Zusammenleben ist.

Beide Ebenen lassen sich cum grano salis auch auf die Weltgesellschaft beziehen. Gewiss gibt es auf globaler Ebene keinen vergleichbar dichten Konsens, wie
er auf beiden Ebenen in stabilen liberal-demokratischen Gesellschaften anzu-
treffen ist. Auch muss konzediert werden, dass mit einer über alle Staaten und
Regionen gleichmäßigen Verbreitung eines solchen Konsens derzeit jedenfalls
noch nicht zu rechnen ist. Aber das heißt nicht, dass die Entwicklung zur Weltgesellschaft in keiner Weise zu Elementen eines Verfassungskonsenses geführt
hätte und dass es keinerlei Ansätze für die Suche nach einem übergreifenden
Konsens gäbe.

Zwar gibt es für die Weltgesellschaft weder eine gemeinsame Gesetzgebung noch eine formelle gemeinsame Verfassung. Aber es lassen sich durchaus die Charta der Vereinten Nationen sowie die Allgemeine Erklärung der Menschenrechte von 1948 als rechtliche Dokumente von weltweiter Bedeutung verstehen, auf die sich ein Verfassungskonsens in der Weltgesellschaft beziehen kann. Die UN-Charta definiert Normen für das Verhalten der Staaten sowie mögliche Sanktionen bei Verstößen, begründet die Institutionen der Vereinten Nationen sowie deren Zuständigkeiten und regelt die institutionellen Verfahren der Entscheidungsfindung. Sie ähnelt somit strukturell einer Verfassung, wenngleich sie die Rechtsform eines völkerrechtlichen Vertrages hat und der Souverän, auf den sie sich bezieht, nicht die Gemeinschaft der Bürger, sondern die Gemeinschaft der Staaten ist. Die Wirkungen der UN-Charta auf die einzelnen Bürger sind daher nur indirekt erfahrbar, was aber im Einzelfall bei Fragen von Krieg und Frieden gleichwohl von größter Bedeutung für die betroffenen Menschen sein kann.

Bei den Menschenrechten handelt es sich dagegen um Rechte, die allen Menschen zukommen sollen. Sie beziehen sich auf Rechte und Ansprüche von Individuen und betreffen damit alle Mitglieder der Weltgesellschaft, wenngleich die UN-Menschenrechtserklärung keine Sanktionen bei Verstößen oder andere Instrumente einer verbindlichen Durchsetzung enthält. In rechtlicher Hinsicht ist ihre Verbindlichkeit geringer als die der UN-Charta; dennoch wird man sie nicht nur als unverbindliche Absichtserklärung verstehen dürfen.[6] So ist es in den Folgejahrzehnten auf UNO-Ebene zu einer ganzen Reihe von Nachfolgepakten und Konventionen gekommen, die für die Unterzeichnerstaaten verbindlich sind, wie beispielsweise dem Internationalen Pakt über bürgerliche und politische Rechte (1966), der Antifolterkonvention (1984) und der Kinderrechtskonvention (1989). Hinzu kommen regionale Normierungen wie die Europäische Menschenrechtskonvention, die allen Bürgern in den Mitgliedsstaaten des Europarates die Möglichkeit gibt, ihre Rechte vor dem Europäischen Gerichtshof für Menschenrechte einzuklagen. Vergleichbare regionale Menschenrechtskonventionen gibt es auch in Afrika sowie für Nord- und Südamerika. Von großer Bedeutung für die Durchsetzung der Menschenrechte ist schließlich deren verbindliche Verankerung als einklagbare Grundrechte in vielen modernen Verfassungsstaaten. Begleitet wird diese Verdichtung der rechtlichen Sicherungen der Menschenrechte in den letzten Jahrzehnten durch ein ebenfalls dichter gewordenes Netz an formellen und informellen Berichts- und Monitoringsystemen. Weiterhin haben Nichtregierungsorganisationen wie Amnesty International oder Human Rights Watch an Einfluss gewonnen, die sich auf globaler Ebene für die Durchsetzung und Einhaltung der Menschenrechte engagieren und damit, nimmt man Rawls' Begriff auf, sich für einen globalen Verfassungskonsens mit Blick auf die Menschenrechte einsetzen.

Bekanntermaßen kann dennoch noch nicht von einer weltweiten faktischen Durchsetzung der Menschenrechte gesprochen werden. Auch gibt es noch immer durchaus offensiv vorgetragene Bedenken gegen ein universalistisches Menschenrechtsverständnis, wie es der Vorstellung von der gleichen Geltung der Menschenrechte für *alle* Menschen notwendigerweise zugrunde liegt. Ein besonders prägnantes Beispiel für solche Gegenkräfte stellt die islamistisch geprägte Kairoer Erklärung der Menschenrechte im Islam von 1990 dar, die Menschenrechte generell unter den Vorbehalt ihrer Vereinbarkeit mit der Scharia stellt und die Religionsfreiheit unterminiert, indem sie einen Vorrang des Islam als „Religion der reinsten Wesensart" proklamiert und faktisch ein Missionsverbot gegenüber Muslimen fordert.[7] Auf der anderen Seite muss auch gesehen werden, dass manche westlichen Menschenrechtsaktivisten die Menschenrechte mit einer Art säkularer Heilsvorstellung aufladen, die man in nicht-westlichen Gesellschaften durchaus als Versuch verstehen kann, auf dem Weg über die Berufung auf Menschenrechte bestimmten partikularen Lebensvorstellungen universelle Geltung zu verschaffen. So folgt aus der Gleichberechtigung der Geschlechter nicht zwingend ein bestimmtes Modell des Zusammenlebens von Mann und Frau. Ebenso lässt sich mit dem Diskriminierungsverbot in Artikel 7 der Allgemeinen Erklärung der Menschenrechte zwar die Forderung nach rechtlicher Gleichbehandlung sexueller Minderheiten begründen, zugleich aber mit Artikel 16 auch ein besonderer staatlicher Schutz für Ehe und Familie.

Ein auf die Menschenrechte bezogener globaler Verfassungskonsens verlangt nicht mehr als die schiere Zustimmung zu deren Geltung als rechtlich kodifizierte Grundsätze. Zu deren religiöser oder weltanschaulicher Begründung bedarf es dafür noch keiner Übereinstimmung, ebenso lässt deren Wortlaut große Spielräume für unterschiedliche soziale Praktiken, rechtliche Verfahren und politische Institutionen. Zwar ging die Entwicklung der Menschenrechte als juristisches Konzept und dessen allmähliche Durchsetzung – gegen viele Widerstände – in der Neuzeit von Westeuropa und der USA aus. Es kann aber keine

Rede davon sein, dass deshalb bereits ein menschenrechtlicher Verfassungskonsens als eine Art westlicher Kulturimperialismus gesehen werden könnte. Dem widerspricht schon die Entstehungsgeschichte der UN-Menschenrechtserklärung: Es trifft nicht zu, dass diese Erklärung alleine oder hauptsächlich von westlichen Großmächten durchgesetzt wurde.[8] In der Kommission, die den Textentwurf für die Konvention vorbereitete, spielten der Libanese Charles Malik als Berichterstatter sowie der Chinese Peng-chun Chang eine herausragende Rolle. Starke Unterstützung kam von antikolonialen Bewegungen in Asien und Lateinamerika sowie von Vertretern der schwarzen Bevölkerung in den USA. Eine Gruppe hochrangiger Philosophen, die im Auftrag der UNESCO in der Entstehungsphase der Menschenrechtserklärung theoretische Grundlagen der Menschenrechte erörterte, empfahl ausdrücklich, die Menschenrechte nicht als Ausdruck eines einheitlichen Welt- oder Menschenbildes zu verstehen. Schließlich verweist die Präambel der UN-Menschenrechtserklärung darauf, dass „die Nichtanerkennung und Verachtung der Menschenrechte zu Akten der Barbarei geführt haben, die das Gewissen der Menschheit mit Empörung erfüllen", und stellt damit einen Bezug zu den damals erst wenige Jahre zurückliegenden Verbrechen des Nationalsozialismus her.

Nun wäre allerdings ein bloßer Verfassungskonsens im Rawlsschen Sinne über Menschenrechte für die Frage nach normativen Bezugspunkten für Bildung in der Weltgesellschaft noch wenig ergiebig. Es mag sinnvoll sein, von ‚Menschenrechtsbildung' im Sinn einer reflexiven Auseinandersetzung mit den Menschenrechten in der Schule zu sprechen, aber für die Grundlegung eines weiter verstandenen Bildungskonzepts gibt eine solcher Ansatz noch wenig her. Mit Rawls wäre vielmehr zu fragen, ob in der Weltgesellschaft auch ein *übergreifender Konsens* möglich ist, worauf er sich stützen könnte und auf welchen Wegen er zu erreichen und zu vertiefen wäre.

Dabei stellt sich „die Aufgabe, normative Prinzipien und Institutionen modernen gesellschaftlichen Zusammenlebens so zu formulieren und auszugestalten, dass sie dem irreversiblen *Pluralismus* der Religionen, Weltanschauungen und Lebensformen in der Gesellschaft gerecht werden können."[9] Universalistische Prinzipien haben in der Weltgesellschaft nur dann eine Chance auf globale Akzeptanz, wenn sie sich mit unterschiedlichen Traditionen verknüpfen lassen. Sie müssen sich mit dem jeweils Eigenen verbinden lassen, denn der Mensch „braucht das Eigene, eine ihm vertraute, einigermaßen stabile Umwelt. In einer

Welt blasser Universalismen ist er heimatlos. Die Universalismen müssen ins Eigene integriert werden, damit er sie sich aneignen kann."[10]

Die UN-Menschenrechtserklärung lädt zu der Frage, wie dies möglich ist, insofern geradezu ein, als sie in der Präambel die Rechtsgleichheit aller Menschen auf deren angeborene *Menschenwürde* als normatives Referenzkonzept bezieht. Wie aber ist diese Würde des Menschen zu verstehen und wie ist sie zu begründen? Diese Problemstellung führt unmittelbar zu Konzepten des *Humanismus*. Im Zentrum humanistischen Denkens steht die Frage: Was macht „das Menschsein des Menschen"[11] aus? Immer geht es dabei auch darum, wie menschliches Zusammenleben praktisch so gestaltet werden kann, dass es als ‚menschlich' im Sinn von ‚menschenwürdig' angesehen werden kann. Humanistisches Denken basiert auf der „Annahme, dass alle Menschen nicht nur von Natur mit der Fähigkeit zur Vernunft ausgestattet sind, sondern dass sie sich ihrer Gemeinsamkeit als Menschen bewusst werden und entsprechend handeln können."[12] Damit verstehen humanistische Theorien den Menschen auch grundsätzlich als bildungsfähig und bildungsbedürftig.

Bietet also der Humanismus einen möglichen globalen Rahmen für die weitere Entwicklung eines übergreifenden Konsenses in der Weltgesellschaft? Menschenwürde, Menschlichkeit, Vernunft und Bildung sind Konzepte, die in humanistischen Theorien immer wieder auftauchen. In diesem Sinne ist der Humanismus „in der europäischen Bildungsgeschichte seit rund 2500 Jahren eine Art Wiedergänger."[13] Qualifiziert ihn dies aber zugleich als Referenzrahmen für ein *global* orientiertes Bildungsdenken – oder disqualifiziert ihn nicht gerade dieser europäische Bezug für die Grundlegung einer Bildungstheorie für die Weltgesellschaft?

Glanz und Elend des europäischen Humanismus

Tatsächlich ist der Humanismus als Begriff und als Theorie ein Produkt der europäischen Geistesgeschichte. Als Begriff wurde er erstmals von Friedrich Immanuel Niethammer 1808 in einer bildungstheoretischen Arbeit verwendet.[14] Im Lauf des 18. Jahrhunderts verbreitete sich dieser Begriff vorrangig im Kontext der Bildungstheorie, kulminierend in Wilhelm von Humboldts Wirken (vgl. Kapitel 4). Bereits rückblickend auf diese Zeit prägte Friedrich Paulsen in seiner großen Geschichte des gelehrten Unterrichts[15] 1885 die Bezeichnung ‚Neuhumanismus' für diese geistige Strömung, die sich von Deutschland aus in Europa verbreitete. Neu war an diesem Humanismus nach Paulsen die – kritische – Verarbeitung der Aufklärung des 18. Jahrhunderts. Ganz richtig wurde von den Neuhumanisten gesehen, dass der Vernunftbegriff der Aufklärung höchst ambivalent war. Nicht nur freies Denken, Urteilskraft und Mündigkeit ließen sich von ihm aus fordern, sondern ebenso technische Rationalität und Ausrichtung des Individuums und der Schulen auf praktischen Nutzen in Staat und Wirtschaft. Paulsen formulierte es so: „Man denke an das Urteil der Aufklärung über Spiel und Dichtung: sie dienen nicht dem Nutzen, also, war das 18. Jahrhundert geneigt zu folgern, haben sie überhaupt keinen Wert." Gegen ein solches, utilitaristisches Denken empfinde das „neue Zeitalter (…) die tiefste Verachtung. Nicht das Nützliche, sondern das an sich Wertvolle ist das Höchste. Nicht in der Prosa und der Arbeit liegt der Wert des Lebens, sie dienen als Mittel zu einem Zweck, sondern in dem freien Spiel, womit wir die Muße erfüllen."[16]

Gegen den Utilitarismus setzte der Neuhumanismus, Hand in Hand mit der deutschen Klassik in Kunst und Literatur, auf eine Rückbesinnung auf die griechische Antike. Damit ließ sich eine Brücke schlagen zur Renaissance des 14. bis 16. Jahrhunderts, in der, ausgehend von Italien, eine Wiederentdeckung antiker Literatur, Architektur und Philosophie zu einem großen Aufschwung in den Künsten wie in der Wissenschaft führte und die – von den Vertretern der Renaissance so definierte und bezeichnete – Epoche des ‚Mittelalters' beendete, jener Zeit in der ‚Mitte' zwischen der Antike und der nun propagierten Wiederanknüpfung an deren Größe. Bis in die Gegenwart hinein wirkt diese Konstruktion eines historischen Dreischritts (Antike – Mittelalter – Neuzeit) nach, in dem das Mittelalter als ‚dunkel', als eine düstere Epoche, konstruiert wurde. Wie tief diese, in ihrer Pauschalität keineswegs vertretbare Konstruktion im kollektiven Bewusstsein verankert ist, zeigt beispielhaft das noch immer weit verbreitete Vorurteil, das Mittelalter sei die Zeit der Hexenverfolgung gewesen; tatsächlich lag deren Höhepunkt im 16. und 17. Jahrhundert, also in der Neuzeit.

Gleichwohl waren die Leistungen der Renaissancegelehrten tatsächlich für die weitere Entwicklung der europäischen Kultur von herausragender Bedeutung. Zahlreiche Schriften der griechischen Philosophie gelangten nach der osmanischen Eroberung Konstantinopels 1453 durch fliehende Gelehrte in den Westen und wurden dort begierig aufgenommen. Andere wurden in Klosterbibliotheken gesucht und gefunden, viele wurden neu ediert und in gut lesbaren Ausgaben mit Hilfe des neu erfundenen Buchdrucks verbreitet. Auch Luthers

Bibelübersetzung basierte auf editorischen Vorarbeiten zur griechischen Bibel durch Erasmus von Rotterdam. Die antike Kunst beeinflusste die Malerei, die Architektur veränderte unter Rückgriff auf die römische Formensprache zuerst den Kirchenbau und dann ganze Stadtbilder, wie bis heute besonders deutlich in Florenz zu sehen ist. Künstler und Universalgelehrte wie Raffael, Michelangelo und Leonardo da Vinci rückten den Menschen auf neue Weise in den Mittelpunkt, während in der Literatur Francesco Petrarca im 14. Jahrhundert in der Begegnung mit der Natur der Subjektivität des einzelnen Menschen, der hohen Bedeutung des Ich, sprachlichen Ausdruck verlieh. Für Petrarca zeigte sich die Gottesebenbildlichkeit des Menschen in dieser erhabenen Stellung des Ich – hier, „im Innern der menschlichen Seele; da sind Talent, Gedächtnis, Voraussicht, beredter Ausdruck, so viele Erfindungen, so viele Künste."[17] Diese zu fördern und freizusetzen kann geradezu als eine Art Programm der Renaissance gesehen werden.

Petrarcas Schriften bilden den Ausgangspunkt für die Konzeption der *Würde des Menschen* in der Renaissance, die im 15. Jahrhundert auch von anderen Gelehrten wie Giannozzo Manetti und Giovanni della Mirandola direkt zum Thema theologisch-philosophischer Arbeiten gemacht wurde.[18] Beide begründen die Menschenwürde mit Aspekten der Gottesebenbildlichkeit des Menschen; Manetti mit der Menschwerdung Gottes in Christus, Pico della Mirandola mit der Entwicklungsoffenheit und Freiheit, die den Menschen von allen anderen Lebewesen unterscheidet. Diese Hinwendung der Renaissance zum Menschen und seiner Würde begründet die Bezeichnung dieser geistesgeschichtlichen Epoche als ‚Humanismus' – eine Bezeichnung, die ebenso wie die der ‚Renaissance' ein Produkt des 19. Jahrhunderts war. Erst im Kontext des Neuhumanismus wurde der Humanismus als geistiger Vorläufer definiert und klassifiziert.

Dieser ‚alte Humanismus' der Renaissance war im Kern christlich geprägt. Petrarca bezog sich zwar zur Begründung seiner neuen Sicht des Menschen, die sich vom deutlich pessimistischeren Menschenbild der mittelalterlichen Theologie abgrenzte, auf Cicero und gab damit eine Referenz vor, die im Humanismus immer wieder aufgenommen wurde. Aber solche Referenzen auf vor- und nichtchristliche Autoren aus der Antike kannte auch die mittelalterliche Scholastik mit ihrem Bezug auf Aristoteles. Die Renaissancegelehrten grenzten sich zwar von der Scholastik und der damaligen kirchlichen Orthodoxie ab, aber der Humanismus der Renaissance lässt sich gleichwohl mühelos als Element der christlichen Ideengeschichte verstehen.[19]

Das änderte sich vom späten 18. bis zum 20. Jahrhundert. Der ‚neue Humanismus', der sich nach der Aufklärung nunmehr von Deutschland aus in Europa verbreitete, löste sich mehr und mehr von einer ausdrücklichen Einbindung in die christliche Überlieferung ab. Die menschliche Vernunft sollte nunmehr zum zentralen Referenzpunkt humanistischen Denkens werden. Zunächst geschah das eher zögernd und mit vielen Ambivalenzen, bei Herder und Goethe etwa und gerade auch bei Kant, dessen kritische Philosophie das Lob der Vernunft – „Habe Mut dich deines eigenen Verstandes zu bedienen!"[20] – mit der vernünftigen Reflexion der Grenzen des menschlichen Erkenntnisvermögens (in seiner „Kritik der reinen Vernunft") verband. Allerdings blieb im deutschen Idealismus um die Wende vom 18. zum 19. Jahrhundert herum bei aller Begeisterung für die Vernunft die Existenz Gottes noch unbestritten. „Gottes Plan begreifen", bezeichnet Lauster unter Bezug auf Fichte, Schelling und Hegel als das philosophische Projekt des deutschen Idealismus, und fügt hinzu: „Nie wieder wurde eine ähnliche philosophische Durchdringung und Begründung des Christentums durchgeführt oder dies überhaupt nur versucht."[21]

Aber parallel zeichnete sich auch eine andere Entwicklung ab. Schon während der Französischen Revolution, für deren Parole ‚Freiheit, Gleichheit, Brüderlichkeit' sich die Herkunft aus dem Geist des Christentums kaum verleugnen lässt, kam es mit einer massiven Christenverfolgung ab 1792 erstmals zu einer aggressiven und gewalttätigen Wendung des neuen Glaubens an die Vernunft.[22] Verbunden war dies im revolutionären Frankreich mit dem – letztlich gescheiterten – Versuch, diesem Glauben mit einem bizarren ‚Kult des Höchsten Wesens' religiöse Weihen zu verleihen, wohl schon ahnend, dass es um die Sinnressourcen für menschliches Leben in einer rein säkularen nachchristlichen Gesellschaft schlecht bestellt sein würde.

Tatsächlich steht jeder Versuch, die Menschenwürde rein säkular oder gar mit einer antireligiösen Stoßrichtung zu begründen, vor größten Schwierigkeiten. Dies lässt sich gut an einem Aufsatz von Ralf Stoecker über die philosophischen Schwierigkeiten mit der Menschenwürde zeigen, in dem er verschiedene Argumentationsmuster kritisch untersucht, sich dabei aber von der Intention leiten lässt, dennoch eine tragfähige säkulare Begründung zu finden.[23] Stoecker verweist zunächst auf Begrenzungen des Würdebegriffs bei Cicero. Zwar geht

Cicero in seinem Werk De officiis insoweit über den in der römischen Antike üblichen Gebrauch des Begriffs ‚dignitas‘ hinaus, als er sich die Würde des Menschen nicht allein als Resultat seiner Verdienste für die Gemeinschaft vorstellte, sondern sie prinzipiell allen Menschen zubilligte. Aber sie blieb doch insoweit an Verhalten und Leistungen des Einzelnen sowie an dessen Stellung in der hierarchischen römischen Gesellschaft gebunden, als sie durch unangemessenes Verhalten auch verloren gehen konnte. Nicht umsonst war De officiis als Mahnung an Ciceros Sohn Marcus geschrieben, sich auf die Verpflichtungen eines Patriziersohnes zu besinnen. An Kants Koppelung der Menschenwürde an Vernunft und Autonomie des Menschen stellt Stoecker mit Recht die kritische Frage, wie sich von diesem Argument aus die Würde solcher Menschen begründen lassen sollte, die nicht über Vernunft und Autonomie verfügen, wie etwa komatöse, verwirrte, geistig behinderte Menschen oder Embryonen.

Stoecker erkennt dann zwar die christliche Konzeption einer Begründung der Menschenwürde aus der Gottesebenbildlichkeit und Geschöpflichkeit des Menschen als tragfähiger an. Dennoch bestreitet er deren Tauglichkeit für ein modernes Verständnis der Menschenwürde und führt dafür vor allem drei Gründe an: die von Gott verliehene Würde lasse wegen dieses unverdienten Gnadenaktes die eigentliche Unwürdigkeit des Menschen nur umso schärfer hervortreten; das Konzept der Menschenwürde verlange, dass der Mensch um seiner selbst willen geachtet werden müsse und nicht nur aus Achtung vor Gott; die ethische Bedeutung der Menschenwürde solle unabhängig von einer religiösen Überzeugung sein und dürfe nicht auf ein religionsimmanentes Gebot verengt werden. Alle drei Argumente können nicht überzeugen.

Zum ersten Argument: Nach der biblischen Überlieferung im Alten Testament ist der Mensch in der Schöpfung von Anfang an durch seine Gottesebenbildlichkeit von den anderen Lebewesen unterschieden. Diese Eigenart verliert er durch den ‚Sündenfall‘ in der zweiten Schöpfungsgeschichte keineswegs, und alleine durch das christliche Konzept der Sünde ließe sich die Vorstellung von der ‚eigentlichen Unwürdigkeit des Menschen‘ begründen. Aber die ‚frohe Botschaft‘ des Neuen Testaments besteht gerade in der Vorstellung der Erlösung der Menschen von Sünde und Schuld durch Jesus Christus. Den Zugang zu dieser Erlösung hat jeder Einzelne in gleicher Weise durch den Glauben, unabhängig von seiner sozialen Stellung oder seiner kulturellen Herkunft: „Hier ist nicht Jude noch Grieche, hier ist nicht Sklave noch Freier, hier ist nicht Mann noch

Frau; denn ihr seid allesamt einer in Christus Jesus." (Brief des Paulus an die Ga-
later 3,28) Vor dem Hintergrund antiker gesellschaftlicher und religiöser Normen stellte diese, vor allem von Paulus ausgearbeitete Vorstellung eine „moralische Revolution" dar.[24] Im Zentrum dieser Umkehrung von Werten stand die
Idee der Gleichheit und Freiheit aller Menschen in Glaubensfragen sowie eine
starke Aufwertung des Individuums, in dessen Inneren der befreiende Glaube
sich ereignet. Es versteht sich, dass es eine unhistorische Sichtweise wäre, einen
direkten oder gar teleologischen Zusammenhang zwischen Paulus und der heutigen Menschenrechtspolitik ziehen zu wollen. Dennoch wird man festhalten
müssen, dass Stoeckers erstes Argument am Kern des christlichen Menschenbildes vorbeigeht.

Das zweite Argument Stoeckers umgeht zunächst mit seiner immanenten
Gegenüberstellung das Problem, aus welchen säkularen Gründen denn der
Mensch um seiner selbst willen geachtet werden müsste. Eben dies ist ja gerade
das philosophische Problem, von dem sein Aufsatz handelt und das er, wie noch
weiter zu zeigen sein wird, nicht lösen kann. Innerhalb seines zweiten Argu-
ments ist dies auch nur ein Postulat, dem er die ‚Achtung vor Gott' als geringer-
wertig gegenüberstellt. Stoecker übersieht hier völlig, dass sich erst mittels der
Idee der Transzendenz, der Unterscheidung also zwischen der irdischen Welt
und einer Welt des Göttlichen, zwischen Diesseits und Jenseits, jene Spannung
ergab, aus der heraus die Achtung des Menschen gegen dessen faktische Miss-
achtung in irdisch legitimierten Institutionen und sozialen Praktiken behauptet
und begründet werden konnte. Das aus dem Judentum heraus entstandene
Christentum spielte hierbei herausragende Rolle, aber die Achtung vor dem
Menschen als Person findet sich auch im religiösen Denken Chinas und Indiens.[25] Dieser ideengeschichtliche Zusammenhang wird übersehen, wenn ein
Gegensatz zwischen der Achtung des Menschen um seiner selbst willen und seiner Achtung vor Gott behauptet wird.

Das dritte Argument Stoeckers schließlich hätte nur dann Gewicht, wenn
mit einer religiösen Begründung der Menschenwürde ein Exklusivitätsanspruch
für deren Geltung verbunden wäre. Davon kann aber jedenfalls aus christlicher
Perspektive, gegen die das Argument vorgebracht wird, überhaupt keine Rede
sein. Es entspricht nicht einer christlichen Vorstellung, die Gottesebenbildlichkeit des Menschen nur für Christen gelten zu lassen.

Stoecker bietet am Ende den Versuch einer säkularen Begründung der Menschenwürde unter Bezug auf Niklas Luhmann an. Hiernach ergibt sich aus der Differenzierung moderner Gesellschaften in unterschiedliche Subsysteme, dass Individuen in ihrem Alltag mit einer Vielzahl unterschiedlicher Rollenerwartungen konfrontiert sind, die sie erfüllen müssen. Dies sei aber nur möglich, wenn diese Individuen zugleich eine eigene Identität, ein Selbst, entwickeln, das sie durch die verschiedenen Rollen hindurch beibehalten. An diesem Selbst, das für den Bestand der Gesellschaft notwendig sei, lasse sich nun die Würde des Menschen festmachen – zunächst deskriptiv, aber auch als ethische These. Verletzungen der Menschenwürde seien dann solche Handlungen, „die es einem Menschen schwer oder sogar unmöglich machen, an einer für ihn akzeptablen Identität festzuhalten, weil sie jede Darstellung dieser Identität konterkarieren."[26]

Auch wenn Stoecker einräumt, dass für eine weitere Konkretisierung dieses Ansatzes noch viel an philosophischer Arbeit zu leisten wäre, steht der Ansatz selbst doch auf sehr wackeligen Füßen. Auch hier ließe sich fragen, wie es um die Würde jener Menschen stehen soll, die noch nicht (als kleine oder gar ungeborene Kinder), nicht mehr oder nur in reduziertem Umfang (als Kranke, Alte, Gebrechliche) mit der Rollenvielfalt moderner Gesellschaft konfrontiert sind. Weiterhin stellt sich die Frage, als wie universalistisch ein Verständnis von Menschenwürde gelten könnte, das sich an Funktionsprinzipien moderner Gesellschaften koppelt. Wäre also Menschen in vormodernen oder in zukünftigen, uns noch unbekannten, aber vielleicht nach anderen Prinzipien organisierten Gesellschaften Menschenwürde nicht zuzusprechen? Eine sozial-funktionalistische Begründung würde genau den Anspruch aufgegeben, den Stoecker gegenüber dem christlichen Bild der Menschenwürde ins Feld führt: Diese Würde allen Menschen zuzubilligen, weil sie Menschen sind.

Stoeckers Aufsatz wurde hier deshalb so ausführlich erörtert, weil sich in ihm in nuce eine zentrale Problematik des ‚neuen Humanismus' spiegelt. Seine zunehmende Ablösung von der christlichen Tradition zwang den humanistischen Diskurs zur Suche nach anderen Letztbegründungen. Dies führt im Verlauf des 19. Jahrhunderts zu verschiedenen Formulierungen von Menschheitsidealen, bis hin zur marxistischen Utopie, die eine Vollendung des Menschen erst von einer in weiter Zukunft zu verwirklichenden neuen Gesellschaft erwartet. Aber weder in der marxistischen Zukunftsvision noch in idealistischen Gegenentwürfen einer einheitlichen Menschheit gelingt eine so überzeugende säkulare Letztbegründung, dass damit die Basis für eine humanistische Weltanschauung hätte gelegt werden können, die zu einer konsensuellen Grundlage des Zusammenlebens in modernen Gesellschaften geworden wäre. Ganz im Gegenteil pluralisiert sich, ja zerfasert der humanistische Diskurs im Verlauf des 19. und 20. Jahrhunderts immer weiter, so dass ganz gegensätzliche humanwissenschaftliche und philosophische Theorien den Begriff des Humanismus für sich in Anspruch nehmen (von Wilhelm von Humboldt bis Jean-Paul Sartre und Erich Fromm), die von ebenfalls unterschiedlich konzipierten Kritiken und antihumanistischen Gegenkonzepten begleitet werden (von Friedrich Nietzsche bis Michel Foucault und Peter Sloterdijk).[27] In jüngster Zeit schließlich nehmen auch Akteure wie beispielsweise die Giordano-Bruno-Stiftung und der Humanistische Verband Deutschlands (Mitglied der International Humanistic and Ethical Union) den Humanismusbegriff in Anspruch, um damit einen kämpferischen Atheismus und Säkularismus zu legitimieren, der auf aktive Zurückdrängung der Religion und deren Ersetzung durch eine szientistische Ideologie zielt.[28] Spätestens ein solches Verständnis von Humanismus aber wäre als Grundlage für einen übergreifenden Konsens in der Weltgesellschaft, in der Religion eher eine zunehmende als eine abnehmende Bedeutung für das Leben der meisten Menschen hat, nicht vorstellbar.

Auf der anderen Seite darf nicht übersehen werden, dass der Epoche des Neuhumanismus und der deutschen Klassik auch bedeutsame Impulse für einen globalen Diskurs über das, was Menschen in der Weltgesellschaft miteinander verbindet, zu verdanken sind. Auf die herausragende, bis in die Gegenwart wirkende Philosophie des deutschen Idealismus wurde schon hingewiesen. Dessen Versuche, Grundfragen des Glaubens und der Religion im Medium der Vernunft auf eine Weise philosophisch zu durchdringen, die unabhängig von einem christlichen Bekenntnis diskursfähig ist, sind Impulse von bleibender Bedeutung für eine intellektuelle Selbstverständigung in der Weltgesellschaft. Nicht minder gilt das für den entschiedenen Kosmopolitismus, der viele Philosophen und Literaten in dieser Zeit prägte. Für Goethe war es selbstverständlich, dass Literatur nur Weltliteratur sein konnte – „Gott grüß euch, Brüder, sämtliche Oner und Aner! Ich bin Weltbewohner, bin Weimaraner", schrieb er in seinem Gedicht „Zahme Xenien 5". Etwa zur gleichen Zeit entwarf Kant in seiner Schrift „Zum ewigen Frieden" ein Modell für eine globale Friedensordnung, das Fernwirkungen bis zur Konzeption der Vereinten Nationen entfaltete. Auch das neuhumanistische Bildungsdenken zu Beginn des 19. Jahrhunderts war universalistisch orientiert – nicht um die bloße Einpassung des Einzelnen in eine vorgegebene Ordnung oder gar um abgrenzende Nationalerziehung, sondern um die Entfaltung der Potenziale jedes Menschen sollte es in Bildungsprozessen gehen (vgl. Kapitel 4). Freiheit und Individualität waren Leitkonzepte des Neuhumanismus.

Aber der Neuhumanismus hatte auch Kehrseiten. Die Orientierung an einem Bild des antiken Griechenland als Wiege der europäischen Kultur, nach dem die Griechen als eine Art Idealtypus des Menschen schlechthin betrachtet wurden, stand nicht nur in einem gewissen Widerspruch zum postulierten Universalismus, er war mit seiner Idealisierung der antiken Gesellschaft auch historisch nicht haltbar. Der innere Weg zurück nach Griechenland schien einem Weg zu den verschütteten Potenzialen des Menschen zu gleichen, zu seiner wahren Bestimmung. Der Humanismus sollte diese Bestimmung zum ‚Wahren, Schönen und Guten' gewissermaßen freiräumen. So schrieb Herder: „Humanität ist der Charakter unseres Geschlechts; er ist uns aber nur in Anlagen geboren und muss uns eigentlich angebildet werden."[29] Noch pointierter sprach Friedrich Paulsen von dem „der Menschenseele eingeborenen Trieb zum Wahren und Guten und Schönen", den es in der Erziehung lediglich zu wecken gelte.[30]

Es fragt sich, wie ein solch hyperoptimistisches, wirklichkeitsfremdes Menschenbild zu erklären ist. Es scheint, dass der Neuhumanismus hier das Sinndefizit, das sich mit einem nicht-religiösen Verständnis der Conditio humana auftut, mit einer idealisierten Überhöhung, ja einer Art Vergöttlichung des Menschen zu kompensieren versucht. An dieser Überhöhung lässt sich gut die Diagnose nachvollziehen, die der indische Religionsphilosoph Sarvapalli Radhakrishnan 1932 rückblickend dem europäischen Humanismus gestellt hat: „Humanismus scheint eine säkularisierte Religion zu sein."[31] Bezieht man diese Diagnose auf das Christentum als religiösen Hintergrund, so ließe sich wohl ergänzen, dass im neuhumanistischen Menschenbild zwar die Erlösungshoffnung in eine säkulare Sprache transformiert, der Grund für die Erlösungsbedürftigkeit des Menschen, die Sünde, jedoch ausgeblendet wird. Für die dunklen Seiten des Menschen, für die Brüche und Verwerfungen im menschlichen Leben, für das beständige Scheitern des Einzelnen an den Ansprüchen moralischer Ordnungen, für Neid, Egoismus, Gewalt und Hass, für die Wirklichkeit des Bösen also, hatte die Überhöhung des Menschen im europäischen Humanismus des 19. Jahrhunderts wenig Aufmerksamkeit übrig.

Es verwundert aus heutiger Sicht nicht, dass in der außereuropäischen Welt im 19. und 20. Jahrhundert dieser europäische Humanismus oft als scheinheilig wahrgenommen wurde. Man wird zwar den neuhumanistischen Gelehrten den europäischen Imperialismus und Kolonialismus schwerlich als eigenes Verschulden vorwerfen können, aber dass der Humanismus in der Zeit der Beherrschung weiter Teile der Erde durch europäische Mächte auch zu einer Attitüde der kulturellen Überlegenheit werden konnte, mit der wirtschaftliche, militärische und politische Machtausübung legitimiert wurde, ist nicht zu bestreiten. In Europa selbst haben die Katastrophen des 20. Jahrhunderts, die beiden Weltkriege und die massenmörderischen totalitären politischen Systeme des Nationalsozialismus und des Stalinismus, den naiven anthropologischen Optimismus der Neuhumanisten nachhaltig widerlegt.

Kein Ich, nirgends? Post- und Transhumanismus

Es waren die Erfahrungen mit diesen Katastrophen, die in der zweiten Hälfte des 20. Jahrhunderts zu neuen humanwissenschaftlichen Theorien geführt haben, die dem hyperoptimistischen Anthropozentrismus des Neuhumanismus eine tiefe Skepsis gegenüber der Erwartung entgegenstellten, die Ausbreitung der Vernunft werde zur Veredelung des Menschen führen. Adorno und Horkheimer verfassten während der Zeit des Nationalsozialismus im amerikanischen Exil ihre „Dialektik der Aufklärung", die als Grundlagenwerk der ‚Kritischen Theorie' erst in den 1960er-Jahren auf breitere Aufmerksamkeit stieß. Ihre beiden ersten Sätze lauten: „Seit je hat Aufklärung im umfassendsten Sinn fortschreitenden Denkens das Ziel verfolgt, von den Menschen die Furcht zu nehmen und sie als Herren einzusetzen. Aber die vollends aufgeklärte Erde strahlt im Zeichen triumphalen Unheils."[32] Weit entfernt von den trivialmarxistischen Faschismustheorien, die in dieser Zeit im Umfeld der Studentenbewegung populär wurden, gruben die beiden Sozialphilosophen historisch tiefer: Die europäische Aufklärung wird in ihren widersprüchlichen Wirkungen, eben in ihrer Dialektik, mit einem vernunftkritischen Blick analysiert, und diese Dialektik der menschlichen Vernunft wird dann bis in die Anfänge der europäischen Philosophie in der Antike zurückverfolgt. Die Entzauberung der Welt durch die Vernunft, die Ersetzung von Mythen durch rationales Denken führte nach Adorno und Horkheimer zwar zu einer immer besseren Beherrschung der Natur. Aber damit wird nicht nur die Natur handhabbar gemacht. Mit der zunehmenden Dominanz rationaler Welterklärung entwickelt diese sich zur instrumentellen Vernunft, mit der die gesamte Wirklichkeit des Menschen durchdrungen, nach einheitlichen Prinzipien erklärt – und beherrscht werden soll. Doch mit diesem Drang nach Einheitlichkeit des Weltverstehens verwandelt sich die Aufklärung selbst in Mythologie. Mehr noch: Indem auch die soziale Welt und damit am Ende der Mensch selbst den Kriterien instrumenteller Vernunft unterworfen wird, schlägt die Naturbeherrschung auf die Beziehungen der Menschen um. Sie werden nach neuen, abstrakten Herrschaftsformen organisiert, als Kollektive unter funktionalen Gesichtspunkten betrachtet und zu Objekten sozialtechnologischer Steuerung. Im Faschismus nun zeigt sich für Adorno und Horkheimer eine Extremform dieser Behandlung von Menschen und Menschengruppen als bloße Objekte. Dessen antiaufklärerische Barbarei ist aus der Perspektive der *Dialektik der Aufklärung* kein Rückfall aus der Moderne, sondern gewissermaßen die Rückseite jener Mythen, die die Aufklärung selbst hervorgebracht hat.

Es ist hier nicht der Ort, Stärken und Schwächen dieses Buches ausführlich zu erörtern. Seine Bedeutung liegt in unserem Zusammenhang in dem skeptischen Blick auf die Möglichkeiten des Menschen, mittels der Vernunft seine gesellschaftlichen Beziehungen auf eine im emphatischen Sinn menschliche, menschenwürdige Weise zu gestalten. Adorno und Horkheimer sahen die Individuen in der modernen Gesellschaft in einem Verblendungszusammenhang gefangen, der von den vorherrschenden gesellschaftlichen Verhältnissen ausgeht, wobei sie die Kulturindustrie als einen Hauptakteuer für die Verbreitung und Stabilisierung dieses Verblendungszusammenhangs beschrieben.

Man wird dieses Buch und die sonstigen Arbeiten dieser beiden Gelehrten wohl als humanismuskritisch, nicht aber als antihumanistisch verstehen dürfen. Beide waren als Persönlichkeiten tief in der vom Humanismus beeinflussten europäischen bürgerlichen Kultur verwurzelt, wie sich beispielsweise an Adornos entschlossener Verteidigung der bürgerlichen Hochkultur gegen die von ihm so empfundenen Niederungen der Massenkultur in Kino, Fernsehen und Jazz erkennen lässt. Sie sahen auch in der Stärkung des Ichs der Individuen in Bildungsprozessen ein Potenzial des Widerstands gegen die Kollektivierungszwänge durch die instrumentelle Vernunft. Bemerkenswert ist zudem, dass beide in weiteren Schriften auf die Unverzichtbarkeit der Transzendenz für ein Verstehen der Welt verwiesen, das den Verblendungszusammenhang (respektive die Entfremdung) durchdringt. Bei Adorno findet sich dazu in seinen Minima Moralia der vielzitierte Satz: „Erkenntnis hat kein Licht, als das von der Erlösung her auf die Welt scheint: alles andere erschöpft sich in der Nachkonstruktion und bleibt ein Stück Technik."[33] Sehr viel ausführlicher und dezidierter äußerte sich der aus einer jüdischen Familie stammende Horkheimer an vielen Stellen seiner Schriften zur Notwendigkeit einer transzendenten Perspektive.[34] So schrieb er bereits während des amerikanischen Exils: „In einer wirklich freiheitlichen Gesinnung bleibt jener Begriff des Unendlichen als Bewußtsein der Endgültigkeit des irdischen Geschehens und der unabänderlichen Verlassenheit des Menschen erhalten und bewahrt die Gesellschaft vor einem blöden Optimismus, vor dem Aufspreizen ihres eigenen Wissens als einer neuen Religion."[35] Rund 35 Jahre später sagte Horkheimer in einem Interview, in dem er sich ausführlich zu theologischen Implikationen seines philosophischen Denkens äußerte, unter anderem: „Alle Versuche, die Moral anstatt im Hinblick auf ein Jenseits auf irdische Klugheit zu begründen (…), beruhen auf harmonistischen Illusionen. Alles, was mit Moral zusammenhängt, geht letzten Endes auf Theologie zurück (…) Theologie bedeutet hier das Bewußtsein davon, daß die Welt Erscheinung ist, daß sie nicht die absolute Wahrheit, das Letzte ist. Theologie ist – ich drücke mich bewußt vorsichtig aus – die Hoffnung, daß es bei diesem Unrecht, durch das die Welt gekennzeichnet ist, nicht bleibe, daß das Unrecht nicht das letzte Wort sein möge."[36] Kritische Theorie im Sinne von Adorno und Horkheimer lässt sich in unserem Zusammenhang als Versuch lesen, eine Theorie der modernen Gesellschaft mit einem humanistischen Impetus zu entwickeln, die sich zugleich als Kritik des früheren europäischen Humanismus versteht, den Bezug auf eine religiöse Begründung für diesen humanistischen Impetus aber offen hält. Auch der wichtigste Schüler von Adorno und Horkheimer, Jürgen Habermas, hat, wenn auch erst in seinen späten Arbeiten, diesen Rekurs auf die Bedeutung von Religion als unerlässlicher Ressource für eine universalistische Moral wiederaufgenommen.[37]

Dennoch steht die *Dialektik der Aufklärung* auch am Beginn einer Strömung in den Humanwissenschaften, die sich zwar als „Kritische Theorie" sieht, zugleich aber als dezidiert *posthumanistisch* versteht und ohne Bezug auf Transzendenz auskommen will. Es waren vor allem französische Philosophen, die sich ab den 1970er-Jahren in Strömungen wie Postmoderne, Dekonstruktion und Poststrukturalismus kritisch mit den Traditionen der europäischen Aufklärung und des Humanismus auseinandersetzten. Die Präfixe ‚Post' und ‚De' in den Bezeichnungen für die dabei entstandenen Strömungen zeigen bereits an, dass es hier im Wesentlichen um Formen der Kritik von Theorien und Konzepten der europäischen Moderne geht. Zu diesen Konzepten gehört auch die Vorstellung vom Individuum als eigenverantwortlichem und handlungsfähigen Subjekt, das über ein kohärentes, im Lebenslauf weitgehend stabiles Selbst (oder in von der Psychoanalyse beeinflusster Terminologie, ein starkes Ich) verfügt. Diese Vorstellung versuchen diese Strömungen der französischen Philosophie zu dekonstruieren, indem sie sie als Teil von ‚großen Erzählungen‘ oder Diskursen analysieren, die als Elemente von Macht- und Herrschaftsordnungen gesehen werden.

Es sind vor allem Jean-François Lyotard, Jacques Derrida und Michel Foucault, die diese Strömungen prominent vertreten haben. Besonders Foucault ist dabei in den pädagogischen Wissenschaften, mit einiger Verspätung, in den letzten Jahrzehnten stark rezipiert worden, nicht zuletzt wohl deshalb, weil er ein brillanter (und im Übrigen bei all seiner Kritik am Humanismus ganz im Sinne des Humanismus überaus gebildeter) Autor war.

Von Foucault stammt auch die angesichts ihrer ästhetischen Qualität literarisch gelungenste Darstellung der Subjektkritik in diesen Strömungen der neueren Philosophie. In den letzten Absätzen seiner Schrift „Die Ordnung der Dinge“ schreibt er: „Eines ist auf jeden Fall gewiß: der Mensch ist nicht das älteste und auch nicht das konstanteste Problem, da sich dem menschlichen Wissen gestellt hat. Wenn man eine ziemlich kurze Zeitspanne und einen begrenzten geographischen Ausschnitt herausnimmt – die europäische Kultur seit dem sechzehnten Jahrhundert –, kann man sicher sein, daß der Mensch eine junge Erfindung ist. (…) es war die Wirkung einer Veränderung in den fundamentalen Dispositionen des Wissens. (…) Wenn diese Dispositionen verschwänden, so wie sie erschienen sind, wenn durch irgendein Ereignis, dessen Möglichkeit wir höchstens vorausahnen können, aber dessen Form oder Verheißung wir im Augenblick noch nicht kennen, diese Dispositionen ins Wanken gerieten, wie an der Grenze des achtzehnten Jahrhunderts die Grundlage des klassischen Denkens es tat, dann kann man sehr wohl darauf wetten, daß der Mensch verschwindet wie am Meeresufer ein Gesicht im Sand.“[38]

Mit „der Mensch“ ist hier nicht das biologisch von anderen unterscheidbare Lebewesen gemeint, sondern die Vorstellung vom Menschen als vernunftbegabtem Subjekt, wie sie im humanistischen Denken des 18. und 19. Jahrhunderts entworfen wurde. Für Foucault ist der Mensch als Subjekt nur eine spezifische Formation (er spricht von „Dispositionen" oder an anderen Stellen auch von „Dispositiven") einer von Macht geprägten Vergesellschaftung. Das Subjekt dünkt sich als autonom, als kohärentes Selbst, aber zugleich ist es unterworfen, durch vielfältige diskursive und nichtsprachliche Regulierungen diszipliniert. Mehr noch, gerade die Freiheit des Subjekts erscheint bei Foucault als eine Form der (Selbst-)Regierung, des erwartungsgerechten Verhaltens, mittels derer eine für moderne Gesellschaften typische Form der Macht organisiert wird: Der Mensch als modernes Subjekt muss nicht mehr repressiv diszipliniert werden, damit er sich funktional (beispielsweise als Marktteilnehmer) verhält, er hat gelernt, sich selbst entsprechend zu disziplinieren.

Die Macht, der Menschen nach Foucault unterworfen sind, ist zumindest in modernen Gesellschaft zentrumlos. Sie wirkt effektiv, ist allgegenwärtig, aber sie wird als Ganzes nicht von einer definierbaren Gruppe oder Institution gesteuert. Sie begleitet die Geschichte der Menschen von Beginn an, wandelt aber ihre Form im Wechsel der Dispositive. Sie konnte historisch als Repressionsmacht erscheinen, aber in den letzten Jahrhunderten eben mehr und mehr als diffuse Disziplinarmacht, die vom Individuum gewissermaßen verinnerlicht wird. Sie wirkt bis in die Körperlichkeit hinein, insbesondere in die Sexualität und ihre Ausdrucksformen. Einen Ausweg, eine Perspektive für den Einzelnen, die diese Macht transzendiert, scheint es nicht zu geben; Foucault gilt deshalb als wichtigster philosophischer Verfechter der These vom ‚Tod des Subjekts'.[39] Die Ausweglosigkeit einer solchen Sicht auf den Menschen erinnert an das christliche Verständnis der Erbsünde, aber verkürzt um das Versprechen der Erlösung. So gesehen, lässt sich die Vorstellung vom Tod des Subjekts ebenso wie ihr Gegenteil, die hyperoptimistische Sicht des Menschen im Neuhumanismus, als säkularisierte Religion deuten.

Es wird im nachfolgenden Abschnitt gezeigt werden, dass und warum Foucaults elegant vorgetragene These, die Idee des Menschen sei erst in der europäischen Moderne entstanden, nicht zutrifft. Über ‚den Menschen' ist zwar im späten 18. Jahrhundert auf eine neue Weise nachgedacht worden, aber keineswegs zu ersten Mal. Der Mensch ist keine junge Erfindung des menschlichen Denkens, und er wird wohl noch lange ein Gegenstand eben dieses Denkens bleiben.

Seine Wette würde Foucault deshalb wohl verlieren – auch wenn es um die Wende vom 20. zum 21. Jahrhundert die Popularität postmodernen Denkens in den Humanwissenschaften die These vom Tod des Subjekts zu bestätigen schien.

Postmoderne Theorien neigen dazu, das Subjekt in gesellschaftliche Strukturen aufzulösen. Der Einzelne reagiert auf wechselnde soziale Situationen und Anforderungen in einer von Pluralität und Differenz geprägten Gesellschaft und bildet dabei verschiedene Identitätsmuster aus – das gleiche Individuum kann in unterschiedlichen Umwelten, in der Familie etwa, am Arbeitsplatz, im Sportverein und in einem virtuellen sozialen Netzwerk, quasi jemand anderer sein. Das Selbst oder die Identität des Individuums kann hiernach allenfalls als in sich heterogen, fragmentiert und dezentriert gedacht werden. Ein kohärenter Identitätskern ist dann nur als Illusion vorstellbar. Manche postmodernen Theoretiker sehen in dieser Auflösung des Selbst gar ein emanzipatorisches Potenzial, weil sie dem Individuum im Wortsinn Spielräume eröffnet, sich immer neu zu konstruieren und verschiedene Identitätsfacetten zu neuen hybriden Identitätsformen zu verbinden.

Diese Kritik am Verständnis des Menschen als Subjekt sitzt selbst Illusionen auf und doch enthält sie einen wichtigen und richtigen Kern. Illusionär ist sie, weil die Auflösung eines kohärenten Selbst schlicht nicht lebbar ist, weder für Individuen noch für soziale Verbände. Für Individuen sind die Folgen eines Verlustes des Kohärenzsinns im Blick auf das eigene Leben fatal. Sozialpsychologische Forschungen zeigen, „daß Kohärenz für die alltägliche Identitätsarbeit von Menschen eine zentrale Bedeutung hat, deren Fehlen zu schweren gesundheitlichen Konsequenzen führt."[40] Ohne das Gefühl der Kohärenz, eines inneren Zusammenhangs der Person, entsteht kein Vertrauen in die Stabilität, Verstehbarkeit und Beeinflussbarkeit der Wirklichkeit und kein Zutrauen in das eigene Handeln in dieser Wirklichkeit. Die Auflösung des kohärenten Selbst führt nicht etwa zu mehr Freiheit: „Wenn Menschen keine sinnhafte Ordnung in ihrem Leben finden oder entwickeln können, dann wirkt sich das in dem Phänomen der ‚Demoralisierung' aus. Dieses Muster beinhaltet Einstellungen und Grundhaltungen, die durch ein geringes Selbstwertgefühl, Hilflosigkeit, Hoffnungslosigkeit und allgemein gedrückte Grundstimmung geprägt ist. (…) Je ausgeprägter das Demoralisierungsgefühl vorhanden ist, desto geringer ist das Kohärenzgefühl entwickelt."[41] Aber auch Gesellschaften können auf die Vorstellung des verantwortlichen Selbst in den Individuen nicht verzichten, weil es ohne diese Vorstellung keine Verbindlichkeit im zwischenmenschlichen Verhalten gäbe: „Ich werde, wie immer mich die Zeiten verändern werden, insoweit immer derselbe bleiben, dass ich die eingegangenen Verpflichtungen als verbindlich ansehe. Der Vorbehalt, man könnte sich in der Zwischenzeit verändern, gilt nicht. Würde er gelten, wären alle sozialen Verpflichtungen und Verträge hinfällig. Im Innersten des Sozialen lebt die Idee, dass sich das Selbst durchhält. Es mag eine Fiktion sein, aber ohne sie gibt es das Soziale nicht."[42]

Richtig und wichtig ist jedoch die Kritik an der Vorstellung, dass das Selbst des einzelnen Menschen unveränderlich, womöglich durch die genetische Ausstattung gänzlich vorbestimmt oder durch die Vernunft vollkommen beherrschbar ist. Das Bild, das jeder Mensch von sich hat, verdankt sich Konstruktionsprozessen auf der dritten Ebene der Konstruktion der Wirklichkeit (vgl. Kapitel 1). „Jeder erzählt eine Geschichte, die er am Ende für sein Leben hält", so Max Frisch in seinem Roman „Mein Name sei Gantenbein". Es trifft wohl auch zu, dass die Erfahrungsfragmente, die Menschen dafür integrieren müssen, in modernen Gesellschaften, zahlreicher und divergenter werden. Aber es ist eben dennoch möglich, dass Menschen divergente Erfahrungen und unterschiedliche soziale Zugehörigkeiten in ihre Identität integrieren und sich mit mehreren sozialen Zugehörigkeiten gleichzeitig identifizieren, beruflichen etwa, religiösen, kulturellen, politischen, regionalen, ohne dass sie ihr Kohärenzgefühl dadurch verlieren. Die damit mögliche Vervielfältigung von Erfahrungen muss das Selbst nicht gefährden, sie kann es im Gegenteil bereichern und erweitern: „Freiheit, Denk-, Handlungs- und Reflexionsfähigkeiten sind auf dynamische, veränderbare Identitätsaspekte angewiesen, die offen sind für etwas, das über Bestehendes und über Bestimmtes hinausgeht: für ein ‚Mehr'."[43] Diese Offenheit des Identitätsbegriffs ist auch von großer Bedeutung für das Konzept der *Bildung* (vgl. Kap. 5).

Gleichwohl kann der Mensch als Subjekt sich selbst nicht ganz und gar durchschauen und seine eigene Entwicklung nicht gänzlich steuern. Das Leben ist kein Projekt, das planmäßig umgesetzt werden könnte; es ist für den Einzelnen in seinem Verlauf unvorhersehbar und durch das, was in der Alltagssprache Schicksal und in den Wissenschaften oftmals Kontingenz genannt wird, wesentlich mitgeprägt. Identität hebt daher die Fremdheit in der Welt nicht auf (vgl. Kapitel 1), sie erlaubt nur einen gangbaren Umgang in ihr. In den Religionen ist überdies das Wissen darüber bewahrt, dass die Identitätskonstrukte des Menschen in einem tieferen Sinn vorläufig sind; so etwa im Christentum in der Erwartung, dass der Einzelne sich selbst erst wirklich erkennt in der Begegnung mit dem transzendenten Gott, und im Buddhismus in der Vorstellung, dass der

Weg aus dem Leiden durch die Erleuchtung auch zur Lösung vom konstruierten Ich führt. Vom Menschen als Subjekt zu sprechen, erfordert einen Mittel-
weg zwischen dem Idealismus des Neuhumanismus und den Glasperlenspielen
der Postmoderne.

Aber müssen wir uns wirklich mit einer Conditio humana abfinden, in der
der Mensch ein imperfektes Wesen ist, dessen Welt- und Selbstverständnis begrenzt und dessen körperliche Natur verletzlich bleibt? Der *Transhumanismus*
verneint diese Frage. Transhumanismus ist ein Oberbegriff für Ideenwelten, die
den Menschen verbessern wollen, indem sie ihn als Gattungswesen in seiner
heutigen Form überwinden.[44] Die Übergänge zwischen philosophischen Überlegungen (die häufig auf Nietzsche rekurrieren), biotechnologischen Utopien,
Science-Fiction und neuen Mythologien[45] sind dabei fließend. Gemeinsam ist
Transhumanisten ein szientistisches Verständnis von Evolution, aus dem ge-
schlussfolgert wird, der Mensch sei nur ein mit vielen Mängeln behaftetes Zwi-
schenglied in der Evolutionsgeschichte, das im weiteren Prozess der Evolution
ersetzt werden würde – und dass dieser Prozess von Menschen mittels heutiger
und künftiger Technologien gesteuert werden könne. Die damit verbundenen
Phantasien reichen von der Überwindung des Todes mittels zukünftiger Technologien (bis zu deren Kommen man sich nach dem Tode schon einmal vorsorg-
lich einfrieren lassen kann, Angebote dafür gibt es bereits) über die Verbesserung
des Menschen durch Verknüpfungen mit Maschinen oder technische Implanta-
te, Speicherung des Bewusstseins in digitale Speicher und damit dessen Lösung
vom menschlichen Körper, Entwicklung künstlicher Intelligenz, die den Menschen übertrifft, bis zur biotechnologischen Optimierung des Menschen durch
Eingriffe in die Keimbahn oder durch gezielte Züchtung.

Am realistischsten im Sinn der Möglichkeiten praktischer Umsetzung dürfte die zuletzt genannte Variante des Transhumanismus sein. Damit ist sie auch
die derzeit gefährlichste. Peter Sloterdijk hat ihr mit seinen „Regeln für den
Menschenpark"[46] bereits die philosophische Weihe zu geben versucht. Da
„Selbstzähmung" und „Entbestialisierung" des Menschen mittels humanisti-
scher Erziehung und Bildung gescheitert seien, so Sloterdijk mehr oder weniger
verklausuliert, werde es nun darum gehen, diese Ziele mittels „Anthropotechno-
logie" zu verfolgen, für die ein „codex" zu entwickeln sei. Sloterdijk geht nicht
ins Detail, und bei der viel heikleren Frage, wer denn über diese Regeln zu entscheiden und die Eigenschaftsplanung einer künftigen Elite von „Zooleitern" im

Menschenpark vorzunehmen habe, belässt er es bei Verweisen auf Plato, die allen Anlass zur Besorgnis über das mögliche Konzept einer von Eliten gesteuerten Menschenzüchtung geben.

Wie auch immer Sloterdijk sich verstanden wissen wollte, die Frage nach der Planbarkeit des Menschen ist, beispielsweise durch Präimplantationsdiagnostik und optionale Geburt, bereits zum Gegenstand politischer Kontroversen und Entscheidungen geworden. Dass die moralischen Dämme, die die Hybris des Transhumanismus in Schach halten, bislang nicht gebrochen sind, ist einer Art stiller globaler Koalition von humanistischen und religiösen Akteuren in Öffentlichkeit und Politik zu verdanken. Hybris sind die transhumanistischen Phantasien, weil sie unterstellen, der Mensch, seine Einbindung in die Naturgeschichte sowie die möglichen Folgen und langfristen Nebenfolgen anthropotechnischer Eingriffe seien vollständig wissenschaftlich verstanden und lebenspraktisch beherrschbar. Davon kann allerdings keine Rede sein. Für einen übergreifenden Konsens in der Weltgesellschaft kann der Transhumanismus keine Perspektiven anbieten.

Humanismus als globaler Diskursraum[47]

Wo gibt es religiöse und philosophische Traditionen, an die bei der Suche nach einem übergreifenden Konsens in der Weltgesellschaft angeknüpft werden kann? Nach dem bisher Gesagten wäre es ein aussichtsloses Unterfangen, hierfür auf die globale Durchsetzung einer bestimmten Religion, Weltanschauung oder philosophischen Denkrichtung zu setzen. Eine Einheitsreligion wird es ebenso wenig geben wie die globale Akzeptanz eines weltanschaulich aufgeladenen Humanismus. In den Worten von Joseph Ratzinger, noch vor seiner Wahl zum Papst, im Gespräch mit Jürgen Habermas: „die rationale oder die ethische oder die religiöse Weltformel, auf die alle sich einigen, und die dann das Ganze tragen könnte, gibt es nicht. Jedenfalls ist sie gegenwärtig unerreichbar."[48]

Worauf es hingegen für einen übergreifenden Konsens in der Weltgesellschaft ankommt, ist jene kulturellen Traditionen zu identifizieren und zu fördern, die es ermöglichen, tiefer gehenden Begründungen für gemeinsame Regeln des Zusammenlebens (wie sie etwa in den Menschenrechten kodifiziert sind) *von einem je eigenen Standpunkt aus* zuzustimmen und diesen Standpunkt auch in die Weiterentwicklung eines globalen Verfassungskonsenses einbringen zu können. Oder, wie oben bereits gesagt: Es kommt darauf an, universalistische Prinzipien in Eigenes zu übersetzen – und umgekehrt das kulturell je Eigene so zu verstehen und zu entwickeln, dass es für den Dialog mit Anderem offen und anschlussfähig wird. Damit werden Differenz und Fremdheit zwischen divergenten kulturellen Traditionen nicht aufgehoben. Es mangelt auch nicht an Vorstellungswelten, die der Suche nach einem übergreifenden Konsens in der Weltgesellschaft entgegenstehen – religiöse und politische Extremismen etwa, Szientismus und Säkularismus oder bestimmte Formen des Transhumanismus. Aber es ist für ein friedliches Zusammenleben in der Weltgesellschaft unerlässlich, Diskursräume für globale Verständigungsprozesse über die Grundlagen des Zusammenlebens zu pflegen und weiter zu entwickeln, in Politik und Wissenschaften, zwischen den Religionen und nicht zuletzt durch Bildung.

Auf der akademischen Ebene ist es in diesem Sinne „die Aufgabe aller problembewussten Intellektuellen im Globalisierungsprozess, die verschiedenen Traditionen, in denen das Menschsein des Menschen unterschiedlich bedacht wurde, neu anzueignen und gegenwartsnah auszulegen."[49] *Globaler Humanismus* ließe sich so als humanwissenschaftliche Reaktion auf die Entwicklung zur Weltgesellschaft verstehen. Der Begriff ‚Globaler Humanismus' steht hierbei weder für eine Weltanschauung noch für eine wissenschaftliche Theorie, sondern für einen Diskursraum. Schon Karl Jaspers verwendete für den Humanismus die Metapher des Raumes: „Der Humanismus ist nicht das Endziel. Er schafft nur den geistigen Raum, in dem jeder um seine Unabhängigkeit ringen kann und muss."[50] Heute kann dies nur ein *globaler* Diskursraum sein, „in dem Menschen sich die unerschöpfliche Frage stellen, wer sie sind und sein möchten und wie sie wohl leben wollen, miteinander und nebeneinander, heute und morgen."[51]

Ein solcher globaler Humanismus kann sich nicht in einem Gegensatz oder gar als Alternative zu Religion verstehen. Er kann dies schon deshalb nicht, weil ein großer, ja überwiegender Teil der divergenten Traditionen, die in diesem Diskursraum zu bedenken, für heute auszulegen und nach ihrem Beitrag zu einem übergreifenden Konsens in der Weltgesellschaft zu befragen sind, religiöser Art sind. Es sind die großen Weltreligionen, die in ihren Erzählungen, Symbolen, Ritualen und Theologien tiefes Wissen über das Menschsein des Menschen bewahren. Dieses Wissen zu ignorieren oder in szientistischer Hybris zu meinen, es sei heute restlos durch säkulares, von den Wissenschaften bereitgestelltes Wissen zu ersetzen, wird eher einen Krieg der Kulturen befördern als einen Weg zu einer globalen Verständigung über die Grundlagen des Zusammenlebens in der Weltgesellschaft zu bahnen.

Damit soll nicht gesagt werden, dass *jede* religiöse Tradition für einen globalen Humanismus fruchtbar gemacht werden kann. Die großen Religionen haben jahrtausendlange Geschichten, in denen sich ihre Glaubenswelten und religiösen Praxen in der Auseinandersetzung mit wechselnden Umwelten und inneren Konflikten entwickelt, differenziert und oft auch in unterschiedliche Richtungen und Konfessionen aufgespalten haben. Nicht jede religiöse Überlieferung ist mit Gewinn als Beitrag zum Diskursraum eines globalen Humanismus interpretierbar; manche Formen des religiös Eigenen lassen sich in ihrem Dogmatismus oder ihrer Neigung, Andersgläubige mit Gewalt zu bekämpfen, überhaupt nicht mit universalistischen Perspektiven in eine produktive Beziehung bringen, weil sie ein Recht auf Anderssein anderer Menschen nicht anerkennen. Bekanntermaßen finden sich solche Formen von Fanatismus allerdings keineswegs nur in *religiösen* Vorstellungswelten.

Gleichwohl wäre es verfehlt, sich mit Blick auf die religiöse Landschaft in der Weltgesellschaft einen globalen Humanismus als eine Art Addition geeigneter Versatzstücke aus den großen Religionen vorzustellen. Globaler Humanismus ist kein kulturrelativistischer Markt der Möglichkeiten. Als *Diskursraum* impliziert er auch die Möglichkeiten und Notwendigkeit des Streites. Zur religiösen und weltanschaulichen Vielfalt gehört unabdingbar eine Vielfalt von subjektiv als unbedingt gültig empfundenen Wahrheitsansprüchen. Es gibt innerweltlich keine dritte Position von außen, von der aus solche konfligierenden Wahrheitsansprüche gewissermaßen schiedsrichterlich oder von einer höheren Warte aus entschieden werden könnten. Aber hilfreich für Verständigung angesichts gegensätzlicher Wahrheitsansprüche ist das „Wissen um die Situiertheit und kontextbezogene Partikularität der eigenen Praxis und die prinzipielle Endlichkeit unserer Erkenntnismöglichkeiten"[52] (vgl. auch Kapitel 1).

Gibt es außerhalb der vom Christentum mit seinen jüdischen Wurzeln geprägten europäisch-westlichen Kultur religiöse Überlieferungen, von denen substanzielle Beiträge zum Diskurs über einen globalen Humanismus zu erwarten sind? Daran kann es kaum einen Zweifel geben. Zwar gilt mit Blick auf außerwestliche Kulturen nicht anders als es in der europäischen Geistesgeschichte der Fall war, dass der Humanismus als expliziter Gegenstand des intellektuellen Diskurses ein vergleichsweise junges Thema ist und dass die Frage nach humanistischen Implikationen älterer Traditionen sich nur mit interpretierenden Rekonstruktionen aus heutiger Sicht beantworten lässt. Erasmus von Rotterdam konnte sich ebenso wenig wie Konfuzius oder Siddhartha Gautama (Buddha) selbst als Humanisten sehen, er wurde es durch eine spätere Lesart seiner Schriften. Aber wie bei Erasmus ist auch die Rekonstruktion von Vorstellungen zur Conditio humana in den außereuropäischen Weltreligionen, die als Beiträge zu einem globalen Humanismus verstanden werden können, sehr ergiebig.[53]

Dies gilt insbesondere für den Konfuzianismus und die indischen Religionen. Hier zeigen sich von der Achsenzeit bis in die Gegenwart immer wieder Vorstellungen von der Verbundenheit aller Menschen, von moralischer Gleichheit – wie sie beispielsweise in der Goldenen Regel zum Ausdruck kommt, die sich schon bei Konfuzius, aber auch bei Jesus findet –, von der gegenseitigen Verpflichtung in Mitleid und Hilfe sowie der Bildsamkeit des Menschen im Sinne der Möglichkeit zur Selbstkultivierung durch Lernen und Studium. Schwieriger stellt sich die Situation mit Blick auf den Islam dar. Einerseits finden sich in der Hochzeit der islamischen Theologie und Philosophie während des europäischen Mittelalters eine Fülle von herausragenden Gelehrten, aus deren Arbeiten sich zwanglos Anknüpfungspunkte für einen islamisch geprägten Humanismus finden lassen. Hinzuweisen ist in diesem Zusammenhang vor allem auf Ibn Sina (980–1037), der im Westen unter den Namen Avicenna rezipiert wurde, auf al-Ghazali (1058–1111) und auf Ibn Rushd (1126–1198), in Europa auch unter dem Namen Averroes bekannt (vgl. auch Kapitel 4). Aber während diese Periode im islamisch-arabischen Raum von ökonomischem und kulturellen Reichtum sowie einer großen intellektuellen Offenheit geprägt war, erklärte im 15. Jahrhundert die sunnitische Geistlichkeit die „Tore des ijtihad", der selbständigen geistigen Bemühung beim Verständnis des Glaubens, für geschlossen.[54] Von nun an sollte die „Nachahmung" (taqlid) bereits vorhandener und von den in der islamischen Gelehrtenschaft, der Ulema, anerkannten Rechtsschulen kodifizierten Glaubensvorstellungen Leitlinie für den Glauben der Muslime sein. Tatsächlich entwickelte sich in der Folgezeit unter der Dominanz der Ulema vor allem im arabischen Raum eine konservative Orthodoxie, die wesentlich dazu beigetragen hat, diesen Raum in den folgenden Jahrhunderten von den neuzeitlichen Entwicklungen in den Wissenschaften sowie von Globalisierungsprozessen, die von der Entdeckung Amerikas ausgelöst wurden, weitgehend abzukoppeln.[55] Dies änderte sich erst durch die Kolonialisierung im 19. und 20. Jahrhundert, die zwar partielle Öffnungsprozesse mit sich brachte, aber auch als Reaktion darauf den Islamismus als rückwärtsgewandte religiös-politische Ideologie mit seinen fatalen Folgen bis in die Gegenwart nach sich zog.

Wie sich universalistisches Denken in unterschiedlich Eigenem ausdrücken kann, wäre im Diskurs des globalen Humanismus von Fall zu Fall zu diskutieren. Ein Beispiel soll hier genügen: Immanuel Kant diskutiert in seiner „Kritik der Urteilskraft" das Problem, wie sich angesichts unterschiedlicher Vorstellungen von Menschen vernünftige Urteile des Einzelnen begründen lassen, die nicht nur den persönlichen Sichtweisen und Interessen dieses Einzelnen folgen, sondern auf die Vorstellungen anderer Rücksicht nehmen und sich damit an einer (gedachten) allgemeinen Vernunft der Menschen orientieren. Nach Kant ist das durch eine ‚erweiterte Denkungsart' möglich – indem der Einzelne in einem vorgestellten inneren Dialog sich auch in die Perspektiven von anderen versetzt und diese in die eigene Urteilsbildung reflexiv einbezieht. Dies ist bei Kant nicht als Vorgang der Empathie im Sinne eines Einfühlens gedacht, sondern als ein Akt der Reflexion und Abstraktion von eigenen Intuitionen. Weltbürgerliches Denken wäre hiernach eines, das diese erweiterte Denkungsart prinzipiell auf möglichst viele vom jeweiligen Gegenstand des Urteilens berührte weltweite Perspektiven bezieht.

Für Daisaku Ikeda stellen sich dagegen aus einer buddhistischen Sicht die „grundlegenden Elemente des Weltbürgertums" so dar:
„– die Weisheit, die Verbundenheit allen Lebens wahrzunehmen
– der Mut, Unterschiede weder zu fürchten noch zu leugnen; vielmehr gilt es, Angehörige verschiedener Kulturkreise zu respektieren, sie zu verstehen und durch Begegnung mit ihnen menschlich zu wachsen
– ein so großes Mitgefühl, das über die eigene unmittelbare Umgebung hinausreicht und sogar in der Lage ist, sich mit Menschen identifizieren, die auch fernab von uns großes Leid erfahren."[56]
Die Unterschiede sind recht offensichtlich: Für Kant vermittelt sich universalistisches Denken in erster Linie über die Vernunft, für Ikeda über Weisheit, Mut und Mitgefühl. Aber es ist auch sofort erkennbar, dass beide Zugangsweise sich nicht ausschließen, sondern eher als komplementär denn als antagonistisch betrachtet werden können.

Vielfalt und Einheit der Menschen

Bei allen Debatten über kulturelle Vielfalt sollte eine basale Erkenntnis nicht aus dem Blick geraten, die Julian Nida-Rümelin treffend formuliert hat: „Es gibt eine Gemeinsamkeit der allgemeinen menschlichen Lebensform, die es ermöglicht, sich über alle kulturellen Grenzen hinweg zu verständigen. (…) Jeder Mensch hat mit jedem anderen Menschen auf diesem Planeten sehr viel mehr gemein, als sie voneinander unterscheidet."[57] Wäre es anders, hätte es nicht von der Frühzeit der Menschen an bis heute gruppen(stammes-, staaten-)übergreifende Kommunikation, Handel und Vermischung geben können. Es dürfte sehr wahrscheinlich sein, dass jedes neugeborene Baby, würde es sofort nach der Geburt von seinen Eltern getrennt, in jeden der heutigen Kulturkreise hineinwachsen könnte. Aber ein solches Experiment, womöglich im großen Stil, dürfte in allen heute existierenden sozialen Verbänden auf Widerstand stoßen, was bereits auf gemeinsame moralische Intuitionen verweist. Zu den Besonderheiten und damit Gemeinsamkeiten aller Menschen gehört ihre kulturelle Plastizität – die Vielfalt der menschlichen Lebensweisen in Geschichte und Gegenwart ist nur möglich, weil Menschen von ihrer biologischen Ausstattung her, also auf der ersten Ebene der Konstruktion der Wirklichkeit (vgl. Kapitel 1), nicht durch angeborene Regeln und Verhaltensmuster auf eine ganz bestimmte Form des gesellschaftlichen Zusammenlebens festgelegt sind. Es gehört also gerade zu den fundamentalen *Gemeinsamkeiten* der Menschen, dass sie vielfältige Lebensformen ausbilden können und auch tatsächlich ausbilden.

Die damit verbundene kulturelle Vielfalt lässt sich zu großen Teilen aus unterschiedlichen Lösungen für die Bewältigung basaler Bedürfnisse, Aufgaben und Probleme erklären, vor denen wiederum alle menschlichen Gesellschaften stehen:

Erziehung: Menschliche Neugeborene kommen im Vergleich zu anderen Lebewesen extrem unausgereift zur Welt; sie benötigen nicht nur lange Pflege bis zu einer basalen körperlichen Selbständigkeit, sie müssen auch die spezifische soziale Umwelt, in die sie hineingeboren werden, erst kennenlernen und sich in ihr zurechtfinden. Für dieses Hineinwachsen müssen Regeln, Praktiken und Verantwortlichkeiten festgelegt werde.

Spiel: Spielen ist eine Praktik, die kulturübergreifend für das Aufwachsen von Kindern bedeutsam ist, die aber in unterschiedlicher Intensität und vielfältigen Formen auch lebenslang weiter gepflegt werden kann und häufig auch wird.

Sprache: Menschen haben die angeborene Fähigkeit zum Sprechen, und menschliche Gesellschaften bilden auf dieser Basis mit der Vielfalt der Sprachen komplexe Symbolsysteme aus, die für die menschliche Konstruktion von Wirklichkeit von entscheidender Bedeutung sind.

Politik: Da den Menschen keine bestimmte Herrschaftsordnung angeboren ist, eine Regelung gemeinsamer Angelegenheiten angesichts unterschiedlicher Interessen aber zwingend notwendig ist, finden sich in allen Gesellschaften Formen von Politik.

Arbeit: Keine menschliche Gesellschaft kann ohne Formen von Arbeit überleben, zumindest wenn man für frühe Gesellschaften auch die Jagd als eine Form von Arbeit versteht. Aber spätestens seit dem Aufkommen planvoller Landwirtschaft in der neolithischen Revolution ist die organisierte Arbeit ein für die Reproduktion der Menschen unabdingbares Merkmal der menschlichen Gattung.

Ästhetik: Bereits für frühe Gesellschaften sind Formen der Malerei und Bildhauerei nachgewiesen, auch für Musik und (zunächst mündlich überlieferte) literarische Erzählungen dürfte zutreffen, dass sie seit jeher zur menschlichen Kultur gehören.

Erkenntnis: Menschen streben, auf der Grundlage ihrer kognitiven Fähigkeiten und mit Hilfe von Verstand und Vernunft, nach Wissen und Verstehen der natürlichen und kulturellen Umwelt.

Liebe: Menschen sind für ihre gedeihliche Entwicklung auf Liebe angewiesen. Dabei hat das Wort ‚Liebe‘ im Deutschen ein sehr weites Bedeutungsspektrum und umfasst mindestens die sexuelle Liebe (Eros) und damit die Geschlechterbeziehungen, die freundschaftlich-liebevolle Verbundenheit (Philia), beispielsweise zwischen Eltern und Kindern, sowie die hingegebene und die göttliche Liebe (Agape).

Tod: Wie alle Lebewesen sterben Menschen, aber anders als anderen Lebewesen ist ihnen diese Tatsache auch bewusst. Menschen besitzen ein Bewusstsein von ihrer eigenen Endlichkeit, davon also, dass sie in eine nicht von ihnen gemachte Welt kommen und diese wieder verlassen müssen. Bereits für sehr frühe Kulturen lassen sich daher Totenkulte nachweisen, die auf Jenseitsvorstellungen hindeuten.

Glauben: Das Wissen um die eigene Endlichkeit ist von Anfang an zwingend mit einem Nicht-Wissen darüber verbunden, woher wir kommen und wohin wir gehen. Diese Fragen lassen sich aber nur in Form eines Glaubens beantworten. Auch wer glaubt, dass nach dem Tod ‚nichts kommt' oder ‚alles aus' ist, kann dies eben nur *glauben*. Das sicherste Wissen, über das wir verfügen, das über die eigene Sterblichkeit, ist somit untrennbar mit Glauben verbunden. Dies gilt aber, wie Volker Gerhardt aus philosophischer Sicht gezeigt hat, für jede Form der Auseinandersetzung mit ernsthaften, für das Leben bedeutsamen Fragen und Problemen. Wollten wir etwa bei für unseren Lebensweg wichtigen Entscheidungen diese erst dann treffen, wenn wir über ein vollständiges und sicheres Wissen über die jeweilige Situation verfügen, wären wir handlungsunfähig. Gerhardt schreibt deshalb, „dass jede und jeder irgendetwas immer glaubt, sobald er ernsthaft etwas tut oder lässt".[58] Nicht immer muss die Notwendigkeit des Glaubens zwingend zur Religion führen. In den meisten Fällen, in Geschichte und Gegenwart, tut sie dies aber, denn Religionen vermitteln als Glaubensgemeinschaften Sinnerfahrungen, die auf der Beziehung des Einzelnen mit einer transzendenten und absoluten Realität beruhen. Denn, so der indische Philosoph und Literaturnobelpreisträger Rabindranath Tagore: „Seit der dunkelsten Zeit seiner Geschichte hat der Mensch ein Gefühl, dass die offenkundigen Tatsachen des Daseins nicht endgültig, nicht das Letzte sind, sondern dass sein höchstes Wohl davon abhängt, dass er fähig ist, in vollkommener Beziehung mit einem großen Geheimnis hinter dem Schleier zu bleiben".[59]

Es geht bei dieser knappen Skizze nicht um den Umriss einer Anthropologie. Auch lassen sich diese Bedürfnisse, Probleme und Aufgaben in der Lebenspraxis nicht trennscharf voneinander unterscheiden; sie können sich vielmehr auf unterschiedliche Weise überlagern, Sprache und Spiel etwa, Ästhetik und Arbeit, Erziehung und Politik, Glaube und Erkenntnis. Es sind *analytische* Unterscheidungen, die helfen sollen, jene Gemeinsamkeiten der menschlichen Lebensform zu identifizieren, auf denen kulturelle Unterschiede insofern aufruhen, als solche Unterschiede als differierende Antworten auf ähnliche Fragen und Probleme gedeutet werden können. Eben deshalb, durch die Möglichkeit, ein Anderes auf ein gemeinsames Eigenes als Menschen zu beziehen, ist es möglich, dass Menschen sich über kulturelle Grenzen hinweg verständigen und dabei zugleich das Andere anders sein lassen können.

Zugleich kann ein solcher Rückgriff auf fundamentale, in der Lebenswelt auch erfahrbare Gemeinsamkeiten dem Diskurs über einen globalen Humanismus helfen, sich nicht in leeren Abstraktionen zu verlieren. Die Frage, wie ein übergreifender Konsens in der Weltgesellschaft zu bestimmen ist, wie weit er gehen soll und wo Vielfalt statt Ähnlichkeit dominieren soll, muss sich letztlich auf konkrete Probleme des Zusammenlebens beziehen lassen. Eines dieser Probleme ist unter heutigen Bedingungen die Frage, wie die Institutionen der Erziehung angemessen auf die Entwicklung zur Weltgesellschaft reagieren und auf welches Verständnis von Bildung sie sich dabei stützen können.

4. TRADITIONEN DER BILDUNG

„Dem weisen Manne steht die ganze Erde offen.
Ist doch Vaterland einer edlen Seele der gesamte Kosmos. "
(Demokrit)[1]

Wie kein anderer bezeichnet in der deutschen Sprache der Begriff der ‚Bildung‘ den Kern des pädagogischen Denkens. Und dennoch – oder gerade deshalb – ist es ein Begriff mit einem vielfältigen und mehrdeutigen Spektrum an Bedeutungen. Dieses Schicksal teilt der Bildungsbegriff mit anderen Kern- und Schlüsselbegriffen in den Wissenschaften.[2] Auch was mit ‚Politik‘ oder ‚Kunst‘ gemeint ist, mit ‚Religion‘, ‚Geschichte‘ oder ‚Natur‘, ist alles andere als eindeutig bestimmbar, wird immer wieder kontrovers diskutiert und wandelt sich in Abhängigkeit von den jeweiligen Zeitumständen wie von den theoretischen Kontexten, in denen solche zentralen Konzepte verwendet und näher bestimmt werden.

Gegen den Bildungsbegriff wird immer wieder einmal eingewendet, er stelle eine Besonderheit der *deutschen* Pädagogik dar, weil er – insbesondere in seiner Abgrenzung zum Begriff der ‚Erziehung‘ – nur schwer in andere Sprachen zu übersetzen sei, so insbesondere ins Englische, das nur den Begriff der ‚education‘ kenne. Deshalb, so wird dann gelegentlich gefolgert, müsse der Bildungsbegriff in einer sich globalisierenden Wissenschaft und Politik aufgegeben werden. Aber dieser Einwand beruht auf einem Kurzschluss. Semantische Reichweiten von Begriffen sind nun einmal in vielen Fällen nicht eins zu eins zwischen Sprachen parallelisierbar; es käme wahrscheinlich umgekehrt im englischsprachigen Raum niemand auf den Gedanken, die sinnvolle Unterscheidung zwischen policy, politics und polity aufzugeben, nur weil es im Deutschen für alle drei Dimensionen des Politischen die eine Bezeichnung ‚Politik‘ gibt. Ganz im Gegenteil hat es sich in der deutschen Politikwissenschaft eingebürgert, die drei englischen Begriffe als Fremdwörter zu verwenden, um damit Differenzierungen innerhalb des Bedeutungsspektrums von Politik zum Ausdruck zu bringen. Nicht anders lassen sich die beiden deutschen Begriffe Bildung und Erziehung als unterschiedliche Dimensionen des englischen Begriffs education verstehen; eine ‚educated person‘ meint in der Regel nicht einen erzogenen, sondern einen gebildeten Menschen.[3] Auch findet sich in englischsprachigen wissenschaftlichen Texten durchaus die Verwendung von ‚Bildung‘ als Fremdwort.

Hinter dieser auf den ersten Blick scheinbar eher sprachtechnischen Frage verbirgt sich aber ein tiefer liegendes Problem. Im deutschsprachigen Diskurs um Begriff und Theorie der Bildung gibt es einen klar bestimmbaren Bezugspunkt: den Neuhumanismus um die Wende vom 18. zum 19. Jahrhundert (vgl. Kapitel 3) und hierbei allem voran die Bildungstheorie Wilhelm von Humboldts. Die darauffolgenden 200 Jahre Debatten um Bildung lassen sich durchaus als Fußnoten zu Humboldt verstehen – sei es zustimmend, vertiefend, ergänzend, neu akzentuierend, kritisierend, ablehnend oder verdammend.[4] Das damit verbundene Problem betrifft die Frage, ob das, worum es in diesem Diskurs inhaltlich ging und geht, eine so spezifisch deutsche (resp. preußische oder mitteleuropäische) Sicht auf Erziehung, Unterricht, Schule und Universität darstellt, dass es in der Weltgesellschaft keinesfalls interkulturell konsensfähig sein kann – oder ob es im Gegenteil ältere europäische sowie in anderen kulturellen Kontexten entstandene Vorstellungen über die Aufgaben der Pädagogik und pädagogischer Institutionen gibt, die sich sehr wohl mit dem deutschsprachigen Diskurs über Bildung vermitteln lassen. Hiervon hängt ab, ob sich bestimmte Vorstellungen von Bildung als mögliche Elemente eines übergreifenden Konsenses in der Weltgesellschaft (vgl. Kapitel 3) denken lassen.

„Die letzte Aufgabe unsres Daseyns": die neuhumanistische Bildungstheorie und ihre christlichen Wurzeln

Es ist bis heute geradezu verblüffend zu sehen, mit welch vergleichsweise geringem Aufwand der preußische Privatgelehrte Wilhelm von Humboldt es vermocht hat, tiefe Spuren in der Geschichte der Theorie und Praxis des Bildungswesens zu hinterlassen. In nur 16 Monaten als Leiter der Sektion des Kultus und Unterricht im preußischen Innenministerium schuf er 1809/10 mit der Berliner Universität ein neues Universitätsmodell, das auf den Konzepten der Freiheit der Wissenschaft sowie der Einheit von Forschung und Lehre basierte und sich im Verlauf des 19. und 20. Jahrhunderts weit über Preußen und Deutschland hinaus in Europa und den USA verbreitete. Ferner legte er die Grundlagen für das humanistische Gymnasium als einer neuen Schulform. Diese neue Schulform dachte er sich allerdings nicht, wie es dann in der schulpolitischen Praxis kommen sollte und in Deutschland überwiegend auch bis in die Gegenwart geblieben ist, als eine Schule *neben* anderen in einem mehrgliedrigen System, sondern – wie er in zwei Memoranden, dem Königsberger und dem Litauischen

Schulplan, darlegte – als *zweite Stufe eines einheitlichen Bildungssystems*, auf der Elementarschule aufbauend und auf die Universität vorbereitend. Alle drei Stufen sollten der *allgemeinen Menschenbildung* dienen, während die Berufsausbildung Spezialschulen vorbehalten sein sollte, auf die junge Menschen nach jeder der drei Stufen wechseln können sollten.

Noch frappierender ist wohl, dass Humboldt seine hinter diesen bildungspolitischen Initiativen stehende Bildungstheorie in einem einzigen, äußerst knappen, hoch konzentrierten Text zusammenfassen konnte.[5] In diesem Text findet sich dieser Satz:

„Die letzte Aufgabe unsres Daseyns: dem Begrif der Menschheit in unsrer Person, sowohl während der Zeit unsres Lebens, als auch noch über dasselbe hinaus, durch die Spuren des lebendigen Wirkens, die wir hinterlassen, einen so grossen Inhalt, als möglich, zu verschaffen, diese Aufgabe löst sich allein durch die Verknüpfung unsres Ichs mit der Welt zu der allgemeinsten, regesten und freiesten Wechselwirkung."[6]

Dieser Satz verweist in nuce auf die wesentlichen Aspekte von Humboldts Bildungstheorie. Bildung ist der Prozess, in dem sich das Ich mit der Welt verknüpft. Diese Verknüpfung wird jedoch auf eine bestimmte Weise und mit einem bestimmten Ziel gedacht: Es geht nicht um die schlichte Einpassung des Individuums in eine vorgegebene Ordnung der Welt, sondern um einen Prozess der *Wechselwirkung* zwischen dem Individuum und der Welt (im Sinne von erfahrbarer Wirklichkeit), in die es hineinwächst. Der Mensch nach Humboldt strebt von Natur aus dazu, sich mit den Gegenständen außer ihm in der Welt zu befassen, sich gleichsam an ihnen abzuarbeiten, weil er nur so seine *Kräfte* entwickeln kann. Diese ‚Kräfte' sind in einem umfassenden Sinn zu verstehen und nicht etwa nur auf körperliche Fähigkeiten bezogen; im heutigem Sprachgebrauch ließen sich diese Entwicklung der ‚Kräfte' wohl als Entwicklung und Gebrauch der Potenziale verstehen, die in einem Menschen als möglich angelegt sind.

Je reger und vielseitiger die Auseinandersetzung des Einzelnen mit den ihm äußeren Aspekten der Welt ist, desto besser, denn nur so kann es zu einer möglichst umfassenden Ausbildung des Geistes und der menschlichen Fähigkeiten kommen. In der Auseinandersetzung mit der Welt muss der Mensch „die Masse der Gegenstände sich selbst näher bringen, diesem Stoff die Gestalt seines Geistes aufdrücken und beide einander ähnlicher machen."[7] Humboldt denkt sich Bildung keineswegs als passive Aufnahme von Wissen, sondern als aktive und tiefgehende, von der Idee der Wechselwirkung zwischen dem Subjekt und dem Gegenstand von Erkenntnis getragene Auseinandersetzung. Diese kann sich durchaus auch auf eine innere, gedankliche Befassung konzentrieren; aber auch hierbei verfügt der Mensch über „mehrere Fähigkeiten, ihm denselben Gegenstand in verschiedenen Gestalten, bald als Begriff des Verstandes, bald als Bild der Einbildungskraft, bald als Anschauung der Sinne vor seine Betrachtung zu führen."[8] Zur Wechselwirkung zwischen Ich und Welt gehört daher für Humboldt notwendig die „Mannigfaltigkeit der Ansichten"[9]. Für das Nachdenken über Bildung ist wenig gewonnen, „wenn man nicht zugleich auf die Verschiedenheit der Köpfe, auf die Mannigfaltigkeit der Weise Rücksicht nimmt, wie sich die Welt in verschiedenen Individuen spiegelt."[10]

Diese Überlegung ist bei Humboldt aber nicht so zu verstehen, dass Bildungsprozesse zwingend die Befassung mit *großen Mengen* an Gegenständen verlangen. Es geht ihm gerade nicht darum, sich „auf eine leere und unfruchtbare Weise ins Unendliche hin zu verlieren", sondern darum, „die blosse Gelehrsamkeit in eine gelehrte Bildung, das bloss unruhige Streben in eine weise Thätigkeit zu verwandeln."[11] Denn wer sich bilden will, muss verstehen, dass bei jeder Tätigkeit, „auf die rechte Weise betrieben, sein Geschäft dem Geiste eine eigne und neue Ansicht der Welt und dadurch eine eigne und neue Stimmung seiner selbst geben, dass er von der Seite, auf der er steht, seine ganze Bildung vollenden kann; und dies ist es, wonach er strebt. Wie er aber nur für die Kraft und ihre Erhöhung arbeitet, so thut er sich auch nur Genüge, wenn er die seinige vollkommen in seinem Werk ausprägt."[12]

Metaphorisch gesprochen, ist es also weniger die *Breite* der Auseinandersetzung mit der Welt, sondern eher die *Tiefe*, mit der diese an konkreten Gegenständen geschieht, aus der nach Humboldt Bildung erwächst. Nur so kann sich die Betrachtung der Welt „aus der Unendlichkeit der Gegenstände in den engeren Kreis unsrer Fähigkeiten und ihres mannigfaltigen Zusammenwirkens" bewegen, kann die Wirkung unseres Tuns nicht nur in äußeren Erfolgen, sondern vor allem „in unmittelbarer Beziehung auf unsre innere Bildung"[13] erfahren werden.

Aber bei diesem inneren Aspekt der Bildung, der in der Entwicklung der Kräfte des Individuums und in der „Veredelung seiner Persönlichkeit"[14] erfahrbar wird, bleibt es bei Humboldt nicht. Denn damit wäre nur die eine Seite der

Wechselwirkung erfasst, in der sich das Ich mit der Welt verknüpft. Die andere Seite sind, wie oben bereits zitiert, „die Spuren des lebendigen Wirkens, die wir zurücklassen". Bildung gelingt, wenn der einzelne Mensch, jeder einzelne Mensch, durch umfassende Entwicklung seiner Kräfte mit seiner Persönlichkeit zeigt, was es heißen kann, ein Mensch zu sein – also, so Humboldt, dem Begriff der Menschheit „in unser Person (...) einen so grossen Inhalt, als möglich, zu verschaffen". Aber dieser Inhalt zeigt sich letztlich nicht allein im inneren Erleben, sondern im Wirken jedes Einzelnen in der Welt. Humboldt sieht so einen engen Zusammenhang zwischen der Entwicklung des Individuums durch Bildung und der, modern gesprochen, Entwicklung der Gesellschaft: „Was verlangt man von einer Nation, einem Zeitalter, von dem ganzen Menschengeschlecht, wenn man ihm seine Achtung und seine Bewunderung schenken soll? Man verlangt, dass Bildung, Weisheit und Tugend so mächtig und allgemein verbreitet, als möglich, unter ihm herrschen, dass es seinen innern Werth so hoch steigern, dass der Begriff der Menschheit, wenn man ihn von ihm, als dem einzigen Beispiel, abziehen müsste, einen grossen und würdigen Gehalt gewönne."[15]

Bildung ist bei Humboldt so auf der einen Seite Selbstzweck. Aus der Perspektive der Entwicklung des Einzelnen hat sie ihren Sinn allein in der möglichst umfassenden Entfaltung seiner Persönlichkeit. Wenn im humanistischen Gymnasium die Klassische Philologie eine zentrale Stellung haben sollte, dann nicht (oder jedenfalls nicht in erster Linie) wegen ihrer eventuellen beruflichen Nützlichkeit für spätere Theologen, Bibliothekare oder Archivare. Sie sollte vielmehr im Sinne des Neuhumanismus der zweckfreien Bildung dienen, indem sie, so war die Erwartung, jungen Menschen über das Studium der alten Sprachen das, als vorbildlich gedachte, Weltverstehen der Antike erschließen würde: „Der moderne Mensch konnte nach Humboldt durch das Studium der Griechen erfahren, was Menschsein eigentlich bedeutete, ‚eigentlich', das hieß: jenseits der nationalen, konfessionellen und ständisch-beruflichen Begrenzungen. Das Studium der Griechen sollte ein Studium des Menschen überhaupt sein."[16] Aber genau durch diese Zweckfreiheit wird Bildung für die Entwicklung der Gesellschaft nützlich, denn sie setzt die Potenziale der Menschen frei, von deren Entfaltung in der Lebenspraxis die Gesellschaft insgesamt profitiert.

Erst dieser Zusammenhang macht verständlich, warum Humboldts Vorstellung von Bildung im Kontext der preußischen Reformen Teil eines weitgehenden, ja radikalen Programms zur Modernisierung Preußens war. Die Niederlage

Preußens gegen die französische Revolutionsarmee 1806/07 hatte die Rückständigkeit der noch vom Feudalismus geprägten inneren Strukturen Preußens offenbar werden lassen und motivierte eine Gruppe von Adligen unter Führung von Karl Freiherr vom Stein und Karl August Fürst von Hardenberg mit Rückendeckung von König Wilhelm III. zur Planung und bis 1819/20, als restaurative Tendenzen die Oberhand gewannen, auch erfolgreichen Umsetzung dieses Reformprogramms. Zu ihm gehörten insbesondere die Aufhebung von Leibeigenschaft und Erbuntertänigkeit der Bauern sowie des Zunftzwanges im Handwerk, Einführung der kommunalen Selbstverwaltung und der allgemeinen Wehrpflicht verbunden mit der Öffnung der Offizierslaufbahn unabhängig von der sozialen Herkunft sowie eine Modernisierung der Staatsverwaltung. Die Reformen richteten sich faktisch gegen die Vorherrschaft des Adels (von wo aus sich auch bald Widerstand organisierte) und waren von wirtschaftsliberalen und rechtsstaatlichen Vorstellungen geprägt. Sie sollten die Bürger von als überholt angesehenen Zwängen befreien, sie zum selbständigem Denken und Handeln ermutigen und Freiräume für Eigeninitiative schaffen. Genau an dieser Stelle fügten sich Humboldts Bildungstheorie und seine Reformkonzepte für Schule und Universität ein. Es war ein Programm für die Freiheit des Einzelnen durch Bildung.

Aber dieses Programm sollte sich in der Realgeschichte des 19. Jahrhunderts bei weitem nicht so verwirklichen lassen, wie es Humboldt vorschwebte.[17] Bereits 1819 ließ sich in Preußen der Entwurf für ein Schulgesetz, in dem mit einem gestuften, aber nicht in getrennte Schulzweige gegliederten Schulsystem institutionelle Konsequenzen gezogen und die Reformpolitik im Bereich der Schule zu einem zukunftsweisenden Abschluss gebracht werden sollte, angesichts restaurativer Widerstände nicht mehr durchsetzen. Nach dem Scheitern der Revolution von 1848 reagierte die preußische Regierung gar mit einer Politik massiver Bildungsbegrenzung; so wurden beispielsweise in den Seminaren zur Ausbildung künftiger Elementarlehrer der Rechenunterricht auf den Zahlenkreis von 1 bis 100 begrenzt, die Lektüre von Autoren wie Goethe oder Schiller untersagt und auf jegliche Vermittlung neuzeitlicher Pädagogik verzichtet. An die Stelle eines geplanten einheitlichen Schulsystems traten strikte Absonderung der höheren Schulen und Trennung der Lehrerstände, von denen sich nur für die künftigen Gymnasiallehrer ein Universitätsstudium durchsetzte. In der Folge entwickelte sich das humanistische Gymnasium zur Schule der höheren Schichten, insbesondere des Bürgertums, und mit dem aufkommenden Zertifikats- und Berechtigungswesen kam dem Schulsystem mehr und mehr die Funktion der Vergabe von beruflichen Chancen und damit der sozialen Selektion zu. Am ehesten konnte sich Humboldts Vorstellung von Bildung an den Universitäten durchsetzen und bis weit in das 20. Jahrhundert hinein behaupten; mit Wirkungen bis in die Gegenwart, insbesondere an US-amerikanischen Elite-Universitäten.

Aber mit dieser Begrenzung der humanistischen Bildungsidee auf die Universität und dem ihm vorgelagerten Gymnasium veränderte sich ihre reale gesellschaftliche Bedeutung. Bereits 1903 zog Friedrich Paulsen in einem Handbuchartikel zum Begriff der Bildung eine ironisch-kritische Bilanz dieser Entwicklung: „Gebildete und Ungebildete, das sind die beiden Hälften, in denen gegenwärtig die Gesellschaft geteilt wird. (...) gebildet ist, wer eine ‚höhere' Schule durchgemacht hat, mindestens bis Untersekunda, natürlich ‚mit Erfolg'."[18] „Bildung" wurde so von einem Freiheitsbegriff zu einem Mittel sozialer Distinktion. Paulsen beschreibt anschaulich die Elemente des Habitus, mit denen sich in dieser Zeit die ‚Gebildeten' vom Rest der Gesellschaft abgrenzten, wie Kleidung, Benehmen und Kenntnis bestimmter Fremdsprachen. Die Geschichte des Schulwesens in Deutschland zeigt exemplarisch die Risiken und Fallstricke, in die bildungstheoretische Ansätze spätestens dann geraten können, wenn auf der Ebene konkreter bildungspolitischer Konsequenzen die jeweiligen gesellschaftlichen Kontexte nicht zureichend reflektiert und strategisch in Rechnung gestellt werden.

Zudem weist Humboldts Bildungstheorie auch deutlich die bereits angesprochenen Probleme des neuhumanistischen Denkens auf (vgl. Kapitel 3). Humboldt umgeht gänzlich die Frage, ob zu den ‚Kräften' des Menschen nur die produktiven, auf „lebendiges Wirken" gerichtete gehören, oder nicht auch destruktive, egozentrische, gewaltaffine Potenziale und wie mit diesen in Bildungsprozessen umzugehen ist. Anders gesagt, das Böse oder, in christlicher Sprache, die Sünde kommen im überoptimistischen Menschenbild bei Humboldt nicht vor. Hingegen ist deutlich zu sehen, wie hier andere Motive aus der christlichen Tradition in eine säkulare Sprache übersetzt werden. So weisen die Rede von der „letzten Aufgabe unseres Daseyns" und die Vorstellung von Bildung als Weg zu einer Vervollkommnung des Menschen deutlich eschatologische Züge auf, die Heil und Erlösung versprechen. Noch viel deutlicher wird dieser Aspekt des neuhumanistischen Bildungsverständnisses von Friedrich Wilhelm Süvern formuliert, der unter Humboldt als Staatsrat die Bildungsreform voranzutreiben versuchte. In seinen Königsberger Vorlesungen im Winter 1807/08 sagte er über die Beziehungen zwischen Politik, Pädagogik und Bildung:

„Eine bedächtige und planmäßige Befreiung der Menschheit von den moralischen und politischen Übeln, die sie so sehr drücken, beruht aber hauptsächlich auf einer totalen Reformation zweyer Künste, in welcher die Wiedergeburt der Volcksmassen und der Staaten ganz enthalten ist, der Politik und der Pädagogik, der Staats- und der Erziehungskunst. (…) Sie haben beide denselben erhabenen Gegenstand, den Menschen. Ihn wollen sie bilden, die Erziehungskunst den Einzelnen zu einer sich selbst immer vollkommener entwickelnden lebendigen Darstellung der Idee des Menschen, die Staatskunst Vereine von Menschen zu einer Darstellung der Vernunftidee von einer vollkommen organisierten Gesellschaft (…). Beide demnach sind verwandt, höhere Künste als sie giebt es nicht, aber die Politik ist die höchste. Denn der Ächte Staatskünstler leitet die Menschheit zum letzten Ziel ihres Strebens in der Geschichte, er verbindet, richtet und leitet alle Thätigkeiten Einzelner zu diesem einen Zweck, er ist Erzieher im Großen, Vorsteher der großen Bildungs-Anstalt der Menschheit."[19]

Die Menschheit, genauer eine idealisierte und normativ hoch aufgeladene Vorstellung von ihrer ‚Vollkommenheit', tritt nun gewissermaßen an die Stelle Gottes. Mit ihr soll der Einzelne sich durch Bildung verbinden. Hier wirkt noch die sprach- und theoriegeschichtliche Herkunft des Wortes „Bildung" in der deutschen Sprache nach: Sie weist auf die christliche Mystik bei Meister Eckhart im Hochmittelalter zurück. Nach Meister Eckhart trägt jeder Mensch als Ebenbild Gottes das Bild Gottes in seiner Seele; er muss es aber erst finden, indem er über verschiedene Stufen seine Erkenntnisfähigkeit entwickelt. In diesem Prozess einer mystischen Verschmelzung der Seele mit Gott *bildet* sich der Mensch, indem er sich mit Gott verbindet. Der Weg zur Selbsterkenntnis durch Bildung ist hiernach mit der Erkenntnis Gottes identisch. Diese Vorstellung wird in der neuhumanistischen Bildungstheorie säkularisiert; nunmehr ist es die ‚Menschheit', mit der Bildung eine unio mystica stiften soll.

Aber es sind noch weit mehr Aspekte christlichen Denkens in das neuhumanistische Bildungsverständnis eingeflossen.[20] In Martin Luthers Schrift „An die Ratsherren aller Städte deutschen Landes, dass sie christliche Schulen aufrichten und halten sollen" von 1524 findet sich erstmals die konkrete politische

Forderung nach Bildungsangeboten für *alle* Kinder, unabhängig von Stand und Geschlecht. Das reformatorische Konzept des Priestertums aller Gläubigen führte nahezu zwingend zu der Forderung, dass alle Christen mindestens des Lesens mächtig sein müssen. Aber Luther argumentierte zusätzlich auch mit dem Wohl des Gemeinwesens, mit „der Stadt Gedeihen und Besserung", sowie der Notwendigkeit guter Regierung, um für ein allgemeines Schulwesen zu werben – „Soll man denn zulassen, dass nur Rüpel und Flegel regieren, obwohl man es besser kann?"[21] Ein gutes Jahrhundert später untermauerte Johann Amos Comenius in seiner Didactica Magna diese Forderung mit einer ausgefeilten didaktischen Theorie, die es ermöglichen sollte – so auf dem Titelblatt der Didactica Magna (1627–1657) –, „alle Menschen alles zu lehren". Comenius argumentierte konsequent von der Gottesebenbildlichkeit des Menschen her, der sich der Vollkommenheit seines Urbildes durch den Gebrauch seines Verstandes, durch Wissen, Tugend und Glauben annähern solle. In den Bedürfnissen des Menschen nach Bildung (eruditio), nach Tugend bzw. Sittlichkeit (mores) und Religiosität (religio) liege seine ganze Würde begründet. Alle alles zu lehren, war auch bei Comenius nicht im Sinne einer enzyklopädischen Stofffülle gemeint, sondern als Kennenlernen der wichtigsten Grundlagen, Ursachen und Zwecke der Bereiche menschlichen Wissens, um in der Lage zu sein, in der Welt zu handeln. „Weltbehausung" nannte Comenius das, was bei Humboldt später „Verknüpfung mit der Welt" hieß.

Neu war an den von der Reformation geprägten Bildungsideen die konkrete Ausarbeitung der Vorstellung einer *allgemeinen Bildung für alle Menschen* – auch wenn es noch Jahrhunderte dauern sollte, bis genügend Mittel aufgebracht und Institutionen geschaffen wurden, um diese Vorstellung auch in der gesellschaftlichen Praxis im Westen und noch später in anderen Teilen der Welt zu verankern. Auf der anderen Seite begann die christlich geprägte Bildungsgeschichte nicht erst mit der Reformation. Im Hochmittelalter entstanden die europäischen Universitäten, beginnend 1088 in Bologna. Benannt wurde dieser neue Typus wissenschaftlicher Hochschulen nach der sie prägenden „universitas magistrorum et scolarium", der Gemeinschaft der Lehrenden und Lernenden. In ihnen war religiöses und weltliches Wissen vertreten, wenn auch gelegentlich in Spannung zueinander. Zwar bildete die Theologie die höchste Fakultät, die nach und nach für eine Akademisierung des Klerikerstandes und eine intellektuelle Durchdringung des Glaubens sorgte. Aber von Beginn an fanden sich an den mittelalterlichen Universitäten auch Rechtswissenschaften und Medizin, sowie die auf die Antike zurückgehenden Septem Artes Liberales als Studium generale und Vorläufer der späteren Philosophischen Fakultät. Zu den Septem Artes, den sieben freien Künsten, gehörten Rhetorik, Dialektik und Grammatik (Trivium) sowie Arthmetik, Geometrie, Astronomie und Musik (Quadrivium).[22] Der ideale akademische Bildungsweg führte im christlichen Mittelalter durch die Wissenschaften zur Weisheit – von den Septem Artes zur Theologie. Bildung war im Mittelalter ein inhaltliches Element der christlichen Lehre: Ignoranz und Unwissenheit wurden als Folge des Sündenfalls verstanden und die von Gott gegebene Vernunft als Mittel gesehen, sich aus diesen Folgen zu befreien.[23]

Schon lange vor der Gründung der ersten Universitäten waren die Klöster mit ihren Schulen Zentren des Wissens und der Gelehrsamkeit, ohne die die Sammlung und Vervielfältigung von Büchern in den Zeiten vor dem Buchdruck nicht möglich gewesen wären und die auch das noch bekannte Wissen aus der Antike bewahrten. Klöster unterhielten allerdings nicht nur Schulen, sie verstanden sich auch als eine Schule für die ihnen angehörigen Einzelnen, als Schule für den Weg aus der Welt zu Gott. Auf die Klöster stützte sich um 800 auch die äußerst nachhaltigen Bildungsreformen unter Karl dem Großen, mit denen unter anderem durch eine Restandardisierung des Lateinischen ein einheitlicher Sprachraum in Europa geschaffen wurde.

Schließlich muss an die vor allem von Paulus vorgedachte moralische Revolution erinnert werden, mittels derer das frühe Christentum eine neue, universalistische Sichtweise auf Menschen als freie und moralisch gleiche Individuen hervorbrachte (vgl. Kapitel 2 und 3). Fend spricht in diesem Zusammenhang von einer „Biografisierung und Individualisierung des menschlichen Lebens" durch den christlichen Glauben.[24] Der einzelne Mensch und nicht ein Volk tritt nun in eine Beziehung zu Gott, der Heilsweg ist ein Weg, den jeder Einzelne durch den Glauben gehen kann und der sein Leben verändert. Für dieses neue Leben gibt es kein festes Regelwerk mehr, sondern das Gebot der Nächstenliebe als Richtschnur, dessen Konkretisierung durch praktisches Handeln am Ende wieder auf das Gewissen des Einzelnen verweist. Deshalb konnte Augustinus im 4. Jahrhundert das christliche Freiheitsverständnis in dem Satz „Liebe, und tue, was du willst" zusammenfassen – ein Satz, dessen Komplexität sich freilich erst beim Nachdenken über das Verständnis von Liebe als Liebe zu Gott, zum

Nächsten und zu sich selbst erschließt. Gleichwohl wird mit dem Christentum das Leben des Einzelnen von den Launen der antiken Götter frei und damit als gestaltbar gedacht, wenn auch nicht im Sinn des modernen Individualismus, sondern im Kontext der Gemeinschaft der Christen und im Geiste der Brüderlichkeit mit den Armen und Bedürftigen, den Mühseligen und Beladenen. Aber die letzte Verantwortung für sein Leben hat der Christ als Individuum vor Gott. Eben dies eröffnet freilich die Möglichkeit einer reflektierenden Distanz zu vorgefundenen innerweltlichen Normen und Regeln. In der Beziehung zu Gott tritt im Christentum der Einzelne in eine Beziehung zu dem, was die ganze Welt umfasst und trägt – eine Vorstellung, die in der säkularen Sprache vom Humboldts Bildungstheorie durchscheint, wenn er von der „Allheit und Einheit"[25] der Welt spricht, mit der das Ich sich durch Bildung verknüpft.

Die neuhumanistische Bildungstheorie ist somit, wie die ganze neuzeitliche westliche Pädagogik, ohne ihre christlichen Wurzeln nicht zu verstehen. Aber indem diese Wurzeln mit einer säkularen Sprache verdeckt (und zugleich einige unbequeme, den Enthusiasmus des säkularen Bildungsprojekts störende Seitenwurzeln abgeschnitten) werden, geht auch die Rückbindung an eine reiche und komplexe Tradition christlichen Weltverstehens und theologischen Denkens verloren. Gleichzeitig öffnet sich ein weiter Raum für überzogene Heilserwartung an Bildung, an die sie denkenden Wissenschaften, allen voran die Pädagogik, und an die Institutionen, die Bildung ermöglichen und fördern sollen. Erziehung als Heilmittel gegen allerlei Mängel des Zusammenlebens zu sehen, sie gar als Weg zur Erlösung der Menschheit zu verstehen, ist zu einer déformation professionnelle geworden, die die Pädagogik in den letzten Jahrhunderten in verschiedenen Ausdrucksformen immer wieder heimgesucht hat.[26]

Ergibt sich aus diesem Rückblick auf das neuhumanistische Bildungsverständnis und seine christlichen Wurzeln, dass alles, was sich mit dem Konzept der Bildung verbindet, alleine ein Produkt der christlich-europäischen Kultur ist? Oder lassen sich auch in anderen historisch-kulturellen Kontexten Denkweisen über Erziehung, Lehren und Lernen finden, die sich mit Aspekten des bisher über Bildung Gesagten in Beziehung setzen lassen, vielleicht sogar ähnliche Vorstellungen zum Ausdruck bringen, wenn auch möglicherweise mit anderen Begriffen oder anderen theoretischen Rahmungen? Dieser Frage soll in den folgenden Abschnitten dieses Kapitels nachgegangen werden.

Wege aus der Höhle? Bildung in der griechisch-römischen Antike

Kaum eine westliche Publikation, die sich auf die Geschichte der Bildung bezieht, kommt ohne einen Bezug auf die Antike aus. Die Pädagogen „suchen den Ursprung und Anspruch der abendländischen Idee der Bildung und finden sie vor allem in der griechischen Klassik."[27] Es ist in der Regel ein selektiver Bezug wegen seiner regionalen Begrenzung auf die griechische Antike und das Römische Reich, zudem wegen der starken Konzentration auf das 5. und 4. Jahrhundert v. Chr. und das philosophische Dreigestirn jener Zeit, auf Sokrates, Platon und Aristoteles, sowie aus dem Römischen Reich auf Cicero. Diese bildungsgeschichtliche Traditionsbildung wurzelt in den Bestrebungen der Renaissance- und Neuhumanisten, eine humanistische Bildungstheorie auf antike Vorbilder zu stützen.

Tatsächlich lassen sich im griechischen Konzept der *Paideia* Aspekte finden, die den neuzeitlichen europäischen Diskurs über Bildung immer wieder angeregt haben und die bis in die Gegenwart wirken. Der Begriff Paideia meint sowohl den Vorgang und das System der Erziehung als auch dessen wünschenswertes Ergebnis in Gestalt von Bildung. Als Bildung war Paideia nicht auf einen separaten Bereich des Lebens bezogen, sondern repräsentierte die Ideale für eine gelungene Lebensführung. Paideia war zwar strikt an das Leben in der Polis gebunden, aber nicht auf praktische Nützlichkeit beschränkt. Sie konnte – in unterschiedlichen Ausprägungen zu verschiedenen Zeiten – körperliche, musische und philosophische Aspekte ebenso wie Bereiche aus den Septem Artes und militärische Ausbildung einschließen. Die Ausprägung von Tugenden sowie die Fähigkeit und Bereitschaft zur Übernahme öffentlicher Verantwortung in der Polis galten als zentrale Elemente gelebter Paideia.

So finden sich tatsächlich bereits im Konzept der Paideia bestimmte Elemente, die auch das neuhumanistische Bildungsverständnis prägen: ein Verständnis von Bildung, das über die Vermittlung nützlichen Wissens und praktischer Fähigkeiten hinausgeht und auf das gesamte Leben des Menschen und sein Verhältnis zur Welt zielt; Bildung als Allgemeinbildung in dem Sinn, dass sie sich auf ein breites Spektrum an Wissens- und Könnensgebieten bezieht; schließlich verantwortliches Handeln in der Wirklichkeit durch Tugenden als Dimension von Bildung. Auf der anderen Seite müssen jedoch die engen Grenzen dieses antiken Verständnisses von Bildung gesehen werden. So war Paideia im Wesentlichen ein aristokratisches Bildungsideal, das meist nur einer sehr

kleinen Elite offenstand, auch wenn zeitweise durch die Sophisten eine Locke-
rung dieser Koppelung von Bildung und sozialem Status angestrebt wurde. Zudem war die Polis, der (Stadt-)Staat, vor allem in der griechischen Antike der
zentrale, einheitsstiftende Referenzrahmen für Bildung – das war praktisch die
Welt, mit der der Einzelne sich mittels Paideia verbinden und für die er Verantwortung übernehmen sollte. Paideia war somit in mehrfacher Hinsicht kein universalistisches Konzept. Weiterhin gab es in der griechischen Antike auch noch
ganz andere Erziehungsideale und -praktiken, so etwa die in Sparta vorherr-
schende brutale Gehorsams- und Militärerziehung.

Es sind vor allem zwei pädagogisch-philosophische Ansätze aus dem Kontext der Paideia, die die Bildungstheorie bis in die Gegenwart immer wieder beschäftigt und angeregt haben: die mäeutische Bildungspraxis des Sokrates und
das Höhlengleichnis Platons. Sokrates lebte und wirkte im 5. Jahrhundert v. Chr.
in Athen. Er gilt im europäischen Raum als wichtigster Gründungsvater der
Philosophie, obwohl er selbst keine Schriften hinterlassen hat. Wichtigste Quelle zu seinem Denken sind die von Platon überlieferten Dialoge des Sokrates mit
Gesprächspartnern auf den Straßen von Athen. Sokrates entwickelte und verbreitete seine Philosophie nicht als in sich geschlossenes theoretisches System,
sondern auf dem Weg des gezielten Nachfragens in Gesprächen über grundlegende Probleme des Zusammenlebens und des Weltverstehens, beispielsweise
über Tugenden und ihre Begründung. Sokrates präsentierte sich dabei als
(scheinbar) Unwissender – der im zugeschriebene Satz „Ich weiß, dass ich nicht
weiß" pointiert diese Perspektive –, der aber durch sein beharrliches Nachfragen
den Gesprächspartner zu der Erkenntnis bringt, dass dessen sicher geglaubtes
Wissen auf nur unzureichend durchdachten Meinungen beruht. Erst diese Erkenntnis, die Verwandlung von unreflektiertem Unwissen in bewusstes und re-
flektiertes Nichtwissen[28], macht den Weg frei für die Suche nach ernsthaftem
und tiefer gehendem Verstehen.

In philosophischer Hinsicht vertritt Sokrates eine Position der Skepsis, die
den Sicherheiten menschlichen Wissens misstraut und die produktive Wirkung
des Zweifels betont. In bildungstheoretischer Hinsicht lässt sich von Sokrates
lernen, dass Bildungsprozesse nicht etwa mit dem Erwerb von sicherem Wissen
beginnen, sondern dass im Gegenteil ihr Ausgangspunkt in der Destruktion von
als sicher geglaubten Meinungen (Einstellungen, Vorwissen) besteht. Die Aufgabe des Lehrers besteht, sokratisch gedacht, nicht in der Belehrung seiner Ad-

ressaten, sondern in der Mäeutik, einer ‚Hebammenkunst', mit der die Lernenden zum selbständigen Fragen und Denken gebracht werden, damit sie ein re-
flektiertes Weltverständnis selbst hervorbringen (‚gebären'). Auf Sokrates lässt
sich ein zentrales Element des Konzepts der Bildung zurückführen: Bildung
geht über bloße Erziehung dadurch hinaus, dass sie nicht auf eine reproduzierende Aneignung überlieferten Wissens oder etablierter kultureller Praktiken
beschränkt, sondern den Einzelnen in ein reflexives, von selbständigem Denken
und kritischem Prüfen geprägtes Verhältnis zur Wirklichkeit versetzt.

Platons Höhlengleichnis ist ein fundamentaler Text der europäischen Phi-
losophiegeschichte und zugleich eine Bildungserzählung.[29] In diesem Gleichnis
werden Menschen geschildert, die von Kind an in einer Höhle gefesselt und gezwungen sind, den Blick nach vorne auf eine Wand zu richten. Aus der Höhle
führt ein Weg ins Freie, der von unten nicht gesehen wird. Hinter den Gefesselten brennt, von ihnen nicht erkennbar, ein Feuer, das die Wand beleuchtet; zwischen diesem Feuer und den gefesselten Menschen befindet sich eine kleine
Mauer. An dieser Mauer werden nun alle möglichen Gegenstände, Statuen, Lebewesen von Trägern so entlang bewegt, dass deren Schatten auf der Wand von
den Gefesselten gesehen werden können. Auch können die Gefesselten Gespräche und Geräusche hören, die von den Trägern zu diesen Schattenbildern kommen. Da die Gefesselten nichts anderes kennen als diese Schatten, müssen sie
diese für die ganze Wirklichkeit halten. In ihr richten sie sich ein, beobachten
die Schatten, achten auf Regelmäßigkeiten, entwickeln Vorhersagen über deren
Verhalten, belobigen und ehren jene unter ihnen, die darin am besten sind. Diese Lage symbolisiert im Höhlengleichnis die Situation des Menschen in der
Welt. Das Gleichnis geht aber noch weiter. Gefragt wird nun, was geschehen
würde, sollte einer der Menschen unten in der Höhle von seinen Fesseln befreit
werden. Würde er sich zum Feuer umdrehen, so müssten ihn seine Augen so
schmerzen, dass er diesen neuen Anblick vermeiden wollen würde. Würde er nun
gewaltsam aus der Höhle gebracht werden, so würde er vom Anblick der Sonne
und ihrer Helligkeit erst recht geblendet sein – zunächst jedenfalls, denn nach
und nach könnte er sich an das Licht gewöhnen und die Welt so sehen, wie sie
wirklich ist. Was aber würde geschehen, so fragt das Gleichnis weiter, würde der
befreite Mensch nun zu den Gefesselten in der Höhle zurückkehren und ihnen
ihre Lage eröffnen wollen? Da seine Augen dem hellen Licht angepasst sind,
würde er die Schatten weit schlechter beobachten können als jene, die weiter ge-

fesselt sind, und jene würden ihn deshalb ob seiner verdorbenen Augen ausla-
chen und sein Anliegen zurückweisen. Würde er sie aber gegen ihren Widerstand von den Fesseln lösen wollen, so würden sie ihn wohl töten.

Manche philosophischen und politischen Implikationen dieses Gleichnisses
können hier nur angedeutet, aber nicht vertieft diskutiert werden. So ist das
Gleichnis eng verknüpft mit Platons Ideenlehre, nach der unsere Wirklichkeit
nur der matte Abglanz (Schatten) einer Welt der Ideen (Licht) ist.[30] Auch repräsentiert die Sonne das Gute und die vollendeten Tugenden, die nach Platon
von der politischen Führung gefordert werden müssen, aber nur von wenigen
(von den Fesseln befreiten) Einzelnen erreicht werden können, was der kritischen Haltung Platons zur Demokratie entspricht. Ferner muss bezweifelt werden, ob sich innerhalb der den Menschen zugänglichen Wirklichkeit (zu der im
Gleichnis ja auch der Weg aus der Höhle heraus gehört) die Unterscheidung
zwischen Wahrheit und Irrtum oder bloßer Meinung so trennscharf bestimmen
lässt wie es die Unterscheidung zwischen Schatten und Licht der Sonne nahelegt (vgl. Kapitel 1).

Gleichwohl bringt das Höhlengleichnis für das Verständnis von Bildung
wichtige Aspekte zum Ausdruck. So wird Bildung nicht als Ereignis oder Wis-
sensbestand, sondern als Entwicklung, als Weg aus der Höhle gedacht. Sich auf
diesen Weg zu begeben, erfordert die Bereitschaft, sich von alltäglichen Meinungen, scheinbaren Selbstverständlichkeiten und Halbwahrheiten befreien zu wollen. Dafür bedarf es unter Umständen der – pädagogischen – Hilfe Dritter, die
die Fesseln des Denkens lösen. Aber auch dann ist der Weg voller Hindernisse,
hält Mühen, Irritationen und Risiken bereit – der Weg aus der Höhle ist kein
Spaziergang. Er befreit zwar, zumindest das Denken, aber er bietet keine Glücks-
garantie.

Literalität und Diskursivität: Bildung im Judentum

Zu Recht gelten die Juden als das ‚Volk des Buches‘. Die historische Einmalig-
keit, dass eine zahlenmäßig recht kleine Ethnie ihre kulturelle Identität seit rund
3000 Jahren zu bewahren vermag, obwohl sie sich über lange Zeiträume davon
als Minderheit in Diasporasituationen befand, hängt zwar mit der Koppelung
von Religion und ethnischer Zugehörigkeit im Judentum zusammen, mehr noch
aber mit dem hohen Stellenwert von Texten, Literalität und Bildung innerhalb
dieser Religion. Bereits um 400 v. Chr. wurde die Thora, die fünf Bücher Mose,

als Textkorpus kanonisiert, basierend auf einem jahrhundertelangen Prozess der Überlieferung von mehreren, bereits schriftlich vorliegenden Quellen. Zwar wurden die Inhalte dieser Texte zunächst überwiegend mündlich überliefert. Dabei fällt aber auf, dass spätestens seit dem babylonischen Exil im sechsten Jahrhundert v. Chr. diese Überlieferung nicht als Herrschaftswissen einer Priesterelite betrachtet wurde. Im Exil wurden die überlieferten Texte, Gebote und Traditionen zu einer identitätsstiftenden geistigen Heimat der ganzen jüdischen Bevölkerung.[31] So bedeutsam die Rolle der Gelehrten, der Rabbiner, für das Judentum auch war und ist, die Weitergabe der Tradition und des religiösen Wissens erfolgte doch auch in hohem Maße durch die Familien, vor allem durch die Väter, die dieses Wissen an die Söhne weiterzuvermitteln hatten.

Spätestens mit der Kodifizierung der Mischna um 200 n. Chr., mit der die mündliche Überlieferung der jüdischen Religionsgesetze verschriftlicht wurde, setzte sich im Judentum die Alphabetisierung der gesamten männlichen Bevölkerung durch. Die Mischna bildet die Basis für den Talmud, der mit der Gemara zusätzliche Kommentierungen enthält und in zwei Versionen, dem babylonischen und dem palästinensischen Talmud, vorliegt. Gesamtausgaben des Talmud kommen auf rund 10.000 Druckseiten. Von jedem jüdischen Jungen wurde etwa ab dem 3. Jahrhundert n. Chr. erwartet, dass er zwischen drei und dreizehn Jahren zur Schule ging und dort mindestens Hebräisch – was in der Regel eine Fremdsprache war – sowie Lesen und Schreiben lernte.[32] Dies sollte unabhängig von der sozialen Herkunft geschehen und wurde häufig von den Gemeinden subventioniert.

Nun wird man die Hochschätzung einer textbasierten Überlieferung sowie eine historisch frühe Massenalphabetisierung für sich genommen noch nicht als Ausdruck von *Bildung* im hier zu erörternden Sinne verstehen dürfen. Denn alleine diese beiden Merkmale des Judentums könnten auch als Ausdruck einer Erziehung gesehen werden, der es lediglich um eine möglichst effiziente Weitergabe und Sicherung vorgegebener kultureller Güter, nicht aber um eine über die Fähigkeit zur bloßen Reproduktion des Überlieferten hinausweisenden Bildung des Menschen. Die *Bildungstradition* des Judentums erschließt sich erst bei genauerer Betrachtung dessen, was und wie hier gelernt werden soll. Bis zur Neuzeit hieß Lernen und Studieren im Judentum im Wesentlichen Studieren von Thora und Talmud, angeleitet von Rabbinern, die ihre Autorität als Lehrer lange nicht durch eine formelle Ausbildung oder Ordination, sondern durch Anerkennung in den Gemeinden erlangten und die teils sehr unterschiedliche Überzeugungen und Strömungen im Judentum repräsentierten.

Das Besondere von Mischna und Talmud ist nun, dass diese religiösen Texte in sich bereits eine große Breite unterschiedlicher, ja widersprüchlicher Verständnisse des jeweiligen Gegenstandes repräsentieren. Sie sind diskursiv und fordern ihre Leser damit zur Auseinandersetzung mit unterschiedlichen Sichtweisen und eigener Urteilsbildung auf. Dies wird schon in den allerersten Abschnitten der Mischna sichtbar, die auf die Frage antworten, wann man das Sch'ma, das jüdische Glaubensbekenntnis, am Abend und am Morgen aufsagen soll. Nur scheinbar ist die Antwort in der Frage bereits enthalten (am Abend und am Morgen eben), aber da das eine recht vage Auskunft bliebe, kann man darüber diskutieren, wann *genau* am Abend und Morgen, in welcher Weise (z.B. liegend oder stehend) und ob abends und morgens das ganze Bekenntnis oder jeweils Teile von ihm aufgesagt werden sollen. Eben dies erörtert die Mischna und zwar in der Weise, dass sie jeweils unterschiedliche Ansichten verschiedener Rabbiner aufführt, sie teilweise auch begründet, aber nicht abschließend entscheidet. Diese Diskursivität in der Auslegung der Thora und im Umgang mit Glaubensfragen wird im Talmud nicht nur abgebildet, sie wird letztlich vom Leser auch gefordert.

Geradezu verblüffend ist auch aus heutiger Sicht die Radikalität (und der Humor), mit denen der Talmud diese Diskursivität in der Geschichte vom Ofen des Achnai sogar auf Gott bezieht.[33] Es ging um einen Streit zwischen Rabbinern um die liturgische Reinheit eines Ofens gemäß der Halacha, den jüdischen Rechtsvorschriften. Rabbi Elieser brachte alle möglichen Einwände vor, die aber nicht akzeptiert wurden, woraufhin er zu massiveren Mitteln griff, um sich gegenüber den anderen Rabbinern durchzusetzen:

„Wenn die Halacha so ist, wie ich es gelehrt habe, so mag dieser Johannisbrotbaum entscheiden.' Da wurde der Johannisbrotbaum hundert Ellen weit von seinem Ort fortbewegt – andere sagen, es waren vierhundert Ellen. Sie sagten: ‚Man erbringt keinen Beweis mit einem Johannisbrotbaum.'" Danach versuchte er Ähnliches mit einem Wasserlauf und den Wänden des Lehrhauses, konnte damit aber ebenfalls nicht überzeugen. Schließlich bringt Rabbi Elieser Gott selbst ins Spiel:

„Und er sprach wiederum zu ihnen: ‚Wenn die Halacha so ist, wie ich es gelehrt habe, so mag vom Himmel die Entscheidung kommen.' Da ließ sich eine

Himmelsstimme vernehmen: ,Was streitet ihr mit Rabbi Elieser, es ist doch offenbar, daß die Halacha in allem so ist, wie er es gelehrt hat.' Da erhob sich Rabbi Joschua und sprach: ,Sie ist nicht im Himmel.'

Was heißt: ,Sie ist nicht im Himmel'? Das will nach Rabbi Jeremia sagen: 'Weil die Thora bereits vom Berg Sinai gegeben worden ist, so achten wir nicht mehr auf eine Himmelsstimme, da schon vom Berg Sinai in der Thora geschrieben steht ,Nach der Mehrheit muß man sich richten'.'"

Hier geht der Talmud so weit, die Mehrheitsmeinung in einem Gelehrtenstreit über die Auslegung der Thora höher zu stellen als ein unmittelbares Eingreifen Gottes. Und was sagte Gott gemäß dem Talmud zu diesem Vorfall? Der unsterbliche Prophet Elia konnte Auskunft geben:

„Rabbi Nathan begegnete Elia und fragte ihn: 'Was tat der Heilige, gelobt sei Er, zu eben jener Stunde? Er antwortete: ,Er lachte und sprach: Meine Kinder haben mich besiegt. Besiegt haben mich meine Kinder.'"

Religionsgeschichtlich ist diese Episode als Umschlag von Prophetie in Exegese im Judentum gedeutet worden.[34] Nicht die mystische Verbindung Einzelner mit Gott, sondern die vernünftige, Widerspruch und Streit einschließende Interpretation wird zum primären Mittel der Wahrheitsfindung. Diese ist aber innerweltlich niemals abgeschlossen, weshalb sich Gelehrsamkeit in der klugen Teilnahme an einer endlosen Kette von Position und Widerspruch, Interpretation und Neu-Interpretation zeigt: „In der jüdischen Tradition ist jeder Leser ein Korrektor, jeder Schüler ein Kritiker, und jeder Autor – auch der Schöpfer des Universums – stellt eine Menge Fragen."[35] Bildung im Sinne der Talmud-Thora-Schulen heißt deshalb „Deuten lernen".[36] Diese Deutungen beziehen sich in der jüdischen religiösen Bildung in hohem Maße auf das Verständnis und die – kontroverse – Auslegung der religionsgesetzlichen Vorschriften. Im Judentum hat die Orthopraxie, die Glaubenspraxis durch Erfüllung von religiös begründeten Verhaltensvorschriften in der Lebenspraxis, eine wesentlich größere Bedeutung als im Christentum, dessen ebenfalls diskussionsfreudige und streitlustige Theologie sich schon sehr früh mit abstrakteren Fragen wie denen nach der christlichen Freiheit und der Rechtfertigung vor Gott auseinandersetzte.

Bildung im Judentum bringt zwar hohe soziale Anerkennung, ist aber kein Mittel der sozialen Distinktion oder der Teilhabe an politischer Macht. Die Traditionen der jüdischen Gelehrsamkeit haben sich weitgehend in den relativ machtfernen Zonen der Diaspora entwickelt. Noch im Europa der frühen Neuzeit war ein Leben als Gelehrter und Lehrender in einem Lehrhaus, einer „Klaus", eine der wenigen beruflichen Möglichkeiten, die neben dem Handel- und Geldsektor Juden überhaupt offenstanden. Zu Reichtümern dürfte dies in der Regel nicht geführt haben, zumal ein solches Lehrhaus auf die Finanzierung durch die Gemeinden oder aus Testamenten und Stiftungen angewiesen war.[37] Gleichwohl war das Leitbild, an dem Klaus-Rabbiner sich messen lassen mussten, anspruchsvoll, wie Monika Preuß in einer Analyse von entsprechenden Bewerbungsverfahren aus dem 18. Jahrhundert gezeigt hat: „Erwerb von Wissen allein reichte nicht aus, einen Gelehrten zu bilden. Vielmehr reifte ein jüdischer Gelehrter auf der Grundlage der Gottesfurcht zu einer Person heran, die ihr Wissen nie in kränkender Absicht gegen Menschen richtete, sich weder aus Standesdünkel noch aus anderen Gründen über andere erhob und in der Lage war, ihre intellektuellen Fähigkeiten so zu zügeln, dass ihr Einsatz als fruchtbringend und angemessen gewertet werden konnte."[38]

Auch war Bildung ein Überlebensmittel in Zeiten der Verfolgung. Amos Oz schildert dies mit Blick auf das 20. Jahrhundert in seinen Lebenserinnerungen sehr anschaulich: „Immer war es so bei jüdischen Familien: Man glaubte, das, was man gelernt hat, sei der Halt für die Zukunft, das einzige, was keiner jemals deinen Kindern wegnehmen kann. Auch wenn es, Gott behüte, noch einen Krieg, noch eine Revolution, noch eine Emigration, noch weitere antijüdische Verordnungen gibt – das Diplom läßt sich immer schnell zusammenfalten und ins Kleiderfutter einnähen, und man kann dorthin fliehen, wo immer man die Juden nur leben läßt."[39]

Dies wirft die Frage auf, welche Verbindung zwischen dem religiös grundierten jüdischen Bildungsideal und dem ‚Diplom', sprich dem Erfolg im weltlichen Bildungs- und Wissenschaftssystem besteht. In religiöser Hinsicht war das Studieren eine heilige Handlung, ein Weg (neben dem Gebet und dem Einhalten der Gebote), um Gott näher zu kommen. Bildung ist im Judentum in diesem Sinne Selbstzweck. Aber vieles spricht dafür, dass die hohe Bildungsaffinität des Judentums von der im engeren Sinne religiösen Bildung auf den säkularen Bereich ausgestrahlt hat. So wird man davon ausgehen dürfen, dass die Bildungspraxen in reflexiven und diskursiven Auseinandersetzung mit Thora und Talmud bei den Lernenden (ganz im Humboldtschen Sinne) Kräfte freisetzen, die auch in anderen Bereichen des Lernens und Lebens Wirkung zeigen. Die Debattenthemen im Talmud mögen manchmal haarspalterisch wirken, aber:

„Das praktische Talent der Wißbegier erwirbt man, indem man jeden Stein umdreht."[40]

Neugierde, Klarheit und Genauigkeit in der Argumentation, Schlagfertigkeit, Textverständnis, Empathie – dies dürften einige Aspekte formaler Bildung sein, die durch die Anlage religiöser Bildung im Judentum gefördert werden, aber auch in säkularen Lebenswelten nützlich sind. Hinzu kommt, dass jüdische Gemeinschaften in der Diaspora seit jeher vor der Aufgabe standen, die eigenen Bildungstraditionen mit der Teilhabe an sehr unterschiedlichen kulturellen Umwelten zu verbinden. Wie erfolgreich dies gelingen kann, zeigen beispielhaft die herausragende und gemessen an den Bevölkerungsanteilen weit überproportionale Bedeutung jüdischer Gelehrter in der neuzeitlichen europäischen Wissenschaft und Philosophie bis zum Nationalsozialismus, aber auch die rasante wissenschaftliche, ökonomische und technologische Entwicklung, die der Staat Israel seit seiner Gründung trotz der Integration von jüdischen Einwandererwellen aus äußerst heterogenen kulturellen Umwelten im Vergleich zur arabischen Umwelt genommen hat.

„Strebe nach Wissen": Bildung im Islam

Als dritte der großen monotheistischen Religion greift der im 7. Jahrhundert n. Chr. im arabischen Raum entstandene Islam viele Aspekte des Christentums und des Judentums auf, gibt ihnen aber mit einer eigenen Offenbarungsschrift, dem Koran, eine andere religiöse Rahmung. Wie das Judentum ist der Islam vorrangig eine Gesetzesreligion, also eine Orthopraxie, bei der die Einhaltung religiös begründeter Verhaltensvorschriften eine zentrale Rolle spielt. Es wird deshalb auch angenommen, dass Muhammad, der Begründer des Islam, zunächst darauf hoffte, von den jüdischen Clans in Mekka und Medina als Prophet anerkannt und legitimiert zu werden, und es erst dann, als sich diese Hoffnung nicht erfüllte, zu einer Entfremdung und zu offenen Konflikten mit jüdischen Clans in Medina kam.[41] Mit dem Christentum wiederum verbindet den Islam die universalistische Orientierung, sich nicht als Religion für eine bestimmte Ethnie, sondern für alle Menschen zu verstehen.

Für die Frage nach Traditionen der Bildung im Islam ist vor allem die sogenannte „klassische Periode", die Zeit einer großen kulturellen Blüte im islamischen Machtbereich, von Bedeutung. Diese islamische Klassik wird meist auf den Zeitraum zwischen dem 8. und 14. Jahrhundert datiert, mit leichten Abweichungen in der Literatur, da präzise Anfangs- und Enddaten sich nicht bestimmen lassen. Dieser Zeitraum deckt sich weitgehend mit der (nicht durchgängigen) Vorherrschaft der Abbasiden in einem islamisch geprägten Machtbereich, der sich in seiner größten Ausdehnung von Südspanien bis nach Afghanistan erstreckte.

In dieser Zeit entstanden städtische Kulturen und eine urban geprägte Schicht sowie ein höfisches Milieu, das Kunst und Wissenschaft förderte. Insbesondere in der Medizin, der Astronomie und der Mathematik kam es in der klassischen Periode des Islam zu großen Aufschwüngen. Bereits die innere kulturelle Vielfalt des abbasidischen Machtbereichs erzwang Offenheit für interkulturellen Austausch, aber es gab auch kulturelle und wissenschaftliche Kontakte über dessen Grenzen hinaus. Schriften der antiken griechischen Philosophen und Wissenschaftler wurden durch Übersetzungen rezipiert, an denen vor allem syrische Christen beteiligt waren, und in Europa wurden auf dem Weg über das islamische Andalusien Schriften muslimischer Autoren auch bei christlichen Gelehrten bekannt. So setzte sich beispielsweise Thomas von Aquin im 13. Jahrhundert in seinen erziehungstheoretischen Arbeiten unter anderem mit Ibn Rushd und Ibn Sina auseinander.[42]

In religiöser Hinsicht bestand insofern eine günstige Ausgangslage für die Entwicklung der Wissenschaft in dieser Zeit, als im Koran und in den Hadithen, den Überlieferungen zu Worten und Handlungen des Propheten Muhammad, an mehreren Stellen der Erwerb von Wissen als wichtig und wertvoll eingeschätzt wird. Als einschlägige Zitate finden sich beispielsweise: „Strebe nach Wissen, selbst wenn es in China wäre"; „Die Suche nach Wissen ist für Männer und Frauen gleichermaßen Pflicht"; „Wer sich bemüht Wissen zu erlangen, dem wird Gott den Weg zum Paradies leicht machen" (Hadithe).[43] Bereits früh gab es an Moscheen Koranschulen, deren Niveau man sich jedoch in den meisten Fällen als sehr niedrig vorstellen muss. So sollte zwar das Lesen des Arabischen als der Sprache des Koran erlernt werden, aber meist nur soweit als es nötig war, um memorierte Gebete und andere Koran-Zitate richtig auszusprechen.[44] Im 10. Jahrhundert entstanden dann höhere Schulen, Madrasen, die sich hauptsächlich der religiösen und der mit ihr eng verbundenen juristischen Bildung widmeten. Die erste Erwähnung bezieht sich im Jahr 937 auf eine Madrasa in Buchara; bedeutende Neugründungen von Madrasen waren u.a. 1067 in Bagdad die Nizzamiyya und 1234, ebenfalls in Bagdad, die Mustansiriyya, an der alle vier

Andere pädagogische Positionen in der klassischen Periode betonten stärker die Seite von Vernunft und innerweltlicher Erfahrung für Bildungsprozesse. Ein äußerst eindrucksvolles und über seine Zeit und den islamischen Raum hinaus rezipiertes Beispiel hierfür ist der im 12. Jahrhundert von dem Mediziner und Philosophen Ibn Tufail geschriebene allegorische Roman „Hayy Ibn Yaqdhan".[51] Bereits der Name des Titelhelden hat eine allegorische Bedeutung und lässt sich mit „Geschichte des Lebenden, Sohn der Erwachten" übersetzen. Dieser Titelheld wächst alleine und über lange Zeit ohne Kontakt zu anderen Menschen auf einer einsamen Insel auf. Er wird von einer Gazelle aufgezogen und lebt zunächst sein Leben in Zyklen von sieben Jahren, die jeweils charakteristische Etappen seines Lernens und seiner Persönlichkeitsentwicklung darstellen. Mit dieser Grobstruktur wird die Lebensgeschichte des Titelhelden als Bildungsroman erzählt, genauer gesagt als die Geschichte einer *Selbstbildung* durch Erfahrung, deren Reflexion und eigenständiges Weiterdenken, denn einen Erzieher gibt es in dem Roman nicht. Der Titelheld durchlebt ein Erwachen seiner Vernunft, die ihn nach und nach von genauen Beobachtungen seiner Umwelt zur Bildung von Theorien, zur philosophischen Betrachtung und schließlich, im Alter von etwa 50 Jahren, zur Erkenntnis Gottes und zu einem religiösen Erwachen führt, das auch meditative und mystische Elemente enthält. Dies alles geschieht ohne äußere Anleitung. Danach erst stößt ein Mensch zu ihm, der von einer bewohnten Nachbarinsel kommt und ihm die menschliche Sprache vermittelt. Auf dieser Nachbarinsel haben die Menschen eine Religion, die ihnen von einem Propheten offenbart wurde. Inhaltlich stimmt dieser Glaube zwar in den wesentlichen Punkten mit dem überein, was der Titelheld bereits selbst herausgefunden hatte. Aber ihre Glaubenspraxis ist, wie der Titelheld bei einem gemeinsamen Aufenthalt mit seinem Besucher auf dieser Nachbarinsel feststellt, stark ritualisiert, formalisiert und buchstabengetreu an überlieferte Lehren gebunden. Deshalb ziehen sich beide Protagonisten, nunmehr gemeinsam, wieder auf die einsame Insel zurück, wo sie den Rest ihres Lebens zurückgezogen in der Verehrung Gottes verbringen.

Der Weg der Bildung ist bei Ibn Tufail ganz einer des Gebrauchs der Vernunft – die aber keineswegs in einem Gegensatz, sondern in Harmonie zum Gottesglauben steht, was jedoch die Kritik an bestimmten Formen religiöser Praxis nicht ausschließt. Tufails Roman wurde sehr breit rezipiert, so auch bereits von jüdischen und christlichen Gelehrten des Mittelalters, und weist eine lange Übersetzungsgeschichte vor, darunter schon im 14. Jahrhundert eine Übersetzung ins Hebräische.

Was sich in den hier gewählten Beispielen andeutet, wird auch durch breitere Übersichten zum pädagogischen Denken in der klassischen Periode des Islam, als sie hier möglich sind, bestätigt: Es zeigen sich viele Ähnlichkeiten und Berührungspunkte mit europäischen Erziehungstheorien und Bildungsvorstellungen des Mittelalters und der frühen Neuzeit.[52] Aber solche Verbindungslinien sind nach dem 15. Jahrhundert praktisch abgebrochen, wie überhaupt in der Folgezeit der islamische Machtbereich, insbesondere im arabischen Raum, sich von den kulturellen und wissenschaftlichen Entwicklungen im neuzeitlichen Europa bis zur Konfrontation mit der Kolonialisierung im 19. und 20. Jahrhundert weitgehend abkoppelte. Dies war eine Folge schwerer Krisen: Im Osten richteten mongolische Invasionen im 13. und 14. Jahrhundert (‚Mongolensturm‘) schwere Verwüstungen an, unter anderem auch in Bagdad, der abbasidischen Hauptstadt; im Westen ging 1492 mit dem Abschluss der katholischen Reconquista Andalusien verloren; im Inneren wütete im 14. Jahrhundert (wie auch in Europa) die Pest. Die religiöse Reaktion war, verbunden mit der These von der ‚Schließung der Tore des ijtihad‘ (vgl. Kapitel 3), die bis heute wirkende Durchsetzung der konservativen Orthodoxie. Sie ließ für die Rezeption westlichen philosophischen und religiösen Denkens praktisch keinen Raum mehr und zog einen kulturellen Stillstand nach sich, den Dan Diner mit dem Topos „versiegelte Zeit" charakterisiert hat.[53]

Nur *ein* Beispiel mag diesen Mentalitätswechsel im Vergleich zur klassischen Periode und seine langfristigen Folgen illustrieren: Als 751 den Abbasiden in einem Gefecht chinesische Fachleute für Papierherstellung in die Hände fielen, dauerte es vier Jahrzehnte, bis in Bagdad die erste Papierfabrik ihre Arbeit aufnahm.[54] Von der Erfindung des Buchdrucks Mitte des 15. Jahrhunderts in Europa bis zur Einführung der Druckerpresse im Bereich des Islam sollte es hingegen etwa 300 Jahre dauern, weil die konservative Ulema dem Buchdruck aus religiösen Gründen skeptisch gegenüberstand und um ihr Monopol der Schriftgelehrsamkeit fürchtete.[55] Die Folgen sind bis in die jüngste Zeit an der – im weltweiten Vergleich – im arabischen Raum extrem niedrigen Zahl von gedruckten Büchern und von Übersetzungen fremdsprachiger Texte ins Arabische zu spüren.[56]

„Der Edle ist kein Gerät": Konfuzius als Bildungstheoretiker

Die Lehre des chinesischen Philosophen Konfuzius (551–479 v. Chr.) hat die Gesellschaften, das politische Denken und das Erziehungswesen in China und darüber hinaus in ganz Ostasien mit Wirkungen bis in die Gegenwart geprägt. Karl Jaspers zählte ihn wegen der Tiefe seiner Wirkungen zu den vier „maßgebenden Menschen" der menschlichen Kulturgeschichte, neben Buddha, Sokrates und Jesus.[57] Sein wichtigstes, bis heute viel gelesenes und zitiertes Werk sind die „Gespräche".[58] Es handelt sich um eine Sammlung von kurzen Gesprächen und Aussprüchen, die von Schülern des Konfuzius zusammengestellt wurde, aber gleichwohl als das authentischste Werk zu seiner Lehre gilt. Die Texte in den Gesprächen sind in 20 Büchern geordnet, die jedoch keiner klaren Systematik folgen. Der Konfuzianismus wurde nach Konfuzius von vielen Anhängern – darunter Mengzi und Xunzi – weiterentwickelt und teilweise unterschiedlich interpretiert. Darauf soll hier aber nicht weiter eingegangen werden.

Als politischer Philosoph vertrat Konfuzius, der in einer politisch unruhigen Zeit lebte, ein konservatives Ordnungsmodell, das sich ganz um das Konzept der *Harmonie* drehte. Dieses bezog sich im Grundsatz auf alle Bereiche des Zusammenlebens, eine Unterscheidung zwischen Staat, Gesellschaft und Privatsphäre nahm Konfuzius in dieser Hinsicht nicht vor. Konfuzius unterscheidet fünf Beziehungskreise, die jeweils durch das Prinzip der Pietät (im Sinn von Ehrerbietung und Gehorsam) gegenüber den Älteren oder Höherstehenden geprägt sein sollen: Regierende und Regierte, Vater und Sohn, Mann und Frau, älterer Bruder und jüngerer Bruder sowie Freund und Freund.[59] Die öffentliche Ordnung, also das Verhältnis des Staates mit seiner Verwaltung zu den einzelnen Bürgern und der Umgang Angehöriger verschiedener Stände miteinander, soll von den gleichen Grundprinzipien geprägt sein wie der soziale Umgang im persönlichen Bereich. Aber zu dieser klar hierarchischen Struktur in den menschlichen Verhältnissen gehört bei Konfuzius nicht nur Pietät, sondern auch wechselseitige Verantwortung. Das Verhalten aller Menschen in diesen Beziehungen soll idealerweise von fünf Tugenden geprägt sein. Die Bezeichnungen und Erläuterungen unterscheiden sich je nach Übersetzung und Transkription aus dem Chinesischen, hier sollen sie wegen der recht ausführlichen Erläuterungen, die auch auf unterschiedliche Übersetzungsmöglichkeiten verweisen, nach Schoenfeldt zitiert werden.

Die wichtigste dieser Tugenden ist nach Konfuzius

„1. Jen: vollendete Menschlichkeit, Wohltätigkeit, Barmherzigkeit, Nächstenliebe, Altruismus, Güte

Die weiteren vier Tugenden lassen sich etwa so beschreiben:

2. I: Rechtlichkeit, Gerechtigkeit in allen menschlichen Beziehungen, gerech-
te Verteilung, Wahrhaftigkeit und rechtes Handeln im Sinne von zur rechten Zeit handeln

3. Li: Ritus, Etikette, Achtung, Abstand, rechtes Verhalten, das Äußere wirkt
auf das Innere

4. Dsche: Intelligenz Scharfsinn, Weisheit

5. Hsin: Zuverlässigkeit, Treue zum gegebenen Wort."[60]

Die hierarchische Ordnung wird also bei Konfuzius nicht als Willkürherrschaft,
sondern als von moralischen Verpflichtungen durchzogen gedacht.

Hier deutet sich bereits an, dass Konfuzius zwar Hierarchien und damit Ungleichheit in den sozialen und politischen Verhältnissen für notwendig hält, zugleich aber von einer natürlichen Gleichheit (oder zumindest Ähnlichkeit) der
Menschen ausgeht, sieht man einmal von Alters-, Generations- und (für die da-
malige chinesische Gesellschaft selbstverständlich) Geschlechtsunterschieden
ab. Beides gehört für Konfuzius zusammen, weil er Statusunterschiede letztlich
auf *Bildungsunterschiede* zurückführt:

„Meister Kung sprach: ‚Bei der Geburt schon Wissen zu haben, das ist die
höchste Stufe. Durch Lernen Wissen zu erwerben, das ist die nächste Stufe.
Schwierigkeiten zu haben und doch zu lernen, das ist die übernächste Stufe.
Schwierigkeiten zu haben und nicht zu lernen: das ist die unterste Stufe des gemeinen Volks.'"[61]

Dies führt nun zu der zentralen Rolle, die Bildung in der Philosophie von
Konfuzius spielt. Konfuzius nahm der Überlieferung nach im jungen Erwachse-
nenalter an einer von ihm gegründeten privaten Schule eine Lehrtätigkeit auf
und gilt damit in der chinesischen Geschichtsschreibung „als der erste freischaf-
fende Lehrer des Landes".[62] Er soll im Laufe seines Lebens etwa 3000 Schüler
unterrichtet haben, die aus unterschiedlichen sozialen Verhältnissen kamen,
denn: „Beim Lehren gibt es keine Standesunterschiede."[63] Bildung sollte allen
Menschen offen stehen, nicht nur Angehörigen der Aristokratie, für die allein es
bis dahin schulische Einrichtungen gab. Zwar bringen im Verständnis von Konfuzius nicht alle Menschen von Geburt an gleiche Begabungen mit und, noch

wichtiger, schon gar nicht die gleiche Bereitschaft zu ausdauerndem Lernen. Gleichwohl aber ist Bildsamkeit für Konfuzius kein auf die Angehörigen der oberen Stände begrenztes Potenzial: Jeder hat die Möglichkeit, sich selbst durch Bildung und eigene Anstrengung zu entwickeln, und soll dazu auch die Gelegenheit bekommen. Gefordert sind dafür allerdings Lernbereitschaft und Engagement: „Wer nicht strebend sich bemüht, dem helfe ich nicht voran, wer nicht nach dem Ausdruck ringt, dem eröffne ich ihn nicht. Wenn ich eine Ecke zeige, und er kann es nicht auf die anderen drei übertragen, so wiederhole ich nicht."[64]

Als Leitbild für Bildung gilt bei Konfuzius der *Junzi*, der Edle; dessen negatives Gegenbild sind die Xiaronen, die Gemeinen. Zum Junzi wird man durch Lernen und innere Kultivierung. Der Junzi hat durchaus Züge eines aristokratischen Ideals; aber dies ist nicht identisch dem Streben nach äußerer Macht und Reichtum: „Der Edle liebt den inneren Wert, der Gemeine liebt das Irdische; der Edle liebt das Gesetz, der Gemeine sucht die Gunst", und: „Der Edle ist bewandert in der Pflicht, der Gemeine ist bewandert im Gewinn."[65] Andererseits ist die innere Vervollkommnung nicht zu verwechseln mit Innerlichkeit. Der Junzi ist eine moralisch hoch entwickelte, in sich ruhende, künstlerisch interessierte, sowohl prinzipienfeste als auch harmonieorientierte Persönlichkeit. Gerade dadurch ist er in der Lage, im öffentlichen Leben Verantwortung zu übernehmen – und weil er dazu in der Lage ist, ist er nach Konfuzius dazu auch verpflichtet. Wirkung nach außen ist ein fester Bestandteil dieses Bildungsideals: „Ein Gebildeter, der es liebt, (zu Hause) zu bleiben, ist nicht wert, für einen Gebildeten zu gelten."[66]

Der Edle hat also die Aufgabe, seine Fähigkeiten für das Gemeinwohl einzusetzen. Dies ist jedoch nicht mit einem utilitaristischen Verständnis von Unterricht und Bildung verbunden. Der Bildungsprozess, durch den sich der Mensch zu einem Junzi entwickelt, dient nicht unmittelbar äußeren Zwecken. Er bezieht sich nicht auf handwerkliches oder sonstiges berufliches Können und hält sich von Spezialisierungen fern. Konfuzius verstand Bildung als zweckfrei: „Der Edle ist kein Gerät."[67] Für diese zweckfreie, allgemeine Bildung entwickelten er und seine Schüler eine Art Literaturkanon als Bildungsinhalt, der rein weltliche Bücher enthielt, die sich hauptsächlich auf moralisch-philosophische, ästhetische, politische und historische Fragen bezogen, darunter die „Gespräche".[68]

Bildung und Politik stehen bei Konfuzius jedoch insofern in einer engen Beziehung, als er sich von einer möglichst großen Verbreitung des Typus des Junzi die bestmögliche Ordnung der gesellschaftlichen Verhältnisse versprach. Gute Regierung erfordert hiernach, dass Herrscher Junzi sein sollen; umgekehrt ist von einem Junzi zu erwarten, dass er sich dem Dienst am Gemeinwesen, in der damaligen Praxis also im Wesentlichen dem Staatsdienst, zur Verfügung stellt, ggf. auch zu Lasten von möglicherweise anderen persönlichen Ambitionen. Für Konfuzius war die universelle Verbreitung des Junzi durch Bildung der Königsweg zur Harmonie im Zusammenleben der Menschen.

Angesichts der pragmatisch-weltlichen Ausrichtung seiner Philosophie und seines Bildungsdenkens wird man Konfuzius kaum im westlichen Sinne als Religionsgründer verstehen können. Auf der anderen Seite griff Konfuzius religiöse Vorstellungen auf, integrierte sie in seine Lehre und entwickelte sie weiter, so die traditionelle Ahnenverehrung, die Grundlegung des Ideals der Harmonie in der Vorstellung einer kosmischen harmonischen Ordnung sowie die mehrfache Referenz auf den „Himmel" als Synonym für einen überirdischen Bereich. Der letzte Abschnitt in den „Gesprächen" macht unter der Überschrift „Die Summe der Lehre" diesen Zusammenhang zwischen dem Weltlichen und dem Göttlichen noch einmal deutlich: „Wer nicht den Willen Gottes kennt, der kann kein Edler sein. Wer die Formen der Sitte nicht kennt, der kann nicht gefestigt sein. Wer die Rede nicht kennt, der kann nicht die Menschen kennen."[69] Auch die kultische Verehrung des Konfuzius im vormodernen China mit eigenen Tempeln und Ritualen wies zumindest religiöse Züge auf.

Bereits in der Han-Dynastie (ab 206 v. Chr.) setzte sich im kaiserlichen China ein mehrstufiges System der Prüfungen für Bewerber auf Beamtenstellen durch, das – mit zahlreichen zwischenzeitlichen Veränderungen – bis 1905 Bestand hatte und sich in zweifacher Hinsicht auf die Lehre von Konfuzius bezog: zum einen, weil es sich inhaltlich sehr stark auf den konfuzianischen Literaturkanon stützte, zum anderen, weil es für alle männlichen Interessenten offen war und damit im interkulturellen Vergleich sehr früh das Leistungsprinzip als ein Element der Elitenauswahl einführte.[70] Es war möglich, nicht bestandene Prüfungen beliebig oft zu wiederholen, was häufig geschah – obwohl mit den Examina keine Garantie auf eine Beamtenstelle verbunden war –, weil das Bestehen aller Examen zu den wichtigsten Lebenszielen von Männern insbesondere aus höheren Ständen gehörte und mit großem Ansehen verbunden war. Auf der anderen Seite waren diese stark formalisierten, besonders auf der ersten Stufe in hohem Maße auf bloße, penibel genaue Reproduktion eines Wissenskanons angelegten Prüfungen auch ein Symbol für eine Tendenz zur konservativen Erstarrung im Konfuzianismus. Gleichwohl spricht vieles dafür, dass Fernwirkungen dieser Tradition sich bis heute in Ostasien in der auf Fleiß und Leistungsbereitschaft angelegten schulischen Lernkultur, dem hohen Ansehen von Schul- und Studienerfolg sowie der entsprechenden, auch finanziellen Investitionsbereitschaft der Familien für diesen Erfolg ihrer Kinder zeigen.

Indische Traditionen des Bildungsdenkens: Hinduismus und Buddhismus

Die in Indien bis heute dominierende religiöse Tradition, der Hinduismus, hat historisch weit zurückreichende Wurzeln: Die in Sanskrit geschriebenen Veden, die wichtigsten heiligen Schriften im Hinduismus, reichen in ihren ältesten Schichten zurück bis in den Zeitraum 1500 bis 900 v. Chr., als mündliche Überlieferung vermutlich noch weit länger. Überwiegend handelt um hymnische und rituelle Texte, bei den Upanishaden, den jüngsten, etwa zwischen 800 und 600 v. Chr. entstandenen Teilen der Veden, hingegen um philosophische Schriften.

Im Grunde ist die Bezeichnung „Hinduismus" insofern irreführend, als es sich hierbei nicht um eine Religion, sondern um eine verzweigte Regionsfamilie handelt. Es gibt weder gemeinsame festgelegte Doktrinen noch ein gemeinsames Glaubensbekenntnis noch eine zentrale religiöse Autorität. Anders als es auf den ersten Blick angesichts der Vielzahl hinduistischer Götter erscheinen mag, ist der Hinduismus auch nicht zwingend polytheistisch; es ist auch möglich, an einen höchsten Gott zu glauben (z.B. Krishna) oder alle Götter als Erscheinungsweisen des einen Göttlichen zu verstehen. Von zentraler Bedeutung ist das Konzept des *Brahman*, des – meist unpersönlich verstanden – geistigen Grundes allen Seins, der ewig, allmächtig, allgegenwärtig, rational aber nicht erfassbar ist. Weitere für den Hinduismus charakteristische Vorstellungen sind der endlose Kreislauf von Werden und Vergehen, die Wiedergeburt in Abhängigkeit vom Karma, das im Sinne einer Ursache-Folge-Beziehung von den Handlungen eines Menschen im Lauf seines Lebens abhängt und aus dem sich ergibt, in welcher Weise eine Reinkarnation erfolgt, sowie das Streben nach Erleuchtung und der Erlösung aus dem Kreislauf der Wiedergeburten.

Angesichts der Vielfalt des Hinduismus wird oft und durchaus zu Recht auf Offenheit und Toleranz als besonderes Kennzeichen dieser Religionsfamilie hingewiesen. Auf der anderen Seite gibt es auch politisch problematische Deutungen wie den modernen Hindu-Nationalismus, einer Verknüpfung von indischem Nationalismus mit einem religiösen Vereinheitlichungsdruck, sowie die lange Tradition der mittels der Karma-Lehre betriebenen religiösen Legitimation des Kastensystems in der indischen Gesellschaft.

Der Buddhismus hat sich im 4. und 5. Jahrhundert v. Chr. als unorthodoxe Glaubensrichtung aus dem Hinduismus heraus entwickelt und sich in der Folgezeit über Indien hinaus in Asien verbreitet. Anders als der Hinduismus geht der Buddhismus auf einen Religionsstifter zurück, auf den später als Buddha bezeichneten Siddharta Gaudama, dessen Lebenszeit oft auf etwa 450 bis 370 v. Chr. datiert wird, in buddhistischen Quellen auch auf etwa ein Jahrhundert früher. In vielen Glaubensvorstellungen stimmt der Buddhismus mit dem Hinduismus überein; Unterschiede gab es zunächst im Verzicht auf einen Glauben an Götter im frühen Buddhismus, in dessen Ablehnung des Kastensystems und in einer differenten Vorstellung von der Erlösung aus dem Kreislauf der Wiedergeburten, die im Hinduismus als Vereinigung mit Brahman, bei Buddha hingegen als Verlöschen im Nirwana gedacht wird. Allerdings hat sich der Buddhismus in der Folgezeit ebenfalls in unterschiedliche Richtungen ausdifferenziert, in denen es unter anderem zu einer Vergöttlichung Buddhas, zur Verehrung weiterer Erlösergestalter im Mahayana-Buddhismus und im Amida-Buddhismus zu einer dem Christentum, insbesondere in seiner protestantischen Form, recht ähnlichen Glaubensvorstellung kommt, nach der die Erlösung des Menschen nicht in erster Linie durch seine guten Werke, sondern durch göttliche Gnade erfolgt.

Die Vorstellungen von Bildung in diesen beiden Religionen basieren auf der kosmologischen Einbindung des Menschen in den Kreislauf des Werdens und Vergehens.[71] Die Wirklichkeit, in der wir leben, erscheint als eine Art Gefängnis, aus dem wir uns befreien müssen, weil sie, was besonders im Buddhismus im Zentrum steht, stets von Leiden geprägt ist. Diese Wirklichkeit hindert uns an der Erkenntnis der absoluten (göttlichen) Realität. Das hinduistische Bildungsdenken wurzelt folgerichtig tief in erkenntnistheoretischen Reflexionen zum Stellenwert von Wissen und zu Wegen des Erkennens, die zugleich Instrumente bei der Suche nach der absoluten Realität sind, ohne diese aber gewissermaßen unterrichtstechnologisch verfügbar machen zu können. So werden in der hinduistischen Philosophie in diesem Sinne sechs Methoden des Wissenserwerbs unterschieden: sinnliche Wahrnehmung, logisches Schlussfolgern (induktiv und deduktiv), Autorität (hauptsächlich schriftlicher Quellen), Analogieschlüsse, Hypothesenbildung und Negation.[72]

Nicht zuletzt sind wir durch unser biologisches und soziales Ich, durch seine Wünsche, Begierden, Profilierungen, Anerkennungswünsche, durch sein „Anhaften" an Vergänglichem also, an die erfahrbare Wirklichkeit gekettet. Aus dieser Sicht muss Individuation im Sinne einer Selbstfindung durch immer mehr „Selbstverwirklichung" als Irrweg, ja als Fesselung erscheinen. Denn zur Erkenntnis der absoluten Realität gehört gerade die Einsicht, dass man – im Wortsinn – über sein Ich hinauswachsen und es letztlich als Fiktion betrachten lernen muss, wenn auch als eine in diesem Leben notwendige. Der Weg der Bildung ermöglicht es, den inneren Kern des Menschen, sein wahres Selbst zu entdecken, der über das individuelle Ich hinausgeht. Der japanische buddhistische Gelehrte Daisaku Ikeda unterscheidet zwischen „einem niedrigen und einem höheren Selbst", aus dem wir alle bestehen.[73] Das niedere Selbst haftet sich an das Vergängliche, was aber immer wieder zur Quelle des Leidens wird. Ikeda spricht von der „Meisterung des Selbst" als Entwicklungs- und Bildungsaufgabe; sie besteht nicht einfach in der Unterdrückung des geringeren Selbst, sondern in dessen Kontrolle und im Bestreben, das höhere Selbst zu entdecken.

Die Menschen haben in sich mit ihrem höheren Selbst ein verborgenes göttliches Element, durch die sie mit allen Menschen und dem Leben insgesamt verbunden sind (im Hinduismus auch als *Atman* bezeichnet, was aber letztlich nur eine andere Sichtweise auf Brahman ist). Der Weg der Bildung ist hiernach einer des persönlichen Wachstums, in dessen Verlauf sich der Mensch für dieses Element öffnen kann. Dieses Wachstum ist spirituell zu verstehen, schließt aber die physisch-materielle und die mental-intellektuelle Ebene ein.[74] Wo es gelingt, ist das Verhältnis des Menschen zur Wirklichkeit von Güte zu allen Lebewesen und Nächstenliebe geprägt. „Ich glaube", so noch einmal Ikeda, „dass das Leben nur dann wahrhaft erfüllend sein kann, wenn man selbstlos für das Wohl der anderen arbeitet."[75]

Nicht anders als in der Bildungsgeschichte der monotheistischen Religionen sind auch in Hinduismus und Buddhismus bis in die Neuzeit hinein religiöse und weltliche Bildungsaspekte eng miteinander verwoben. Auffallend ist die herausgehobene Bedeutung des religiösen Lehrers (Guru) zu seinen Schülern, die mit ihm den Alltag teilten und dadurch auch in viele Aspekte des praktischen

Lebens eingewiesen wurden. Im Buddhismus spielen ferner die Klöster eine entscheidende Rolle für Bildung. Sie sind oft stärker als christliche Klöster mit dem
Alltagsleben eines Ortes verbunden und bieten die Möglichkeit einer zeitlichen
begrenzten Mitgliedschaft in ihrem Orden, insbesondere für Bildungszwecke,
was auch heute noch praktiziert wird. Schon für die Zeit um 400 lässt sich nachweisen, dass für das Lehren und Lernen in buddhistischen Klöstern die Methode der kontroversen Debatte eine zentrale Rolle spielte.[76]

Ebenfalls im 5. Jahrhundert entstand im heutigen indischen Bundesstaat
Bihar die Nalanda-Universität. Sie verfügte über große Gebäudekomplexe inklusive Unterkünften für Studenten, mehrere Klöster, drei Bibliotheken und ein
astronomisches Observatorium. An dieser Universität studierten bis zu 8500
Studenten, die von bis zu 1500 Lehrenden unterrichtet wurden. Zu ihrem Curriculum gehörten neben dem Studium der Veden unter anderem Grammatik,
Logik und Literatur. Noch älter war die Universität von Taxila (Takshashila), die
bereits für das 7. Jahrhundert v. Chr. nachgewiesen ist. Sie war allerdings eher
ein vernetztes Studienzentrum als eine einheitliche Institution, bot jedoch ein
breites Spektrum an Studienmöglichkeiten, das neben den religiösen Schwerpunkten unter anderem Medizin, Astronomie, Landwirtschaft und künstlerische
Studien umfasste.[77]

Die Idee der Verbundenheit aller Menschen ist im religiösen Weltverständnis der indischen Religionen stark verankert. Der indische Gelehrte Umesh
Chattopadhyaya formulierte 2009 ihre Bedeutung für das Leben in der Weltgesellschaft so: „Letztlich müssen wir wieder ein Bewusstsein unseres gemeinsamen göttlichen Ursprungs und damit der Einheit der Menschheit gewinnen.
Andernfalls werden die Menschen tausend Vernunftgründe finden, um die
Überlegenheit einer Gruppe über die andere glaubhaft zu machen und so ihre
unmenschlichen Aktivitäten im Tagesgeschehen zu rechtfertigen, die da heißen:
Gewalt, Terrorismus und ethnische Säuberung."[78]

Bildung in transkultureller Perspektive

Unser kursorischer Streifzug durch die Geschichte des Erziehungsdenken in einer Reihe von unterschiedlichen kulturellen Kontexten hat sehr deutlich gezeigt,
dass in der menschlichen Kulturgeschichte seit Jahrtausenden ein Verständnis
von dem vorhanden ist, wofür der Begriff der *Bildung* steht: eine Dimension des
Aufwachsens, des Lernens und Lehrens, die über die bloße Einpassung von jun-

gen Menschen in eine bestehende Wirklichkeit und die Übernahme von in ihr
geltenden Normen, Regeln und Wissensbeständen hinausreicht.

In Bildungsprozessen werden Aspekte der Wirklichkeit bzw. einer kulturel-
len Überlieferung nicht einfach übernommen, sondern frag-würdig, also zum
Gegenstand des Fragens, Prüfens, Bedenkens gemacht. Das, was empirisch *ist*,
wird nicht als das letzte Wort in den Beziehungen des Menschen zu Welt und
Wirklichkeit verstanden, so wichtig es ohne Zweifel für das Leben aufwachsen-
der Menschen auch sein wird. Nicht zufällig spielen diskursive Methoden wie
Dialog oder Disputation so oft eine zentrale Rolle, wenn es um Theorien und
Praxen von Bildung geht. Schon wenn man jungen Menschen in solchen Set-
tings zutraut, ein eigenes Urteil zu finden und dieses zu verteidigen, wird angenommen, dass etwas im Menschen über die empirische Wirklichkeit seiner Lebensverhältnisse hinausweist, denn sonst könnten diese Verhältnisse ja nicht zum
Gegenstand einer Beurteilung werden. Bildung bedeutet daher immer auch,
nicht „blind" dem zu trauen, was einem als Wirklichkeit begegnet – ohne ein
Mindestmaß an Skepsis ist Bildung nicht zu haben, auch wenn diese Skepsis
nicht in allen historischen Bildungsvorstellungen so weit geht wie bei Sokrates
oder Buddha.

Bildung zielt weiterhin auf eine persönliche Entwicklung des Menschen.
Diese kann spirituell verstanden werden oder als Entwicklung der Vernunft oder
als beides. Häufig findet sich hierfür auch die Metapher des ‚Wachstums' – Bildung hilft dem Menschen, an etwas zu wachsen, seine Potenziale zur Entfaltung
zu bringen. Aber, und auch dieser Aspekt von Bildung findet sich nahezu durch-
gängig, dieses Wachstum ist nicht nur als rein innerlich zu verstehen, sondern es
soll zu verantwortlichem Handeln in der gesellschaftlichen Praxis führen, es soll
fruchtbar auch für andere und das Gemeinwesen werden. Gleichzeitig soll Bildung dem Einzelnen eine Hilfe sein für eine gelingende Lebensführung.

Zugleich aber ist Bildung nicht instrumentell. Der rein auf einen bestimmten Zweck gerichtete Erwerb von Wissenselementen oder Fertigkeiten ist für
sich genommen noch nicht Bildung. Er kann es erst werden durch seine Kon-
textualisierung in einer breiteren Entwicklung des Weltverstehens. Denn in diesem Sinne geht es bei Bildung tatsächlich um die Verknüpfung des Einzelnen
mit der ‚Welt': Bildung findet im Kontext der erfahrbaren Wirklichkeit statt,
aber sie führt auch zu Fragen nach Gründen unseres Handelns, nach denkbaren
Alternativen, nach den Grenzen unserer Möglichkeiten, ja überhaupt zum Ver-

hältnis unserer Wirklichkeit zur Welt als ganzer (vgl. Kapitel 1). Es ist unvermeidlich, dass Bildung auch zu Sinnfragen und damit zur Auseinandersetzung mit Glaubensfragen führt. Schon deshalb kann Bildung weder zu einem definierten Zeitpunkt im Lebenslauf als abgeschlossen gelten, noch ist sie mit sozial- und unterrichtstechnologischen Mitteln planmäßig herstellbar.

Schließlich fällt auf, dass Bildung aus historischer und transkultureller Perspektive meist mit Wertschätzung und hohem Ansehen verknüpft wird. Der Typus der Gebildeten, des Gelehrten, des ‚Edlen' (Konfuzius) wird als vorbildhaft und erstrebenswert betrachtet, aber unter Umständen auch als kritischer Maßstab an das Handeln von Eliten angelegt.

Das Konzept der *Bildung* ist somit, das lässt sich als Ergebnis dieses knappen Überblicks wohl festhalten, keine Marotte des mitteleuropäischen Bürgertums im frühen 19. Jahrhundert. Bildung ist ein weit in die Geschichte der menschlichen Zivilisation zurückreichendes kulturelles Erbe der Menschheit.

5. PERSPEKTIVEN DER BILDUNG

„Sich bilden –
das ist wie aufwachen. "
(Peter Bieri)[1]

Die tiefe Verankerung der Idee der Bildung in verschiedenen kulturellen Traditionen spricht dafür, diese Idee als ein mögliches Element eines übergreifenden Konsenses in der Weltgesellschaft (vgl. Kapitel 3) zu betrachten. Auf einen Verfassungskonsens (im Sinne von Rawls) kann sich diese Überlegung ohnehin stützen, denn der erste Absatz von Artikel 26 der Allgemeinen Erklärung der Menschenrechte von 1948 beginnt mit dem lapidaren Satz: „Jeder hat das Recht auf Bildung". Dass „Bildung" hierbei mehr meint als die utilitaristische Vermittlung von einigen Fähigkeiten und Wissensbeständen, ergibt sich deutlich aus Absatz 2 dieses Artikels. Hier heißt es: „Die Bildung muss auf die volle Entfaltung der menschlichen Persönlichkeit und auf die Stärkung der Achtung vor den Menschenrechten gerichtet sein. Sie muss zu Verständnis, Toleranz und Freundschaft zwischen allen Nationen und allen rassischen oder religiösen Gruppen beitragen und der Tätigkeit der Vereinten Nationen für die Wahrung des Friedens förderlich sein." Entsprechend dieser anspruchsvollen normativen Orientierung postulierte ein UNESCO-Bericht zur Bildung für das 21. Jahrhundert schon 1997 als Aufgabe der Bildung in der Weltgesellschaft, „eine real existierende, gegenseitige Abhängigkeit in eine freiwillige Solidarität umzuwandeln. Zu diesem Zweck muss Bildung den Menschen helfen, durch ein besseres Verständnis der Welt sich selbst und andere zu verstehen."[2]

Das Eigene: christliche Perspektiven zum Konzept der Bildung

Versteht man Bildung als Element eines übergreifenden Konsenses in der Weltgesellschaft, dann ist es angesichts der Pluralität von „umfassenden Lehren" in dieser Weltgesellschaft erforderlich, dass Menschen, die unterschiedlichen dieser (religiösen, philosophischen, moralischen) Lehren anhängen, dem Sinn und der Notwendigkeit von Bildung, wie Rawls sagt, „jeweils von ihrem eigenen Standpunkt aus" zustimmen können (vgl. Kapitel 3).

Damit stellt sich die Frage, wie sich aus einer europäischen Sicht ein solcher

Standpunkt, von dem aus das Konzept der Bildung begründet werden kann, heute einnehmen lässt. Da sich diese Frage auf „umfassende Lehren", also auf größere kulturelle Traditionen des Weltverstehens bezieht, geht es hier beim „eigenen Standpunkt" nicht um individuelle Meinungen oder wissenschaftliche Detailfragen. Es geht vielmehr um die Stellung des Menschen in der Welt, um die Bedeutung der von ihm hervorgebrachten Wirklichkeiten, um Möglichkeiten und Grenzen von Wissen und Verstehen, schließlich um Sinn und gelingendes Leben. Wissenschaftlich gesehen, werden hierbei auch metaphysische Fragen berührt, die der Ebene unterschiedlicher Paradigmen und Forschungsprogramme noch vorausgeht; lebenspraktisch gesehen, sind Fragen des Glaubens und des Verhältnisses von Glauben und Wissen betroffen. Beides wird im Folgenden noch näher erörtert werden.

Zunächst soll noch einmal zusammengefasst werden, warum ein bloßer Rekurs auf die neuhumanistische Tradition nicht genügt, wenn es heute um Begründungen für Bildung geht – obwohl sie eine wirkungsmächtige europäische Tradition der Bildungstheorie darstellt und zweifelsohne mit jenen Aspekten, die in transkultureller Perspektive Bildung kennzeichnen (vgl. Kapitel 4), sehr gut vereinbar ist. Auch wird man Humboldt, Herder oder Paulsen kaum zur Last legen können, wie in der politischen und sozialgeschichtlichen Entwicklung in Deutschland von der preußischen Restauration nach 1819 bis zum Nationalsozialismus das neuhumanistische Bildungsdenken in sein Gegenteil verkehrt wurde. Dass damit in der deutschen Pädagogik bis in die Gegenwart hinein und trotz immer neuer Angriffe von unterschiedlichen Seiten das Konzept der Bildung nicht zum Verschwinden gebracht, sondern im Gegenteil auch nach 1945 immer wieder neu aufgegriffen wurde[3], spricht eher für die Kraft des Humboldtschen Denkens – und dafür, dass das mit ‚Bildung' Gemeinte mit anderen Begriffen nicht substituierbar ist. Die entscheidende Schwäche des Neuhumanismus liegt jedoch in der ihn tief prägenden Säkularisierung *bestimmter* christlicher Vorstellungen unter Ausblendung anderer (vgl. Kapitel 3 und 4). Durch das daraus erwachsende hyperoptimistische Menschenbild förderte er eine Tendenz zur Überfrachtung der Erziehung und der Pädagogik mit innerweltlichen Erlösungserwartungen. Indem er so die Bildungstheorie von ihren christlichen Wurzeln trennte, schuf er zugleich eine bis heute nicht auf andere Weise zufriedenstellend geschlossene Lücke in der Begründung der normativen Implikationen von Bildung.

Ein aktuelles Beispiel mag verdeutlichen, wie diese bei Humboldt schon an-
gelegte Lücke sich auch in der aktuellen bildungstheoretischen Diskussion zeigt.
In einer „Theorie transformatorischer Bildungsprozesse" hat Hans-Christoph
Koller den Versuch unternommen, Humboldts Bildungstheorie zu aktualisieren
und sie mit aktuellen philosophischen und gesellschaftstheoretischen Modellen
zu vermitteln.[4] Koller bestimmt den Prozess der Bildung als einen, aus dem ein
Subjekt „verändert hervorgeht" – und zwar bezogen auf sein Verhältnis „zur
Welt, zu anderen und zu sich selbst".[5] Es geht also in Bildungsprozessen nicht
um irgendwelches neues Wissen oder irgendwelche neuen Erfahrungen, sondern
darum, das bisherige Weltverstehen eines Menschen zu erweitern oder umzuge-
stalten. Bildung geschieht in „Lernprozessen höherer Ordnung", die über bloße
Informationsaufnahme hinausgehen und eine „Veränderung der grundlegenden
Figuren des Welt- und Selbstverhältnisses von Menschen"[6] bewirken. Dies trifft
gut Humboldts Vorstellung von Bildung als einer Verknüpfung des Ichs mit der
Welt, die als allgemeine, rege und freie Wechselwirkung gedacht wird und durch
die Menschen ihre Potenziale umfassend entwickeln können. Kollers Buch wid-
met sich dann einer größeren Zahl aktueller humanwissenschaftlicher Theorien
unter der Fragestellung, inwieweit diese zum besseren Verständnis solcher transformatorischer Bildungsprozesse beitragen können. Darauf soll hier nicht im
Einzelnen eingegangen werden. Worauf es hier ankommt, ist die in Rede stehende Lücke in Kollers Argumentation, die sich auch bei Humboldt schon findet: Die Frage, *warum* sich jemand bilden sollte und warum solche Bildungsprozesse *allen* möglich sein und bei allen gefördert werden sollten, bleibt offen. Offen bleibt auch die damit verbundene Frage, ob transformatorische Bildungsprozesse notwendigerweise zu *wünschenswerten* Ergebnissen führen oder auch völlig
inakzeptable Resultate zeigen können und woran sich ‚wünschenswert' oder ‚in-
akzeptabel' festmachen sollen. Man wird Koller keinesfalls unterstellen dürfen,
dass er die Veränderungsprozesse, die viele Jugendliche beispielsweise in der Hit-
lerjugend oder in einer kriminellen Karriere durchlaufen haben, als Bildungsprozesse in seinem Sinn verstanden wissen will. Aber Koller gibt wie Humboldt keine befriedigenden Antworten auf solche Fragen.

Mit einer interessanten Kurzformel bezeichnet Koller das Bildungsgesche-
hen als ein „*Andersdenken* oder *Anderswerden*".[7] Was hier noch durchschimmert,
lässt sich an einem Buchtitel der Theologin Dorothee Sölle erkennen, mit dem
sie einen Kerngedanken des christlichen Menschenbildes formuliert: „Das Recht

ein anderer zu werden".[8] Dieses Recht realisiert sich im Christentum durch Buße, Vergebung und Umkehr respektive Neubeginn. Es ist im christlichem Verständnis jedem und jeder jederzeit möglich; es ist notwendig wegen der unvermeidlichen Präsenz von Sünde und Schuld im menschlichen Leben. Auch hier zeigt sich wieder, dass die Säkularisierung christlichen Denkens in der Bildungstheorie mit Verlusten verbunden ist – wenn das ‚Anderswerden' nur noch eine selbstreferenzielle Sinndeutung bekommt, also als Zieldimension von Lernen betrachtet wird unabhängig davon, *wovon* ein Mensch sich ablöst und *wohin* er sich mit einer Neuorientierung wendet (oder mit Humboldt: wofür er seine Kräfte einsetzt), wird die Bildungstheorie normativ leer oder sie bleibt subkutan normativ auf eine unbegriffene Weise.

Im Folgenden wird dafür plädiert, das kulturell Eigene, von dem aus das Konzept der Bildung heute in Europa und darüber hinaus in der westlichen Welt verstanden, gedeutet und für Theorie und Praxis des Bildungswesens fruchtbar gemacht werden kann, in einem *bewussten und reflexiven Rückgriff auf die christliche Tradition* zu sehen.[9] Eben hierauf würde sich dann auch ein originärer Beitrag der westlichen Bildungstheorie zum notwendigen globalen Diskurs über Bildung stützen können. Ein solcher Rückgriff bindet die Bildungstheorie in jenen Traditionsstrang europäischen Denkens ein, den Jürgen Habermas treffend so charakterisiert hat: „Das Christentum ist für das normative Selbstverständnis der Moderne nicht nur eine Vorläufergestalt oder ein Katalysator gewesen. Der egalitäre Universalismus, aus dem die Ideen von Freiheit und solidarischem Zusammenleben, von autonomer Lebensführung und Emanzipation, von individueller Gewissensmoral, Menschenrechten und Demokratie entsprungen sind, ist unmittelbar ein Erbe der jüdischen Gerechtigkeits- und der christlichen Liebesethik. In der Substanz unverändert, ist dieses Erbe immer wieder kritisch angeeignet und neu interpretiert worden. Dazu gibt es bis heute keine Alternative. Auch angesichts der aktuellen Herausforderungen einer postnationalen Konstellation zehren wir nach wie vor von dieser Substanz. Alles andere ist postmodernes Gerede."[10]

Eine solche These berührt viele Fragen des Weltverstehens, die über den Gegenstand dieses Buches weit hinausgehen. Nur wenige, besonders zentrale Aspekte dieser These und dieses Plädoyers können hier zumindest in groben Zügen erläutert werden. Es versteht sich dabei, dass angesichts von 2000 Jahren Ideen- und Realgeschichte des Christentums[11] die Rede von *der* christlichen

Tradition eine der hier notwendigen Begrenzung geschuldete Vereinfachung darstellt. Vor dem Hintergrund der realgeschichtlichen Diversität kann jeder Rückgriff die christliche Tradition nur selektiv sein. Der hier vorgeschlagene bezieht sich auf Erkenntnisse aus der in Europa besonders intensiv ausgeprägten theologischen und philosophischen Selbstreflexion des Christentums, die für das hier in Rede stehende Thema und Problem, wie Bildung heute begründet werden kann, von Interesse sind. Dass es in den 2000 Jahren der Geschichte des Christentums auch Denkweisen und Praktiken gegeben hat, die dem Bildungsgedanken diametral entgegenstanden[12], ja als religiöser Fanatismus und Extremismus auch pathologische Formen annehmen konnten – nicht anders als in anderen Religionen oder in nichtreligiösen Weltanschauungen auch –, wird damit selbstverständlich nicht in Abrede gestellt. Erfreulicherweise spielen solche Pathologien im europäischen Christentum der Gegenwart keine nennenswerte Rolle.

„Am Anfang war ein Glaube: der Glaube an *einen* Gott" – mit diesem Satz beginnt das erste Kapitel des ersten Bandes von Heinrich August Winklers „Geschichte des Westens".[13] Winkler geht bis auf frühe Formen des Monotheismus in Ägypten zurück, manche Religionswissenschaftler vermuten sogar, dass es vor der Göttervielfalt der frühen Kulturen bereits monotheistische Vorstellungen gab.[14] Aber für Geschichte und Kultur Europas ist der biblische Gott entscheidend, der sich Moses in einem brennenden Dornbusch als Gott Israels offenbart und der im oder kurz nach dem babylonischen Exils Israels (im 6. Jhd. v. Chr.) in Abgrenzung zur dortigen Götterwelt als der eine Schöpfer des Himmels und der Erde erkannt wird. Denn im Christentum wird dieses Gottesverständnis aufgenommen, mit dem Glauben an die Inkarnation Gottes in Jesus Christus verbunden, mit der griechischen Philosophie verknüpft und über die Durchsetzung des christlichen Glaubens im Römischen Reich in Europa etabliert. Es wird sich kaum bestreiten lassen, dass das Christentum, beeinflusst von der griechischen Philosophie und ergänzt durch das römische Erbe, zur zentralen prägenden Kraft für Europa wurde. Nach dem Ende des Weströmischen Reiches im 5. Jahrhundert wäre ‚Europa' als eine identifizierbare kulturelle Identität ohne das Christentum wohl nie entstanden: „Europa wäre in eine unzusammenhängende Vielfalt primitiv verfaßter Stämme auseinandergefallen, wäre da nicht die einigende Kraft der Kirche gewesen, und die fortdauernde Erinnerung an Rom."[15]

Von seiner Frühzeit an, beginnend mit Paulus, entstehen im Christentum philosophisch grundierte Theologien, die sich nicht mit einem Für-Wahr-Halten von Glaubensüberzeugungen begnügen, sondern auf vernünftiges Verstehen und argumentative Plausibilität Wert legen.[16] Schon das alttestamentliche Gottesbild hat einen stark antimythologischen Zug; der sich im brennenden Dornbusch offenbarende Gott zeigt sich nicht wirklich, er bleibt verborgen, verweigert sogar eine übliche namentliche Bezeichnung und beantwortet die Frage des Mose nach seinem Namen mit einem vieldeutigen „Ich bin der ‚Ich-bin-da'", auch im Futur übersetzbar als „Ich werde sein, der ich sein werde". Die Schöpfungsgeschichte (Gen. 1) stellt der babylonischen polytheistischen Glaubenswelt, in der Sterne und andere natürliche Phänomene vergöttlicht wurden, die Gewissheit entgegen, dass es in Welt keine Götter gibt, weil alles, was in der Natur vorkommt, einschließlich des Menschen, von Gott geschaffen ist (die Überzeugung, dass Menschen, auch Kaiser, keine Götter sind, sollte für die Christen im Römischen Reich noch erhebliche Schwierigkeiten nach sich ziehen). Von den Gestirnen beispielsweise heißt es in der Schöpfungsgeschichte nüchtern, sie seien „Lichter" am Himmel und „Zeichen für Zeiten, Tage und Jahre", säkulare Phänomene also, der menschlichen Vernunft zugänglich, ja sogar dienstbar. Im Neuen Testament ist die vielleicht pointierteste Stelle für die Verbindung von Vernunft und Glaube der Beginn des Johannesevangeliums: „Am Anfang war das Wort und das Wort war bei Gott und Gott war das Wort." Für „Wort" steht im griechischen Originaltext „Logos" – und „Logos" ist ein äußerst komplexes Konzept, mit dem sowohl die Rede (Wort) als auch ihr Sinn und die Vernunft, die ihn hervorgebracht hat, gemeint sind. Mehr noch, dieser Begriff steht auch für die Vernunft selbst und für den Sinn der gesamten Wirklichkeit. Es wäre nicht falsch, Johannes mit „Am Anfang war die Vernunft" oder „Am Anfang war der Sinn" zu übersetzen, auch wenn dies jeweils ebenso verkürzt wäre wie die eingebürgerte Übersetzung „Wort" für Logos. Im christlichen Verständnis sind daher Glaube und Vernunft keine Gegensätze, sie werden vielmehr in einer engen Beziehung zueinander gedacht. Papst Benedikt XVI. zitiert in diesem Zusammenhang zustimmend den byzantinischen Kaiser Manuel II.: „Nicht vernunftgemäß zu handeln ist dem Wesen Gottes zuwider."[17]

Aber, so könnte eingewandt werden, warum genügt dann der Bezug auf die säkulare Vernunft als Referenz für Bildung nicht? Mehr noch: Ist „Glaube" nicht ein Gegenbegriff zu „Wissen" und damit letztlich auch zu sich auf Gründe beziehenden vernünftigen Urteilen? Und warum soll in der Moderne, nach der Aufklärung und in einer von Wissenschaft stark geprägten Kultur, die Rede von

Gott noch bedeutsam sein, zumal für die Begründung von Bildung? Diesen Fragen soll zunächst im Rekurs auf drei neuere Arbeiten aus der Philosophie nachgegangen werden.

Gegen die Annahme eines Gegensatzes von Glauben und Wissen spricht schon die unvermeidbare Vorläufigkeit jedes menschlichen Wissens (vgl. Kapitel 1). Aber auch wenn man sich auf ein konstruktivistisches Verständnis von Wissen nicht einlassen wollte, bleibt die Entgegensetzung von ‚Wissen‘ und ‚Glauben‘ unterkomplex. *Volker Gerhardt* hat aus einer nicht konstruktivistischen philosophischen Perspektive die wechselseitige Verwiesenheit dieser beiden Verhältnisse menschlichen Verstehens zur Wirklichkeit untersucht: „Wissen und Glauben stehen in einer symbiotischen Beziehung, in deren Auflösung beide verloren gehen."[18] Oder anders: „Kein Wissen kommt ohne Glauben aus, und es ist kein Glauben denkbar, der nicht auf Wissen beruht."[19] Hierbei ist zunächst noch gar nicht ein religiöser Glaube gemeint. In jeder Handlungssituation, in der wir ernsthaft etwas tun oder erreichen wollen, benötigen wir ein Mindestmaß an Wissen über diese Situation, um handeln zu können. Zugleich aber ist dieses Wissen niemals vollständig. Wir erwarten, dass wir den Tag ohne Unfall überstehen, wenn wir das Haus verlassen, wissen es aber nicht; würden wir nicht *glauben*, dass uns nichts zustoßen wird, würden wir das Haus wohl nicht verlassen. Erst recht gilt das für größere Vorhaben im Leben. Wer nicht glaubt, dass eine Beziehung gelingen kann, wird sie nicht eingehen; wer nicht glaubt, dass er in einem bestimmten Beruf bestehen kann und dass dies *sinnvoll* ist, und sei es nur zum Gelderwerb, wird ihn nicht ergreifen. Letztlich müssen wir sogar daran glauben, dass unser Wissen zuverlässig ist und uns hilft, bestimmte Probleme zu lösen. Damit ist zunächst nur gesagt, „dass jede und jeder irgendetwas glaubt, sobald er ernsthaft etwas tut oder lässt."[20]

Auf einer etwas abstrakteren Ebene geht Gerhardt einen Schritt weiter: „Wir *glauben* an die Welt, in der wir sind"[21], weil wir uns, und sei es in einem noch so rudimentären Verständnis, eine Vorstellung von der Welt und ihrer Stabilität machen, auf die wir unser Wissen und unser Handeln gründen. Da aber niemand die Welt als Ganzes wahrnehmen und untersuchen kann, handelt es sich bei dieser Vorstellung in jedem Fall um einen Glauben. Letztlich basieren unsere alltäglichen „kleinen" Glaubensvorstellungen auf der Art dieses ‚Glaubens an die Welt‘, vom dem aus wir unsere alltäglichen Erfahrungen interpretieren, ordnen und in ihnen Sinn erfahren können.

Es versteht sich, dass Glauben in diesem Verständnis keineswegs etwas Vernunftwidriges ist. Allerdings hat er auch eine emotionale Dimension, wie sich schon in der Haltung des Vertrauens oder sich Verlassens auf etwas zum Ausdruck kommt. Wie bereits gesagt wurde, ist Glauben hiernach nicht zwingend religiös. Aber, so die zentrale These der philosophischen Theologie Gerhardts: „Die Welt kann von uns, wenn sie uns in einer exemplarischen Ansicht als übergroß und übermächtig, vielleicht sogar als staunenswert, schön oder erhaben gegenübertritt, als *göttlich* erfahren werden. Und wenn wir das *Göttliche der Welt* als etwas uns personal Entsprechendes annehmen, können wir es, sofern wir uns *selbst als Person begreifen* und in ihr ein persönliches Gegenüber suchen, als Gott ansprechen.“[22] Für Gerhardt hat also der Glaube an Gott seinen Grund in der unausweichlichen Verkoppelung von Wissen und Glauben im menschlichen Dasein. Das übersehe die neuzeitliche Religionskritik: „Gott veraltet nicht, und er wird auch nicht sterben, solange es Menschen gibt, die, auf ihr stets unzureichendes Wissen gestützt, mit Gewissheit und Zuversicht handeln müssen.“[23]

Gerhardt teilt seinen Lesern zwar mit, dass er fünfundzwanzig Jahre nach seinem Kirchenaustritt diese Entscheidung revidiert habe – „ohne Not und ohne äußeren Anlass, mit dem Glück eines Menschen, der etwas Verlorenes wiedergefunden hat.“[24] Seine philosophische Religionstheorie ist aber nicht zwingend an den *christlichen* Glauben gebunden, begründet jedoch die Unausweichlichkeit des Glaubens und die existenzielle Verankerung von Religion in den Lebensvollzügen des Menschen auch in der Moderne auf eine neue und originelle Weise. Sie ist für das Verständnis von Bildung anregend, weil sie vor Augen führt, wie tief die Fragen nach Glauben und Religion in jede Kultur und Lebenspraxis eingelassen sind, in die Bildungsprozesse einführen. Die humboldtsche „Verknüpfung unsres Ichs mit der Welt“ wäre mit Gerhardt nur schwer vorstellbar, ohne die Frage nach Gott einzubeziehen.

Nun ist diese Frage nach Gott heute in der europäisch-westlichen Kultur mit einem Schutthaufen an Fehl- und Missverständnissen belastet, den die Geistes- und die Realgeschichte der Neuzeit, insbesondere des 19. und 20. Jahrhunderts, haben entstehen lassen. *Thomas Rentsch* hat sich der verdienstvollen Aufgabe unterzogen, in seinem Buch über Gott in der Reihe „Grundthemen der Philosophie“ im ersten Kapitel mit der Überschrift „Wie man über Gott nicht denken soll“ diese Fehl- und Missverständnisse systematisch zu ordnen und aufzuklären.[25] Rentsch analysiert und kritisiert sieben Komplexe solcher Fehl- und Missverständnisse:

Szientismus: Hier wird die Auffassung vertreten, „das Wissen von Gott habe den Status empirischen Wissens von Tatsachen."[26] Dies kann innerreligiös der Fall sein, beispielsweise in fundamentalistischen Verständnissen heiliger Texte. Noch bedeutsamer ist aber wohl der verbreitete szientistische Außenblick auf Religion, der Glaubensaussagen wie empirische Behauptungen versteht und von Gläubigen Beweise fordert, die naturwissenschaftlichen Kriterien genügen – eine gängige Strategie säkularistischer Akteure. Aber, so Rentsch: „naturwissenschaftliche Theoriebildung und religiöser Wahrheitsanspruch sind kategorial inkompatibel. Beide können wahr oder falsch sein – aber auf ganz unterschiedlichen Ebenen."[27] Diese Ebenen bestimmt Rentsch, ähnlich wie Gerhardt, so: „Der Glaube an Gott hat etwas mit dem Sinn des Lebens zu tun, sein Kontext ist ein Verständnis des *ganzen* Lebens und der *gesamten* Orientierungspraxis. Demgegenüber sind objektive, neutrale, wissenschaftliche Kontexte stets partial, sie betreffen unser Leben nur auf künstliche, methodisch reduzierte Weise."[28] Aber weder ist Gott in den *Lücken* unseres Wissens anzusiedeln, noch ist der Glaube an ihn als *Alternative* zu wissenschaftlicher Forschung und Erkenntnis zu sehen.

Subjektivismus: Hier wird nun aus der Nichtbeweisbarkeit Gottes die Konsequenz gezogen, Glaubensfragen als höchstpersönliche, rein private, alleine dem subjektiven Empfinden zugängliche Angelegenheiten zu verstehen. So besteht die Gefahr, einen subjektiven Irrationalismus neben die technisch-wissenschaftliche Rationalität zu stellen, zu Lasten einer vernunftorientierten Reflexion der Lebensverhältnisse. Praktisch führt diese Subjektivierung von Religion heute dazu, dass religiöse Fragen vielerorts im doppelten Wortsinn verdrängt, also als geradezu intime, peinlich berührende Gegenstände in öffentlichen Gesprächen tabuisiert und von den Einzelnen oft auch im psychoanalytischen Sinn abgewehrt werden. „Jedenfalls gibt es in westlichen Gesellschaften in manchen Schichten eine Mischung aus sehr schlichter Religionskritik, oft verbunden mit leicht verfügbarem Antiklerikalismus, einer oberflächlichen Lebensform des Hedonismus und einer simplen Variante ,aufgeklärter', mehr oder weniger ,wissenschaftlicher' Weltsicht."[29] Wie fragil diese Weltsicht letztlich ist und wie viele Ängste sich hinter ihrer scheinbaren Leichtigkeit verbergen mögen, ist schwer zu ermessen. Jedenfalls geht theologisch wie religionsphilosophisch eine solche Form der Privatisierung von Religion an der existenziellen Bedeutung von Glaubensfragen vorbei. Ein Satz wie „Ich habe das Gefühl, dass Gott die Welt geschaffen hat", erreicht, so Rentsch, niemals den Geltungsanspruch und die Praxisrelevanz des Satzes „Ich glaube an Gott". Der Geltungsanspruch dieses Satzes ist ohne vernünftiges Nachdenken über die Gründe, die für ihn sprechen, und die Konsequenzen, die aus ihm für das (nicht nur private) Leben zu ziehen sind, nicht einzuholen. Das gilt gerade auch für seine mögliche Bedeutung für die Psyche des Glaubenden: „Heilsame Wirkungen gehen auf Dauer nur von wirklich glaubwürdigen Geltungsansprüchen aus, die ihren Geltungssinn nicht aus den sie begleitenden Gefühlen beziehen."[30]

Relativismus: Angesichts der Vielfalt von Lebensstilen, Kulturen und Religionen innerhalb westlichen Gesellschaften und erst recht in der Weltgesellschaft betont Rentsch die Untauglichkeit einer relativistischen Haltung, die die Inkommensurabilität innerhalb dieser Vielfalt behauptet: „Kulturen und Lebensformen sind keine Käfige oder geschlossene Anstalten."[31] (vgl. dazu auch Kapitel 3) Der Relativismus dagegen will „einfach alles zulassen und verstehen und klärt dabei nichts."[32] Gewiss vertreten die Religionen unterschiedliche Wahrheitsansprüche. Es wäre aber gerade diesen Wahrheitsansprüchen gegenüber unangemessen, sie wie eine Art Warenangebot in einem globalen Supermarkt der Religionen zu verstehen, in dem der Einzelne je nach Gusto einkaufen kann oder auch nicht: „Die einzige philosophisch angemessene Umgangsweise mit religiösen Differenzen ist qualifizierte Verständigung unter Einschluss einer gemeinsamen, harten Diskussion über die tatsächlichen Ziele einer Praxis."[33] Dies setzt die genaue Kenntnis und vernünftige Durchdringung des je Eigenen in einer solchen Diskussion voraus. Die relativistische Verweigerung der Auseinandersetzung mit den Grundfragen unserer Existenz ist dabei eine genauso ungeeignete Haltung wie das rechthaberische Drängen auf Durchsetzung eigener Überzeugungen. Hilfreich und notwendig sind dagegen „Formen der Verlangsamung, der Mündlichkeit, der Freundlichkeit, der Teilnahme, der Besonnenheit, der Sorgfalt, der Behutsamkeit und Genauigkeit, der Nachdenklichkeit und Geduld, der Wohlinformiertheit und Bildung".[34]

Religion als Projektion: Seit Feuerbach, Marx und Freud hat sich im Westen die Vorstellung verbreitet, Religion sei nicht mehr als ‚Projektion' menschlicher Ängste, Schuldkomplexe, Wünsche und Illusionen in eine imaginäre jenseitige oder himmlische Welt, was der Verschleierung irdischer Repression diene. Rentsch bestreitet nicht, dass Religion es mit der Endlichkeit des Menschen, damit immer auch mit tiefen Ängsten und Kümmernissen zu tun hat, und dass dies auch für repressive Zwecke instrumentalisiert werden kann. Aber zugleich stellt eine solche Deutung der Religion eine extreme Verkürzung und Vereinfachung dar; so spielte in der Geschichte des Christentums der existenzielle Gottesbezug bei Befreiungsbewegungen immer wieder eine große Rolle, so beispielsweise in der Abschaffung der Sklaverei, in der amerikanischen Bürgerrechtsbewegung oder in der lateinamerikanischen Befreiungstheologie. Eine einseitige Deutung der Religion von ihren problematischen Erscheinungsformen her käme einer „Untersuchung gleich, die Geschichte der Wissenschaft, der Politik, des Rechts und der Kunst von ihren Pervertierungen, Funktionalisierungen aus zu betrachten, nicht jedoch von ihren rationalen und befreienden Potentialen und Wirkungen her."[35]

Religion als Funktion: Religion stiftet und bekräftigt seit jeher Zusammenhalt, so dass die soziologische Frage nach Funktionen der Religion in der modernen Gesellschaft nicht abwegig erscheint. Rentsch referiert beispielhaft Lübbe und Luhmann, die der Religion auch in der Moderne die Funktion der „Kontingenzbewältigung" zuordnen. Dies zeigt sich etwa die weit verbreitete Akzeptanz von christlichen Passageriten (Taufe, Firmung/Konfirmation, Heirat) und kirchlicher Beerdigungen zur Bewältigung der Erfahrung von Sterblichkeit und Tod. Es gibt auch funktionalistische religiöse Praktiken wie etwa Spenden zur Gewissensberuhigung oder quasi-magische Gebete sowie esoterische Praktiken mit egoistischen Nutzenerwartungen. Gleichwohl geht eine solche soziologische Betrachtungsweise am Kern von Religion vorbei. „Funktion' und ‚Kontingenz' sind für die religiösen Grundfragen und die Gottesthematik unangemessene bzw. unklare Rekonstruktionskategorien."[36] Die sinnstiftenden, freisetzenden, Zukunft eröffnenden Potentiale religiösen Glaubens kommen so nicht in den Blick – „Paradox könnte man sagen, authentischer Sinn ‚funktioniert' erst dann, wenn er eben *nicht* um seiner Funktion willen, sondern um seiner selbst willen gesucht und begriffen wird."[37]

Gott als Fiktion: Anders als in der Projektionsthese wird hier der Glaube an Gott als eine Art ‚Placebo' betrachtet. Es mag vielleicht helfen, also kann man es vielleicht auch einmal ausprobieren, so könnte eine augenzwinkernde agnostische Position lauten. Man könnte, sozusagen sicherheitshalber, auch so zu leben versuchen, als ob Gott existiere, ihn also als eine Art Postulat oder den Glauben als Folge einer Risikokalkulation betrachten. „Jedoch lässt sich der ernsthafte Glaube an Gott nicht als hypothetische *Vermutung* rekonstruieren, er könne existieren, mich retten und meinem Leben grundlegend Sinn geben. (...) Die Formulierungen ‚Ich lebe als Christ so, als gäbe es Gott, seine Liebe und Gnade‘, oder ‚Muslime tun so, als sei Allah der Allerbarmer‘, ‚Ich lebe als Buddhist so, als ob es eine Befreiung aus Weltbefangenheit gäbe‘ sind auf groteske Weise falsch. Sie verfehlen grundsätzlich die unbedingten, wahrhaftigen und konkreten Geltungsansprüche, die mit der Rede von Gott und den religiösen Einsichten konstitutiv verbunden sind.“[38]

Reduktion auf Ethik: Christliche Werte seien in Ordnung, aber wozu brauche es Gott, wenn man diesen Werten doch auch ohne das ganze metaphysische Beiwerk folgen könne? Damit bewahre man doch das Gute oder das Wesentliche am Christentum unter den Bedingungen einer aufgeklärten modernen Gesellschaft. Dies dürfte in sich säkular verstehenden Kreisen eine weit verbreitete Sichtweise sein. Jedoch trifft sie keineswegs den Kern des christlichen Glaubens, wie Rentsch mit Recht sagt: „Denn der Kern religiöser Sprache besteht nicht in ethischen Forderungen, Gott geht nicht auf in seinen Geboten. (…) Spezifisch transethische Kategorien religiöser Praxis wie Vergebung, Versöhnung, Buße, Erbarmen und Gnade zeigen, dass das Gottesverständnis Grenze und Grund des Ethischen ist.“[39] Während die Frage nach Gott sich auf das Ganze der Welt und unseres Lebens bezieht, ist das Ethische zwar ein wichtiger, aber doch auch begrenzter Aspekt der menschlichen Lebenswirklichkeit.

Diese von Rentsch rekonstruierten Auffassungen bestehen nicht durchweg aus falschen Vorstellungen. „Alle destruierten Auffassungen haben Wahrheitsaspekte in missverständlicher Form in sich.“[40] Sie verfehlen aber ganz entscheidende andere Aspekte des Glaubens an Gott. Es wäre interessant, Rentschs Typologie problematischer Gottesverständnisse zum Ausgangspunkt einer empirischen Untersuchung zu ihrer Verbreitung in westlichen Gesellschaften zu machen. Eine solche Untersuchung liegt bislang nicht vor. Eigene Beobachtungen des Umgangs mit Religion in Wissenschaft und Medien stützen jedenfalls Rentschs Übersicht, allerdings mit einer Ergänzung: In jüngster Zeit zeigt sich, wie bereits erwähnt (vgl. Kapitel 3), zunehmend ein offensiver Säkularismus, der Elemente aus diesen Auffassungen mit zentralem Fokus auf den Szientismus zu einer dezidiert religionsfeindlichen Weltanschauung verarbeitet. Dieser Säkularismus beruft sich meist auf eine religionsfeindliche Lesart des Humanismus, ist in Stiftungen und Verbänden organisiert und sehr aktiv in sozialen Medien wie etwa Internetforen zu religionsbezogenen Themen.

Rentschs Buch bewegt sich auch in seinen prospektiven Teilen, die sich die Entwicklung einer philosophischen, aber deutlich vom Christentum geprägten Theologie beziehen, ganz im Modus vernünftiger Argumentation. Sein Resümee lautet ähnlich, wie eine Konsequenz auch aus Gerhardts Studie formulierbar wäre: „Kann Philosophie nach Aufklärung und Moderne begründet von Gott reden? Die Untersuchung hat zu zeigen versucht, dass dies sinnvoll und vernünftig möglich, sogar unumgänglich ist."[41] Aber Rentsch betont zugleich, dass die vernünftige Rede von Gott nicht mit der Erkenntnis und dem Verstehen Gottes mittels der Vernunft gleichzusetzen ist: „An der Grenze der philosophischen Vernunfterkenntnis beginnt das Verstehen der Rede von Gott."[42]

Ist diese Grenze genauer bestimmbar? Seit Kants „Kritik der reinen Vernunft" gilt es weithin als ausgemacht, dass metaphysische Fragen, also solche, die sich auf Gegenstände beziehen, die jenseits der sinnlich erfahrbaren Wirklichkeit liegen, sich auch nicht mittels vernünftigen Nachdenkens im Sinne sicheren Wissens beantworten lassen. Die Frage nach Gott gehört in philosophischer Hinsicht ohne Zweifel in den Bereich der Metaphysik, ebenso wie die nach Freiheit, aber auch die Frage nach Welt und Wirklichkeit im Ganzen, die ja der Erfahrung nicht zugänglich sind. Es ist unvermeidlich, dass das vernünftige Nachdenken über die Welt auf Probleme metaphysischer Art stößt, auch wenn diese zeitweise in der Philosophie etwas aus der Mode gekommen waren. Bezogen auf die Frage nach Gott folgt nach Kant, dass die klassischen Gottesbeweise aus der Geschichte der Theologie und Philosophie keine tatsächlichen Beweise seien und dass es zwingende Beweise für die Existenz Gottes auch nicht geben könne.[43] (Es wird allerdings gerne übersehen, dass damit für Kant das Thema ‚Gott' keinesfalls erledigt war, sondern nur auf eine andere Ebene verlagert wurde: „Ich musste", so Kant in der Kritik der reinen Vernunft und bezogen auf die Metaphysik, „das Wissen aufheben, um zum *Glauben* Platz zu bekommen."[44])

Holm Tetens hat nun kürzlich in einer kleinen, aber grundlegenden Arbeit zur „rationalen Theologie" sehr präzise zwei grundlegende metaphysische Alternativen herausgearbeitet, vor denen ein vernünftiges Weltverstehen heute steht: den Naturalismus und den Glauben an Gott.[45] Tetens konstatiert wohl mit Recht, dass in den Wissenschaften und auch darüber hinaus unter Intellektuellen im Westen der Naturalismus dominiert, wobei man vermuten darf, dass in sehr vielen Fällen naturalistisches Denken stillschweigend als einzig vernünftige Möglichkeit lediglich unterstellt und nicht weiter reflektiert wird. Erst recht wird von seinen Verfechtern oft gar nicht wahrgenommen, dass es sich beim Naturalismus um eine *metaphysische* Position handelt, die weder beweisbar noch aus anderen Gründen zwingend ist. Leicht wird eine naturalistische Perspektive lediglich als *methodische* Vorgehensweise der Wissenschaften behauptet – im Sinn der Laplace zugeschriebenen Aussage, er bedürfte der Hypothese Gott nicht. Aber, so Tetens, zur metaphysischen Position wird der Naturalismus, wenn er behauptet: „Es gibt *nur* die durch die Wissenschaften erkennbare Erfahrungswelt."[46] Mit dieser Behauptung verbindet sich gemeinhin die Erwartung, wenn nicht das Versprechen, eines Tages werde es den Wissenschaften gelingen, Welt und Wirklichkeit vollständig zu erschließen. Aber die Aussichten dafür stehen denkbar schlecht. Gegen sie sprechen erkenntnis- und wissenschaftstheoretische Gründe (vgl. Kapitel 1) sowie die Tatsache, dass es nicht möglich ist, die Welt als Ganzes zum Objekt wissenschaftlicher Beobachtung zu machen. Gegen sie spricht ferner, dass alle bislang vorliegenden naturalistischen Antworten auf die Frage, warum und wie wir uns als Menschen als Ich bzw. Selbst erleben, äußerst unbefriedigend sind: „Sie können nicht wirklich verständlich machen, warum in einer an sich rein materiellen Erfahrungswelt eines Tages erlebnisfähige selbstreflexive Ich-Subjekte mit ihrer spezifischen Ich-Perspektive die Bühne betreten haben."[47] Nachweise von Korrelationen zwischen bestimmten Bewusstseinszuständen und messbaren Vorgängen im Gehirn machen die Binnenperspektive von Probanden in solchen Experimenten weder Dritten zugänglich, noch *erklären* sie sie.

Solche Einwände, darauf weist auch Tetens hin, *widerlegen* den Naturalismus nicht. Genau das macht seinen metaphysischen Status aus, denn er ist aus den genannten Gründen auch nicht *beweisbar*. Am Ende seines Buches beschreibt Tetens die Alternative in der Metaphysik so:

„der Satz ‚Menschen sind nichts anderes als ein Stück kompliziert organisierter Materie in einer rein materiellen Welt' ist (…) kühn, um nicht zu sagen tollkühn, ist unbewiesen und unbeweisbar, ist existenziell betrachtet absurd, bereitet allergrößte Schwierigkeiten, uns in seinem Lichte wirklich als vernünftige Personen begreifen zu können. Seine Botschaft ist durch und durch trostlos. Zugegeben, der Satz könnte am Ende trotz allem wahr sein.

Der Satz ‚Wir und die materielle Welt sind Geschöpfe des gerechten und gnädigen Gottes, der vorbehaltlos unser Heil will' ist kühn, ist unbewiesen und in dieser Welt unbeweisbar, ist aber existenziell betrachtet nicht absurd, es spricht für ihn, dass wir uns in seinem Lichte ohne Schwierigkeiten als vernünftige Personen verstehen können und dürfen. Und er drückt einen wunderschönen und ungemein trostreichen Gedanken aus. Zugegeben, der Satz könnte am Ende trotz allem falsch sein."[48]

Es ist deutlich, dass Tetens sich auf die christliche Tradition bezieht. Seine Gegenposition zum Naturalismus bezeichnet er als *theistischen Idealismus.* Vor dem Hintergrund der in Kapitel 1 dargelegten erkenntnistheoretischen Überlegungen würde ich es vorziehen, von einem *theistischen Konstruktivismus* als einer Alternative zum Naturalismus zu sprechen. Wir konstruieren als Menschen die erfahrbare Wirklichkeit, müssen aber vernünftigerweise annehmen, dass unsere Konstrukte sich auf die Orientierung in einer Realität beziehen, die wir so, wie sie unabhängig von unseren Wahrnehmungsmöglichkeiten tatsächlich ist, nicht erkennen können. Die Dinge „an sich", von denen Kant sprach, „sind die Dinge, wie Gott sie sieht."[49] Oder, bezogen auf das Leben, mit Wittgenstein: „Die Lösung des Rätsels des Lebens in Raum und Zeit liegt *außerhalb* von Raum und Zeit."[50] Angesichts der nicht hintergehbaren Relativität und Begrenztheit unseres Wissens ist es vernünftig (wenn auch nicht beweisbar), mit der Rede von Gott von einer *absoluten Realität* auszugehen, die das Insgesamt der Welt erhält und trägt. Der Verzicht auf diese Vorstellung impliziert letztlich den Verzicht auf jeden Anspruch, über die empirisch erfahrbare Wirklichkeit hinaus auf vernünftige Weise über die Realität und die Welt nachzudenken. Mit einem solchen Verzicht werden aber nicht nur alle Sinnfragen in den Bereich der Irrationalität und des privaten Beliebens verschoben, es wird im Grunde dem durch die ganze menschliche Geschichte sich ziehenden Bedürfnis, von der Welt mehr zu verstehen als das, was den Sinnen zugänglich ist, eine Absage erteilt. „Die Alternative lautet also nicht: wissenschaftliche Erklärbarkeit der Welt oder Gottesglaube, sondern nur so: Verzicht auf Verstehen der Welt, Resignation der Vernunft oder Gottesglaube."[51] Aber auch wenn vernünftige Gründe für den Gottesglauben sprechen, bleibt er ein *Glaube,* denn Gott selbst ist der Vernunft nicht verfügbar. Oder, wie Augustinus sagte: Wenn du ihn verstehst, ist es nicht Gott.

Schlägt man, wie es hier geschieht, einen bewussten und reflexiven Rückgriff auf die christliche Tradition als das ‚Eigene' vor, auf das originär europäisch-westliche Beiträge zu einem globalen Diskurs über Bildung sich beziehen könnten, dann stellt sich die Frage, welche Perspektiven für das Verständnis von Bildung mit diesem Rückgriff verbunden und von ihm aus begründet werden können. Hierfür ist es zunächst hilfreich, sich zu vergegenwärtigen, dass das Christentum nicht erst durch bildungsförderliche Initiativen im Mittelalter und der frühen Neuzeit (vgl. Kapitel 4) seine Affinität zum Bildungsgedanken gezeigt hat. Thomas Söding hat in einer Studie zum Neuen Testament gezeigt, wie sich bereits hier, in seinen frühesten Schriften, das Christentum als „Bildungsreligion" darstellt.[52] In den Berichten der Evangelien über das Wirken Jesu fällt auf, dass Jesus in hohem Maße durch *Lehren* wirkte. „Seine Jünger sind, wörtlich übersetzt, seine Schüler."[53] Jesus lehrte vor seinen Jüngern, aber auch in Synagogen und an öffentlichen Orten wie am See Genezareth (Mk 2,23) oder in Judäa: „Und abermals lief das Volk in Scharen bei ihm zusammen und wie es seine Gewohnheit war, lehrte er sie abermals." (Mk 10,1) Seine Vorgehensweisen sind dabei unterschiedlich, wie Auslegungen des Gesetzes, Lehrgespräche, Predigten und andere Redeformen. Besonders bedeutsam und als, wenn man so will, die wichtigste didaktische Gattung, die Jesus nutzte, sind jedoch die Gleichnisse.[54] Sie knüpfen oft an die Lebenswelt der Zuhörer an, lösen Irritationen aus und eröffnen Wege für anspruchsvolles Verstehen, ohne dass ihre Botschaft immer eindeutig klar wäre, weshalb sie zum Fragen und Nachdenken anregen. Bei Paulus findet sich dann eine Bildungstheologie, mit der er in seinen Briefen „nicht auf exaltierte Erlebnisse, sondern auf exakte Erkenntnisse" setzt.[55] Immer wieder wird an die Urteilskraft der Leser appelliert: z.B. „Prüft aber alles und das Gute behaltet" (1. Tess 5,21), „Ich rede doch zu verständigen Menschen; beurteilt ihr, was ich sage" (1. Kor 10,15). Nach Paulus hat Gott in der Kirche nicht nur Apostel und Propheten eingesetzt, sondern auch Lehrer, denn der Glaube ist nicht nur eine Sache des Vertrauens und Bekennens, sondern auch der Erkenntnis. Er darf deshalb nicht mit Überredungstricks, nicht mit „schändlicher Heimlichkeit" und „List" verbreitet werden, seine Wahrheit wendet sich vielmehr an das Gewissen der Menschen (2. Kor 4,2).

So zeigt sich schon in diesen frühen Texten, dass Bildung zu einer „Kernaufgabe der Kirche"[56] wird – was sie bis heute auch geblieben ist. Wie schon Meister Eckhart und Comenius herausgearbeitet haben (vgl. Kapitel 4), begründet sich aus christlicher Sicht die Möglichkeit wie der Anspruch der Bildung für alle aus der *Gottesebenbildlichkeit* des Menschen. Bildung ist eine „Brücke zwischen Gott, Ich und Welt."[57] Die *Vernunft* ist ein wesentlicher Aspekt dieser Gottesebenbildlichkeit, ebenso Freiheit und Entwicklungsfähigkeit des Menschen. *Frei-*

heit ist im Neuen Testament ein Kernkonzept der paulinischen Theologie: „Zur Freiheit hat uns Christus befreit. So steht nun fest und lasst euch nicht wieder das Joch der Knechtschaft auflegen!" (Gal 5,1) Es geht hierbei zunächst um die detaillierten Vorschriften des jüdischen Gesetzes, das im dreifachen *Liebesgebot* (zu Gott, zum Nächsten, zu sich selbst) seine Erfüllung findet. Das Christentum wird damit von einer Gesetzesreligion zu einer Prinzipienreligion, bei der am Ende das Gewissen entscheiden muss, welches Verhalten mit dem Liebesgebot vereinbar ist: „Alles ist erlaubt, aber nicht alles dient zum Guten. Alles ist erlaubt, aber nicht alles baut auf." (1. Kor 10,21) Es ist gerade die Beziehung zu Gott, die Christen in eine innere, reflexive Distanz zu innerweltlichen Anforderungen und Machtverhältnissen bringen, die sich als nicht hinterfragbar darstellen. Das meint allerdings nicht, dass jeder Einzelne nach subjektivem Belieben mit Bindungen, Verpflichtungen und Verantwortlichkeiten umgehen kann. Der christliche Freiheitsbegriff ist nicht hedonistisch, da er durch das Gebot der Nächstenliebe begrenzt wird. Luther ist dieser Dialektik von Freiheit und Verpflichtung in seiner Schrift „Von der Freiheit eines Christenmenschen" nachgegangen. Schließlich und vor allem befreit der Glaube im christlichen Verständnis durch göttliche Gnade von der Macht der Sünde.

Sünde ist ebenfalls ein für Bildung bedeutsames Kernkonzept des christlichen Glaubens – und das vermutlich heute am meisten miss- und unverstandene. Sünde ist ein „transmoralischer Begriff".[58] Er bezeichnet einen Zustand des Getrenntsein von Gott, also eher eine Struktur als ein konkretes Verhalten, die in Verhaltensmotiven wie Egoismus, Aggressivität, Selbstbehauptung, Sucht nach Anerkennung wurzelt – Motive also, die viele Menschen heute wohl als „natürlich" erleben, in die sie faktisch aber immer auch sozial eingebunden sind. „Man kann nicht nicht sündigen. Deshalb hat die Sünde auch nichts mit moralischen Verfehlungen zu tun."[59] Die eine Seite dabei ist, dass Menschen aus christlicher Sicht unvermeidbar Schuld auf sich laden. Wegen dieser Unvermeidbarkeit spricht das Christentum auch von ‚Erbsünde'. Norbert Bolz schildert das hier Gemeinte in seinem Buch über Luther anschaulich: „In der Wohlstandswelt sündigen die Menschen offenbar noch viel ärger als in Zeiten der Not. (…) Die Sünde hat für Luther drei Quellen: das Fleisch, die Welt und den bösen Geist. Das Fleisch will Lust und Bequemlichkeit. Die Welt verlockt mit Reichtum und Prestige. Der böse Geist verführt zu Eitelkeit und Hochmut. Alle drei Quellen sprudeln heute kräftig."[60] Die andere Seite ist, dass die Einsicht in die eigenen Verstrickungen in Sünde und Schuld, Demut und Bitte um die Gnade Gottes von der Sünde freimachen, indem sie die Verbindung zu Gott wiederherstellen.

Dieser Zusammenhang ist auch in säkularen Kontexten nicht verschwunden: „Die Moderne hat das Sündenbewusstsein abgeschafft und damit aus Sündern Patienten gemacht. Vielleicht sollte man es noch genauer sagen: Die Moderne hat das Sündenbewusstsein in die Neurose verdrängt. Aber das Verdrängte kehrt wieder."[61] Es kehrt wieder beispielsweise in einer Übermoralisierung der politischen Kommunikation, in Schuldgefühlen ob des Klimawandels, des Fleischkonsums oder Armutskrisen anderswo und entsprechenden Selbstberuhigungen wie anderem Verkehrsverhalten, vegetarischer Ernährung und Spenden – gegen die nichts spricht, die aber psychohygienisch wohl ähnlich wirken wie der Ablasshandel im 16. Jahrhundert. Allerdings befreien sie nicht wirklich von den Schuld und Angst auslösenden Verstrickungen in die Strukturen des Bösen. Bolz meint, dass Sigmund Freud mit seiner These von der „primären Feindseligkeit" des Menschen gegen andere Menschen und seiner Formel vom „Unbehagen in der Kultur" sich als einer der großen Theoretiker der Sünde erwiesen habe. Wir sind Rivalen im Kampf um knappe Güter, und unsere Begierden treiben diesen Kampf immer wieder an. Bolz zitiert zustimmend Hans Blumenbergs Verständnis der Erbsünde: „Das sterbliche Wesen kann nicht leben ohne die Schuld, wegen seiner endlichen Lebenszeit den Nächsten als den Rivalen um jedes Lebensgut nicht lieben zu können."[62] Deshalb betrachtet das Christentum den Menschen als erlösungsbedürftig.

Die Vorstellung von Sünde macht deutlich, woran es der neuhumanistischen Bildungstheorie mangelte: am Bewusstsein dafür, dass Entfaltung *aller* Kräfte und Potenziale des Menschen auch die Förderung seiner destruktiven Möglichkeiten implizieren müsste. Dies war selbstredend nicht intendiert, konnte aber wegen eines idealisierenden humanistischen Menschenbildes ausgeblendet werden. Es ist wohl treffender, wie Söding aus christlicher Perspektive den Zusammenhang zwischen Bildung und den Ambivalenzen und Unvollkommenheiten des Menschen sieht: „Bildung wäre weder möglich noch nötig, wenn es den idealen Menschen in einer idealen Welt gäbe."[63] Gewiss soll Bildung Selbst*bestimmung* fördern, was notwendigerweise kritische Selbst*reflexion* einschließt. Da Bildung Handlungsspielräume in der Wirklichkeit erweitert, sollte sie auch Selbst*bewusstsein* im Sinn von Mut und Zutrauen in die eigenen Fähigkeiten anregen. Aber Bildung ist nicht Selbst*verwirklichung*. Eher gehören zur bewussten Lebensführung, die durch Bildung ermöglicht wird, auch Wachheit und Vorsicht gegenüber den Abgründen des je eigenen Selbst.

Es gehört zu den für Bildung anregungsreichen Aspekten des christlichen Menschenbildes, dass es den Menschen in seiner irdischen Existenz nicht als ‚ganz‘ oder ‚heil‘, nicht einmal als für sich selbst völlig durchschaubar betrachtet. Die ‚Ganzheitlichkeit‘ des Subjekts anzustreben, ist eine der Illusionen, die durch Bildungsdiskurse immer wieder geistern (vgl. auch Kapitel 3). So wie das Wissen bleibt auch die Selbsterkenntnis des Menschen fragmentarisch. Erst in der Begegnung mit Gott erkennt sich der Mensch wirklich selbst, wie es in einem berühmten Wort von Paulus heißt: „Wir sehen jetzt durch einen Spiegel in einem dunklen Bild; dann aber von Angesicht zu Angesicht. Jetzt erkenne ich stückweise; dann aber werde ich erkennen, gleichwie ich erkannt bin.“ (1. Kor 13,12) Diese Perspektive enthält auch ein Element der *Bildungskritik*: Bildung wird überfordert und Bildungstheorien stehen unter Ideologieverdacht, wenn sie säkulare Erlösungsversprechen machen und das Heil der Welt von der Erziehung erhoffen.

Gleichwohl unterstreicht die christliche Perspektive entschieden die Entwicklungsoffenheit (‚Bildsamkeit‘) und Veränderbarkeit des Menschen. Das „Recht ein anderer zu werden“ (Sölle) und das christliche Freiheitsverständnis implizieren, dass niemand auf einen bestimmten Stand seiner persönlichen Entwicklung festgelegt ist. Gerade *weil* nach dem christlichen Glauben das Selbst sich erst in der Begegnung mit Gott vollendet, ist seine Entwicklung im Lauf des irdischen Lebens niemals abgeschlossen. Martin Luther beschreibt diesen Zusammenhang zwischen Entwicklung und Vollendung so: „Dieses Leben ist keine Frömmigkeit, sondern ein Fromm-werden. Keine Gesundheit, sondern ein Gesund-werden. Kein Wesen, sondern ein Werden. Keine Ruhe, sondern ein Üben. Wir sind es noch nicht; werden es aber.“[64]

Ein letzter Aspekt soll noch ergänzt werden: der des *verantwortlichen Handelns* in der Wirklichkeit. Es bedarf angesichts der historischen und gegenwärtigen Vielfalt des von dem Gebot der Nächstenliebe inspirierten Engagements von Christen und ihrer Kirchen in dieser Wirklichkeit keiner ausführlichen Begründung, warum dieses Engagement ein Kernelement christlicher Freiheit ist. Das Christentum war nie eine allein oder auch nur primär eine asketische Religion, selbst nicht in den vielen monastischen Bewegungen, die immer wieder auf verschiedene Weise auch in die jeweilige Gesellschaft hineingewirkt haben, und erst recht nicht in den protestantischen Kirchen, die auf das Lebensmodell einer klösterlichen Abgeschiedenheit nahezu vollständig verzichten. Aber auch dieses verantwortliche Handeln in der Welt steht aus christlicher Sicht unter einem Vorbehalt, der mit der Freiheit in Beziehung steht. Paulus formuliert ihn so: „Auch sollen die, die Frauen haben, sein, als hätten sie keine; und die weinen, als weinten sie nicht; und die sich freuen, als freuten sie sich nicht; und die kaufen, als behielten sie es nicht; und die diese Welt gebrauchen, als brauchten sie sie nicht. Denn das Wesen dieser Welt vergeht." (1. Kor 7, 29–31) Engagiert euch also, so könnte man Paulus interpretieren, dort wo ihr seid und könnt, als sei das von großer Wichtigkeit – aber behaltet eure innere Freiheit und macht euch nicht abhängig von irdischen Erwartungen, Leistungen und Zwängen.[65]

Was erbringt nun dieser Rückgriff auf die christliche Tradition für die Theorie der Bildung? Er *stützt* die mit dem Konzept der Bildung verbundenen Vorstellungen von der Bildsamkeit aller Menschen und ihrer lebenslangen Entwicklungsoffenheit, die Vernunftbezogenheit von Bildung sowie die Intention, durch Bildung Menschen zu einer selbstbestimmten Lebensführung und zu reflektiertem, verantwortlichem Engagement zu befähigen. Er *fundiert* diese Vorstellungen in der Gottesebenbildlichkeit des Menschen und dem Gebot der Nächstenliebe – die kein Gefühl, sondern ein Handlungsmaßstab ist – und bietet damit normative Kriterien an, von denen aus die Entwicklungsrichtung transformatorischer Lernprozesse beurteilt werden kann. Er *öffnet* das Konzept der Bildung für die Auseinandersetzung mit den mit der Endlichkeit des Menschen verbundenen existenziellen Fragen und für die Reflexion über die Grenzen der Vernunft. Er *relativiert* harmonisierende und idealisierende Konzepte vom Menschen als Subjekt durch die Aufmerksamkeit für das Destruktive und Abgründige, Gebrochene und Fragmentarische im menschlichen Selbst, ohne deshalb die Vorstellung vom Individuum als verantwortlichem Subjekt aufzugeben. Schließlich *kritisiert* er ideologiekritisch Vorstellungen, die an Bildung säkulare Heilserwartungen knüpfen.

Bildung als Einbindung und Ent-Bindung

Bildung hat eine befreiende Wirkung. Wenn wir von drei Ebenen sprechen, auf denen Menschen Wirklichkeit konstruieren, die der biologischen Determination, die der sozio-kulturellen Umwelt und die des Individuums (vgl. Kapitel 1), dann wird durch Bildung die dritte dieser Ebenen gestärkt. Bildung versetzt den Einzelnen in eine reflexive Distanz zu den scheinbaren Selbstverständlichkeiten und Zwängen, von denen in einer immer schon vorhandenen sozialen Wirklichkeit ein Druck zur Anpassung ausgeht. Durch Bildung werden der Mut und die Fähigkeit, sich seines eigenen Verstandes zu bedienen (Kant), gefördert; im Konzept der Bildung wird daher *Mündigkeit* von einem bloßen Rechtsbegriff zu einer pädagogischen Leitidee. Bildung stärkt Selbstbestimmung gegen Fremdbestimmung.

So gesehen, ist der Prozess der Bildung einer der *Ent-Bindung* des Individuums aus sozialen Zwängen. Aber das ist nur die eine Seite. Ausgerechnet Theodor W. Adorno, der so entschieden als Konsequenz aus den Verbrechen des Nationalsozialismus forderte, durch Erziehung zur Mündigkeit „der blinden Vormacht aller Kollektive entgegenzuarbeiten"[66], postulierte an anderer Stelle: „Bildung ist nichts anderes als Kultur nach der Seite ihrer subjektiven Zueignung."[67] Hier scheint Humboldts Verständnis von Bildung als *Verknüpfung* zwischen Ich und Welt durch, was bei ihm ja faktisch als Verknüpfung mit der Wirklichkeit der menschlichen Kultur gemeint war. Kulturen sind eben, als zweite Ebene der menschlichen Konstruktion der Wirklichkeit, nicht *nur* Formen und Ausdruck von Heteronomie. Sie sind auch unerlässliche Formen der Beheimatung in einer fremden Welt: „Kulturen haben für Menschen die Funktion, befristete Bleiben zu schaffen und so die Welt bewohnbar zu machen."[68] Als, wenn auch subjektive, Zueignung von Kultur ist Bildung daher immer auch *Einbindung* des Einzelnen in einen kulturellen Zusammenhang – und sei es in einen, in dem Freiheit und Selbstbestimmung gerade als zentrale Elemente der eigenen Form von Kultur angesehen werden. Oder anders, in einer soziologischen Sprache formuliert: Auch die Individualisierung kann als eine Form der Vergesellschaftung gesehen werden. Sie kann sogar, wenn sie zur sozialen Norm wird, zu einer Form der Fremdbestimmung werden – ‚sei du selbst, unterscheide dich, bilde dein eigenes Profil', auch diese Forderungen können, wenn sie eben *Anforderungen an alle* sind, auf subtile Weise Freiheit in Zwang verwandeln. Max Horkheimer sah schon 1952 „in der Vergötzung des sich selbst genügenden Ichs" eine der „geistigen Ursachen der Bildungskrise" und wies darauf hin, dass man gebildet wird nicht etwa dadurch, dass man etwas „aus sich selbst macht", sondern „einzig in der Hingabe an die Sache, in der intellektuellen Arbeit sowohl wie in der ihrer selbst bewußten Praxis."[69] Zueignung der Kultur erfordert von den sich Bildenden gerade ein Einlassen, einen Prozess der intensiven Auseinandersetzung mit kulturellen Gütern, die es bereits gibt, als Voraussetzung dafür, zu diesen dann auch eigene Sichtweise, Urteile und ggf. neue Perspektiven entwickeln zu können. Die Freiheit, die Bildung eröffnet, ist also nicht zu verwechseln mit dem (gleichwohl in Demokratien garantierten) Recht, zu allem und jeden eine Meinung zu haben, oder mit einer bloß instrumentellen Haltung zu Kulturgütern, sei es im Sinne hedonistischer Bedürfnisbefriedung, sei es im Sinn von deren Nutzung für berufliches Fortkommen oder sozialen Status.

Bildungsprozesse vollziehen sich deshalb in einer Dialektik von Einbindung und Ent-Bindung des Individuums. Diese Dialektik nach einer Seite hin aufzulösen, verschließt die Chancen der Bildung. Innerhalb dieser Dialektik aber können die Gewichtungen in verschiedenen kulturellen Kontexten durchaus unterschiedlich sein. Die Möglichkeit der Bildung ist nicht gebunden an die westliche Kultur und erst recht nicht an den individualistischen Lebensstil urbaner westlicher Mittelschichten. Bildung ist ebenso möglich in stärker gemeinschaftsorientierten kulturellen Zusammenhängen wie in weiten Teilen Asiens, in stärker traditionalistischen Milieus oder in hoch religiösen Gesellschaften. Die Möglichkeit der Bildung ist nicht einmal zwingend an die Demokratie gebunden, sonst hätte es über den weitaus größten Teil der Menschheitsgeschichte keine gebildeten Menschen geben dürfen. Allerdings erfordert Bildung ein Mindestmaß an Freiheit – an Gedanken-, Meinungs- und Wissenschaftsfreiheit ebenso wie an Freiheit der persönlichen Entwicklung. Totalitäre politische Systeme, extremistische politische Bewegung, Theokratien und religiöser Extremismus zeichnen sich daher unter anderem dadurch aus, dass sie die Freiräume für Bildung durch Kontrolle, Zensur und Verfolgung begrenzen oder ganz verschließen wollen.

Letzteres ist ein Extremfall für etwas, was mit Bildung immer verbunden ist: Bildung ist nicht politikfrei möglich. Sie ist es schon deshalb nicht, weil Einbindung von Menschen in einen größeren kulturellen Zusammenhang notwendigerweise auch Einbindung in die Art und Weise bedeutet, wie dort jeweils gemeinsame Angelegenheit im gesellschaftlichen Zusammenleben geregelt und wie solche Regelungen institutionalisiert werden. Genau dies aber ist der Kern des Politischen: Menschen leben in Gesellschaften zusammen, aber die Art und Weise, wie sie dies tun, ist nicht oder jedenfalls nicht überwiegend durch ihre biologische Konstitution determiniert. Sie muss aber geregelt werden, und dies mit Blick auf unterschiedliche Vorstellungen und Interessen – und hierin gründet die Notwendigkeit von Politik.[70] In modernen Gesellschaften werden Bildungsfragen bereits dadurch politisch, dass Bildungsangebote in eigenen, großen Systemen (Schulen, Hochschulen, Berufsausbildung, Erwachsenenbildung) institutionalisiert werden und dass über die Strukturen und die Finanzierung dieser Systeme durch politische Institutionen entschieden wird. Inzwischen sind diese Regelungen deutlich durch Globalisierungsprozesse beeinflusst (vgl. Kapitel 2). Überdies verbinden sich mit heutigen Bildungssystemen auch andere Funktionserwartungen jenseits von Bildung oder auch in Spannung und Konflikt zu ihr, wie das mit Zertifikaten verbundene Berechtigungswesen, soziale Selektion oder auch schlicht die Betreuung von Kindern und Jugendliche der außer Haus berufstätigen Eltern. Es liegt auf der Hand, dass sich auf solche Funktionen unterschiedliche Interessen richten, die zu teils heftigen politischen Konflikten führen können.

Bezogen auf die Weltgesellschaft lässt sich die Dialektik von Einbindung und Ent-Bindung wohl so beschreiben: Junge Menschen wachsen in unserer Zeit sowohl in unterschiedliche, jeweils als Eigenes erfahrbare Kulturkreise (Huntington), als auch in eine Vielzahl unterschiedlicher Gruppen, Kommunikationsverhältnisse und Bindungen hinein (Sen). Diese unterschiedlichen Zugehörigkeiten bewegen sich teils innerhalb des jeweiligen Kulturkreises, teils überschreiten sie diesen aber auch, beispielsweise in Konsumverhalten oder Sport, Jugendkultur oder Internet, Beruf oder durch Migration. Beides, die Kulturkreise und ihre Beziehungen zueinander auf der einen sowie die gewissermaßen quer zu diesen Kulturkreisen zu sehende Vielfalt an Zugehörigkeiten auf der anderen Seite, unterliegt weltgesellschaftlichen Einflüssen. *Einbindung* in die Weltgesellschaft heißt zunächst, die weltgesellschaftlichen Zusammenhänge gesellschaftlichen Lebens in unserer Zeit wahrzunehmen und auf der Grundlage von Informiertheit und Wissen zu verstehen. In normativer Hinsicht bedeutet diese Einbindung, sich im Rahmen der je eigenen Möglichkeiten für ein friedliches und menschenwürdiges Zusammenleben in der Weltgesellschaft einzusetzen. *Ent-Bindung* wiederum heißt, Entwicklungen zur und in der Weltgesellschaft auch kritisch reflektieren, mit Gründen beurteilen sowie sich ggf. und nach eigener Entscheidung gegen als falsch oder problematisch erkannte Entwicklungen und Verhältnisse engagieren zu können.

Bildung ist zweckfrei, aber nützlich

Zum Traditionsbestand des Nachdenkens über Bildung – nicht nur in der Tradition des Neuhumanismus, sondern auch in einer transkulturellen Perspektive (vgl. Kapitel 4) – gehört die Überzeugung, dass Bildung keinen instrumentellen Charakter hat, also nicht äußeren Zwecken dient, sondern ihren Sinn alleine in sich hat, genauer in der Persönlichkeitsentwicklung des sich bildenden Menschen. Andrew Abbott hat vor nicht allzu langer Zeit aus der Perspektive einer amerikanischen Eliteuniversität in einer Ansprache an Erstsemester diese Zweckfreiheit von Bildung noch einmal emphatisch unterstrichen: „The reason for getting an education here – or anywhere else – is that it is better to be educated than not to be. It is better in and of itself. Not because it gets you something. Not because it is a means to some other end. It is better because it is better. Note that this statement implies that the phrase ‚aims of education‘ is nonsensical; education is not a thing of which aims can be predicated. It has no aim other than itself.“[71]

Zweckfreie Bildung kann gleichwohl jedoch zugleich nützlich sein, dem Einzelnen wie der Gesellschaft. Bei Humboldt ergibt sich das zwingend aus dem Zusammenhang seiner Bildungsideen mit den preußischen Reformen: Bildung sollte die Freisetzung der bürgerlichen Gesellschaft aus den Zwängen der alten feudalen Ordnung befördern. Abbott sieht aus heutiger Perspektive eine andere Form der Nützlichkeit zweckfreier Bildung: „I have argued that education is a quality of one's self in the present. But of course we will always live ‚in the present‘, even though from where we are now, future presents look like fixed things. ‚I'll be a doctor‘ or ‚I'm going to write a great novel‘, we say – as if these future presents were simple and fixed states of being. When you get to the future – when you become a doctor or write the novel – you'll find that your future nows are just as contingent, just as uneasy, just as ‚present-like‘, as is your present today. So it turns out that cultivating education – a sense of a self that perpetually, restlessly looks for new meanings in situations and facts and ideas – is a crucial resource for the future, because the future is a series of contingent moments just like the present.“[72]

Die Zukunft ist offen, damit auch unsicher, und das Leben ist kein planbares Projekt. Für den Umgang mit jenen Bedürfnissen, Aufgaben und Problemen, vor denen Menschen seit jeher stehen (vgl. Kapitel 3), gibt es weder ein biologisches Programm, noch autoritativ durchsetzbare einheitliche Lösungen. Aber genau deshalb hat die menschliche Kulturgeschichte einen großen Reichtum an Ausdrucksformen und Artefakten hervorgebracht, mit denen Menschen ihre Erfahrungen mit den Herausforderungen des Lebens verarbeitet haben. Bildung ermöglicht den Zugang zu diesem Reichtum. Sie ist eine Brücke zu Menschen, die vor uns gelebt haben – und zu Menschen, die in unserer Zeit, aber in anderen kulturellen Kontexten leben. Bildung kann dadurch bei der Bewältigung jener vielfältigen Unsicherheiten und Lebenskrisen helfen, die Abbott als Ausdruck von Kontingenz bezeichnet[73], eben weil sie Zugänge zu vielfältigen kulturellen Mustern eröffnet, mit denen Menschen in Geschichte und Gegenwart solche Erfahrungen gedeutet und verarbeitet haben – in Wissenschaften, Philosophie und Religion, in Kunst, Musik und Literatur.

Es gibt viele weitere Aspekte, unter denen Bildung lebenspraktischen Nutzen haben kann. Um Beispiele zu nennen: Wer sich mit Architektur und Kunst beschäftigt hat, sieht und erlebt dadurch wahrscheinlich mehr, wenn er in eine fremde Stadt kommt; wer sozialwissenschaftliches Denken kennen gelernt hat, wird soziale Phänomene anders wahrnehmen und nicht jeder durch die Medien geisternden Statistik kritiklos ausgeliefert sein; wer eine fremde Sprache spricht, findet Zugang zu mehr Menschen und oft auch zu einer anderen Art, die Welt zu sehen.

Bildung bereichert unsere Erfahrungen und erweitert unsere Erfahrungsfähigkeit, weil sie unser Weltverstehen erweitert. Erst diese Erweiterung, ggf. aber auch Veränderung, und nicht schon jedes neu gelernte Wissen, macht eine Lernerfahrung zu einer Bildungserfahrung. Aus einer europäisch-christlichen Perspektive steht dies freilich unter dem Vorbehalt, dass solche Erweiterungen oder Veränderungen des Weltverstehens eines Menschen dem vernünftigen Denken und Urteilen, der Freiheit und Selbstbestimmung, der Zugewandtheit zu anderen Menschen im Sinne der Nächstenliebe – die in der Weltgesellschaft immer auch Fernstenliebe ist –, der Bereitschaft und Fähigkeit zu verantwortlichem Handeln, schließlich dem Bewusstsein für die eigenen Schwächen und Fehler förderlich, zumindest aber nicht hinderlich sind.

Man wird erwarten dürfen, dass die möglichst weite Verbreitung von Bildung nach diesen Kriterien nicht nur der Entwicklung des einzelnen Menschen, sondern auch einem friedlichen und menschenwürdigen gesellschaftlichen Zusammenleben förderlich ist – zumal in der Weltgesellschaft, in der zur Bildung das unvoreingenommene, nicht instrumentelle Interesse am Fremden gehört, aber auch die Bereitschaft zur produktiven kritischen Auseinandersetzung mit Fremdem auf der Basis eines reflektierten Verständnisses des je Eigenen. Bildung kann politische, ökonomische und kulturelle Probleme und Konflikte in der Weltgesellschaft zwar nicht beseitigen. Aber sie kann durchaus die Bedingungen für den produktiven Umgang mit solchen Problemen und Konflikten verbessern – und sei es nur, indem sie ein Gegengift gegen die Verbreitung von Ressentiments und religiösem wie politischem Extremismus ist. Schließlich kann es demokratische politische Systeme auf Dauer nicht ohne hinreichend verbreitete politische Urteilsfähigkeit geben; dies gilt auf jeder Ebene von Politik, von der Kommune bis zur Global Governance.

Ist Bildung auch beruflich nützlich? In der Tradition des Neuhumanismus wurde Bildung oft allzu schlicht als Gegensatz zu berufsbezogenem Lernen, zu beruflicher Aus- und Fortbildung gesehen. Zwar ist daran richtig, dass ein bloß instrumentelles Interesse an Lerngegenständen, das gegenüber den Inhalten gleichgültig bleibt und sich beispielsweise alleine auf den Erwerb von Zertifikaten (z.B. Schulnoten und -abschlüssen) richtet, schwerlich schon als Bildungsinteresse bezeichnet werden kann. Ebenso ist die alleinige Ausrichtung von Schul- und Hochschulsystemen an ökonomischen Erwartungen (wie Vorbereitung auf den Arbeitsmarkt oder Produktion von Humankapital) bildungsfeindlich. Es gibt durchaus, darin ist dem neuhumanistischen Bildungsdenken auch heute noch zuzustimmen, einen Gegensatz zwischen der Theorie der Bildung und der utilitaristischen Tradition der Aufklärung (Jeremy Bentham, John Stuart Mill).

Auf der anderen Seite aber kann auch in als zweckfrei gedachten Bildungsprozessen Gelerntes beruflich nützlich sein, wie umgekehrt auf berufliche Qualifikation und berufliches Fortkommen ausgerichtetes Lernen unter bestimmten Umständen sehr wohl zu Bildungserfahrungen führen kann. Ersteres zeigt sich beispielsweise darin, dass in Bildungsprozessen erworbene und geförderte Dispositionen wie Neugierde, Offenheit, Selbständigkeit im Denken und Urteilsfähigkeit, oder noch praktischer gesprochen, Sprachkenntnisse (auch in fremden Sprachen), sprachliche Ausdrucksfähigkeit, mathematisches Denken oder ästhetisches Verständnis zweifelsohne beruflichen Anforderungen entgegenkommen können, vielfach in modernen Unternehmen auch dezidiert erwartet werden. Umgekehrt lässt sich berufliches Handeln nicht strikt von einer davon als abgegrenzt vorgestellten (Freizeit-)Wirklichkeit der Bildung denken. Berufliches

Handeln besteht in modernen Gesellschaften in sehr vielen Fällen schlicht aus je spezifischen Formen der Kommunikation zwischen und des Umgangs mit Menschen, ob in Verwaltung oder Management, Gesundheits- oder Erziehungswesen, Medien oder Beratungsberufen. In der Weltgesellschaft schließt dies nicht selten die Kooperation mit Menschen aus anderen kulturellen Kontexten als dem je eigenen ein. Mögen diese Kommunikationen auch nicht zweckfrei sein, so ermöglichen sie doch den an ihnen Teilnehmenden vielfach Begegnungen, die durch Reflexion und Selbstreflexion zu bildenden Erfahrungen werden können. Aber auch jenen beruflichen Tätigkeiten, in denen die Arbeit sich stärker auf materielle Gegenstände konzentriert, wie in der Landwirtschaft, dem Handwerk und der klassischen Industrie, ein Potenzial zur Bildung des Menschen abzusprechen, wäre schon vor dem Hintergrund von Humboldts Verständnis von Bildung als möglichst vielfältiger Entfaltung menschlicher Potenziale abwegig. Eine Überlegung von Horkheimer vermag dieses Potenzial zu verdeutlichen: „Wer nicht aus sich herausgehen, sich an ein Anderes, Objektives ganz und gar verlieren und arbeitend doch sich darin erhalten kann, ist nicht gebildet, und der sogenannte Gebildete, der dazu unfähig ist, wird stets Male einer Beschränktheit und Befangenheit aufweisen, der seinen eigenen Anspruch auf Bildung Lügen straft. (...) Niemand ist gebildet, der nicht in Hingabe an seine eigene Sache ihren Zusammenhang mit dem Ganzen erkennt (...)".[74] Anders gesagt: Nicht jede berufliche Tätigkeit und nicht jedes darauf bezogene Lernen ist per se bildend. Aber das gilt auch für andere Tätigkeiten, beispielsweise in Schule und Wissenschaft. Bildend werden solche Tätigkeiten unter dem hier von Horkheimer angesprochenen Aspekt, indem sie dem Ich ein Gegenüber bieten, am dem es reifen kann – und indem der Einzelne sich in der Weise reflexiv zu ihnen verhält, dass er im Konkreten Zusammenhänge mit dem „Ganzen" erkennt, oder, etwas vorsichtiger formuliert, indem er in der Arbeit an einer bestimmten Sache sein Weltverstehen erweitert. Humboldt bemerkte in seinem „Litauischen Schulplan", dass dem Tischler Griechisch zu lernen ebenso wenig unnütz sein könne wie Tische machen dem Gelehrten. Es mag auf den ersten Blick als weit hergeholt erscheinen, am „Tische machen" einen „Zusammenhang mit dem Ganzen" zu erkennen. Beginnt man aber darüber nachzudenken (und womöglich als Tischhersteller sein „Tische machen" daran zu orientieren), welche Bedeutungvielfalt verschiedene Tische im Zusammenleben haben, in Familien etwa, in Büros, an repräsentativen Orten, für soziale Distinktion, im interkulturellen Vergleich, dann zeigen sich doch viele Wege für bildungsförderliche Verknüpfungen.

Bildungserfahrungen können daher durchaus mit anderen, zweckorientierten Lernvorgängen („wie stelle ich einen Tisch praktisch her?") verwoben sein. Mit Bildung ist aber das Moment der reflexiven Distanz zu diesem praktischen Zweck verbunden, eines inneren ‚Sich-daneben-stellens', Einordnens, (selbst-) kritischen und begründeten Bewertens. Ulrich Herrmann spricht mit Blick auf berufliche Bildung von einer (logischen, nicht zwingend auch zeitlichen) Abfolge von Qualifikationen (im Sinne von Kenntnissen und Fertigkeiten), Kompetenzen (als Dispositionen und Befähigungen zum Handeln) und Bildung: „ohne Qualifikation keine *technisch richtige* Problembearbeitung, ohne Kompetenz keine Beurteilung *möglicher sinnvoller* Problemlösungen. Diese ‚Kompetenz' markiert zugleich den Unterschied zu ‚Bildung', wenn es um die Frage geht, welche Instanz es denn für die *Sinnhaftigkeit* einer Handlung/Unterlassung oder für die *Wünschbarkeit* eines technisch korrekten und fachlich kompetenten Vorhabens gibt."[75]

Vielfalt und Einheit der Bildung

Das Konzept der ‚Bildung' bezeichnet ein bestimmtes Verhältnis von Menschen zur Wirklichkeit. In diesem Sinn ist ‚Bildung', strenggenommen und bezogen auf Bildung als pädagogischen und philosophischen Begriff, ein Singularwort, vergleichbar den Begriffen ‚Vernunft' oder ‚Natur'. Es kann nur *eine* Bildung geben, wenngleich es viele mögliche Bildungsanlässe, Bildungsgegenstände oder Bildungsformen gibt. Nur unter dieser Voraussetzung ist es sinnvoll, etwa von beruflicher Bildung, religiöser Bildung oder naturwissenschaftlicher Bildung, von frühkindlicher Bildung, Jugendbildung oder Erwachsenenbildung zu sprechen. Alle diese und viele weitere Wortverbindungen mit ‚Bildung' ergeben nur dann einen Sinn, wenn sie im Kern auf ein gemeinsames Verständnis von ‚Bildung' bezogen sind. Um diesen beiden Aspekten, der Einheit der Bildung und der Vielfalt ihrer Anlässe, gleichermaßen gerecht zu werden, hat Wolfgang Klafki in den 1980er- und 1990er Jahren vorrangig mit Blick auf das Schulwesen ein Konzept von Bildung als Allgemeinbildung vorgelegt, das sich um den Begriff des „Allgemeinen" bewegt.[76] Dieses Konzept bietet für die Konzeptualisierung von schulischen Bildungsangeboten unter einer weltgesellschaftlichen Perspektive noch heute wichtige Anregungen.

Klafki legt das Allgemeine der Bildung in drei „Bedeutungsmomenten" aus: 1. Bildung als *Bildung für alle*. Dieses Moment nimmt den egalitären Impuls auf, der die Bildungstheorie spätestens seit Luther und Comenius begleitet und auch bei Humboldt eine gewichtige Rolle spielt. Es ist heute in Artikel 26 der Allgemeinen Erklärung der Menschenrechte förmlich festgeschrieben. Innerhalb der Nationalstaaten folgt aus dieser Bestimmung, Schul- und Hochschulsysteme so zu gestalten, dass allen jungen Menschen entsprechend ihrer Eignung und Neigung Bildungsangebote offenstehen, dass bei der Regulierung von Zugängen also Unterschiede nach Einkommen, Geschlecht oder ethnischer Zugehörigkeit keine Rolle spielen dürfen. Trotz vieler Fortschritte, die es in den letzten Jahrzehnten in dieser Hinsicht gegeben hat, gibt es in vielen Ländern noch erheblichen Verbesserungsbedarf. Im globalen Zusammenhang betrachtet bestehen im Zugang zu Bildungsangeboten noch deutliche regionale Unterschiede. Weltweit engagiert sich vor allem die UNESCO in Kooperation mit weiteren UN-Unterorganisationen im Rahmen der UNO-Strategie für nachhaltige Entwicklung unter anderem dafür, bis 2030 weltweit allen Mädchen und Jungen einen kostenlosen Zugang zu qualitativ hochwertigen Primar- und Sekundarschulen zu ermöglichen. Ob sich aus diesem Aspekt der Bildung für alle auch schon bestimmte Binnenstrukturen insbesondere im Schulbereich zwingend ableiten lassen, dürfte fraglich sein; wohl aber kann daraus gefolgert werden, dass institutionell keine Sackgassen vorgesehen werden dürfen, die den darin befindlichen Kindern und Jugendlichen persönliche Entwicklungsmöglichkeiten systematisch versperren. Durchaus problematisch ist auch die enge Verkoppelung des Bildungssystems mit ökonomischer und beruflicher Chancenverteilung über das Berechtigungswesen.[77] Der daraus folgende, beispielsweise in Deutschland bis in die Grundschulen ausstrahlende Kampf um Noten und daran gekoppelte Zugangsberechtigungen sowie die daraus erwachsende instrumentelle Haltung gegenüber den Gegenständen schulischen Lernens, steht dem Prinzip der Zweckfreiheit von Bildung diametral entgegen und ist eines der wichtigsten Bildungshindernisse, die von Bildungsinstitutionen selbst erzeugt werden.

2. Bildung als *vielseitige Bildung*. Hier geht es darum, die Vielfalt möglicher Bildungsanlässe in den Blick zu nehmen mit der Konsequenz, unterschiedliche Formen und Möglichkeiten menschlicher Welt- und Selbstverständnisse und kultureller Praktiken im Angebot von Bildungseinrichtungen zu repräsentieren. Es geht also um ein breites Spektrum an Bildungsangeboten, „die auf die Mehr-

dimensionalität menschlicher Aktivität und Rezeptivität abzielen, auf die Entwicklung seiner kognitiven, emotionalen, ästhetischen, sozialen, praktisch-technischen Fähigkeiten sowie seiner Möglichkeiten, das eigene Leben an individuell wählbaren ethischen und/oder religiösen Sinndeutungen zu orientieren."[78] Klafki schließt hier berufsbezogene Schwerpunktsetzungen ausdrücklich sein. Aus dieser Vielfalt soll es Wahlmöglichkeiten geben, die persönlichen Interessen der Kinder und Jugendlichen breiten Raum geben. Hier kommt Humboldts Kerngedanke der „Mannigfaltigkeit" in der Bildung gut zum Ausdruck. Mit Blick auf Eigenes und Fremdes in der Weltgesellschaft wäre diese Vielfalt in einer doppelten Hinsicht zu denken: Zum einen bedarf es vielfältiger Weisen, junge Menschen mit dem kulturell Eigenen vertraut zu machen, in Bezug auf Gemeinsames im jeweiligen Kulturkreis, aber auch in nationalen und regionalen Unterschieden oder anderen Formen der Differenzierung. Hier kann es stärker verbindliche Bereiche geben, wie etwa die sichere Beherrschung der im jeweiligen Land wichtigsten Sprache(n) in mündlicher und schriftlicher Kommunikation, und stärker wählbare Angebote zur vertiefenden Auseinandersetzung mit Aspekten und Bereichen dieses kulturell Eigenen, beispielsweise in Geschichte, Politik, Musik oder Religion. Zum anderen bedarf es vielfältiger Angebote, die sich in exemplarischer Weise explizit mit Globalisierungsprozessen befassen. Bezogen auf die genannten Bereiche könnten Beispiele hierfür sein: der Kolonialismus und seine Folgen (Geschichte), die Menschenrechte und die Schwierigkeiten ihrer weltweiten Durchsetzung (Politik), die Globalisierung der Popmusik (Musik), religiöser Fundamentalismus als globales Phänomen (Religion).

3. Bildung im *Medium des Allgemeinen*. Klafki versteht dieses Moment als Gegenpol zur Vielseitigkeit von Bildungsangeboten, als Moment der Fokussierung und der Einheit der Bildung. Unter diesem Aspekt muss allgemeine Bildung „verstanden werden als Aneignung der die Menschen gemeinsam angehenden Frage- und Problemstellungen ihrer geschichtlich gewordenen Gegenwart und der sich abzeichnenden Zukunft und als Auseinandersetzung mit diesen gemeinsamen Aufgaben, Problemen, Gefahren."[79] Es versteht sich, dass Klafki diese Aneignung und Auseinandersetzung unter dem Aspekt der ‚Bildung für alle' als ein inhaltliches Zentrum von Bildungsangeboten für *alle* Menschen sieht, insbesondere mit Blick auf Schulen. Alle sollen sich in ihrem Bildungsweg mit dem auseinandersetzen, was alle angeht. Klafki konkretisiert diesen Gedanken, indem er das, was alle angeht, als „epochaltypische Schlüsselprobleme" de-

finiert.[80] Konkret nennt und erläutert er, ohne einen Anspruch von Vollständigkeit zu erheben, fünf solcher Schlüsselprobleme: die Friedensfrage angesichts der Gefährdung der Gattung durch Massenvernichtungswaffen; die Umweltfrage mit Blick auf die Risiken für die natürlichen Grundlagen menschlicher Existenz; gesellschaftlich produzierte Ungleichheit innerhalb von Gesellschaften sowie in internationaler Perspektive; Gefahren und Möglichkeiten neuer technischer Steuerungs-, Informations- und Kommunikationsmedien; Subjektivität und Ich-Du-Beziehungen sowie die Spannung zwischen individuellem Glücksanspruch, zwischenmenschlicher Verantwortung und Anerkennung des oder der jeweils Anderen. Es ist sofort deutlich, dass mit Ausnahme des letztgenannten Problems, das bei Klafki auch merkwürdig unterbestimmt bleibt, die Problemfelder eine globale Dimension haben, ja im Grunde nur als weltgesellschaftliche Probleme zu verstehen sind. Es handelt sich dabei um sehr komplexe Problemfelder, die man sich nicht in einer schulischen Unterrichtseinheit oder einem Kurs hinreichend erschließen kann; Klafki versteht sie daher als solche auch nicht schon als Themen für Lernangebote, sondern als Aspekte heutiger Wirklichkeit, denen sich jeweils eine Vielzahl von konkreteren Bildungsangeboten zuordnen lassen. Die Schlüsselprobleme sind somit weniger als mögliches Curriculum für eine Bildungseinrichtung zu sehen denn als Relevanzfilter bei der Auswahl von Lerngegenständen für ein solches Curriculum. Eine Schwäche dieses Ansatzes besteht vor allem in dem Anspruch, *epochaltypische* Probleme ausgewählt zu haben, was die Erwartung rechtfertigen würde, anhand dieser Probleme gewissermaßen ein Porträt der Gegenwart zeichnen zu können. Dies wäre zwar für Bildungsprozesse ein ungeheurer Gewinn; er wird sich aber schwerlich einstellen, weil eine solche Erwartung Klafkis Liste an Problemen überfordern müsste. Klafki schien dies auch zu ahnen, als er seine Liste als unabgeschlossen deklarierte und dazu anmerkte: „Ein hinreichend vollständiger Aufriß solcher Schlüsselprobleme würde so etwas wie eine Theorie des gegenwärtigen Zeitalters und seiner Potenziale und Risiken im Hinblick auf die Zukunft erfordern"[81] – die aber nicht vorliegt, jedenfalls nicht in einer für die Grundlegung von Schule und Bildung hinreichend elaborierten und hinreichend konsensuellen Weise. Dem steht aber nicht entgegen, dass Klafkis ‚Schlüsselprobleme' sehr wohl weltgesellschaftliche Herausforderungen von hoher Brisanz darstellen, die aller Voraussicht nach auch die nächsten Generationen noch beschäftigen werden.

Klafki will mit seiner Konkretisierung der ‚Bildung im Medium des Allgemeinen' zugleich eine neue Antwort auf das Problem der Bestimmung eines *Bildungskanons* geben, also auf die Frage, ob für die Bildung des Menschen in unserer Zeit die lernende Auseinandersetzung mit einer definierten und begründbaren Liste von Kulturbeständen notwendig ist, wie sie mittelalterliche Bildungswesen mit den Septem Artes kannte. In Humboldts Bildungstheorie spielte diese Frage praktisch keine Rolle (anders als in der kurzen Zeit seiner Praxis als Schulpolitiker), da hier Bildung im Wesentlichen als *formale* Bildung, also als Entwicklung von ‚Kräften' des Menschen verstanden wurde, die prinzipiell an unterschiedlichen Gegenständen möglich sein sollte. De facto entwickelte sich aber in den europäischen Gesellschaften des 19. Jahrhunderts ein Kanon bürgerlicher Bildung, der die höheren Schulen und das Selbstverständnis des Bürgertums stark prägte.[82] Dieser Kanon war überwiegend geisteswissenschaftlich, von den alten Sprachen und von den Künsten, geprägt. Er hat in der zweiten Hälfte des 20. Jahrhunderts aus vielerlei Gründen mehr und mehr an Bedeutung verloren, von denen das Aufkommen der medialen Massenkultur, die Expansion der Wissenschaften und die damit verbundene große Ausweitung an heterogen, vom bürgerlichen Bildungskanon nicht erfassten Wissensbeständen sowie der Vorhalt, dass dieser Bildungskanon nicht genügen Widerstandspotenzial gegen die Barbarei des Faschismus hervorgebracht habe, wohl die wichtigsten waren.[83]

Man kann unter dem Aspekt der Bildung des Einzelnen diesen Verlust des bürgerlichen Bildungskanons durchaus auch als Gewinn verstehen, eröffnet er doch größeren Raum für Vielfalt (‚Mannigfaltigkeit') in der individuellen Persönlichkeitsentwicklung durch Bildung. Formelle, gar obligatorische Bildungseinrichtungen wie Schulen aber können sich der Frage nach einem Kanon letztlich nicht entziehen, einfach weil Entscheidungen darüber, welche Bildungsangebote sie unterbreiten und welche nicht, getroffen werden müssen und weil diese aus vielerlei organisatorischen wie inhaltlichen Gründen (wie der Qualifikation von Lehrenden) nicht binnen kurzer Fristen beliebig revidiert werden können. Sollen solche Entscheidungen nicht nach zufällig verteilten subjektiven Kriterien der in diesen Institutionen agierenden Personen getroffen werden, bleiben nur zwei grundsätzliche Alternativen: Erstens die völlige Ersetzung des öffentlichen Bildungswesens durch einen Bildungsmarkt, in dem sich die Relevanz von entsprechenden Angeboten alleine nach Maßgabe von Angebot und Nachfrage ergibt. Eine solche Politik ist bislang nirgendwo konsequent verfolgt worden, wohl weil die negativen Effekte allzu offensichtlich wären: gerade keine „Bildung für alle", sondern Disparitäten von Bildungschancen in Abhängigkeit von verfügbaren Einkommen und mit Blick auf die Weltgesellschaft Desintegration statt Vertiefung eines übergreifenden Konsenses. Zweitens die Entwicklung eines hinreichend für unterschiedliche regionale, nationale und kulturelle Schwerpunktsetzungen offenen, zugleich aber global ähnlichen Kanons von Bildungsangeboten, aber auch von strukturellen Merkmalen der Schulen in der Weltgesellschaft. Klafkis Vorschlag, hierfür von einer begrenzten Anzahl von globalen Problemen des gesellschaftlichen Zusammenlebens auszugehen, die alle heute lebenden Menschen auf die eine oder andere Weise betreffen, kann hierzu einen Beitrag leisten. Er bedarf aber der Ergänzung durch weitere Aspekte (vgl. Kapitel 6).

Skeptische Bildung

Bildung zu denken ist nicht möglich ohne einen fundamentalen Optimismus: dass es zu den anthropologischen Merkmalen des Menschen gehört, bildungsfähig, also ‚bildsam' zu sein. Das Konzept der Bildung setzt voraus, dass Menschen entwicklungsoffen sind, also sprichwörtlich durch Lernen ‚über sich hinauswachsen' und sich in einer Weise entwickeln können, die über bloße Adaption an eine soziale Umgebung hinausgeht und sie zu selbstbestimmter Lebensführung und verantwortlichem Engagement befähigt. Dieser fundamentale Optimismus bedarf aber, wie hier bereits mehrfach angeklungen ist, eines skeptischen Gegenpols, ohne den Bildung allzu leicht mit illusionären Erwartungen überfrachtet oder gar ideologisiert werden kann. Diese Skepsis hat mehrere Facetten:

Skepsis gegenüber der Machbarkeit von Bildung: Bildung ist nicht durch Dritte herstellbar. Bildung ist immer (Zwischen-)Resultat von Prozessen, in denen sich ein Mensch auf für ihn neue Weise ‚mit der Welt verknüpft' (Humboldt) bzw. sich Kultur erneut oder auf andere Weise ‚subjektiv zueignet' (Adorno). Bildung ist immer Selbstbildung. Gewiss braucht es dafür Anlässe und Gelegenheiten, häufig auch Ermutigung, Anregung und Unterstützung, und dies alles stellt sich oft nicht oder nicht in zureichendem Maße von selbst oder durch die unmittelbare soziale Umgebung ein. Eben darin liegt, aller sonstigen Funktionen zum Trotz, der Sinn von Bildungsinstitutionen; hieran müssen sie sich letztlich in normativer Hinsicht auch messen lassen. Aber bei aller notwendigen Professionalität von Lehrenden ist Lehren keine Sozialtechnologie (vgl. Kapitel 6). Das immer wieder beklagte ‚Technologiedefizit' der Pädagogik ist tatsächlich kein Defizit, sondern notwendige Folge der Freiheit und Unverfügbarkeit von lernenden Menschen.

Nicht-Wissen als Bedingung von Bildung: Es ist ein Irrtum zu glauben, Bildung ergebe sich zwangsläufig aus Zuwachs an Wissen – wenngleich es zutrifft, dass Bildungsprozesse durchaus zu einem solchen Zuwachs führen *können*. Nicht jedes Wissen bildet – wer etwa in der Lage ist, ganze Telefonbücher auswendig zu lernen (was es gibt), dürfte durch das damit erworbene Wissen nicht gebildeter werden. Auch der Schüler, der sich ein paar Jahreszahlen, Namen und Ereignisse für die nächste Klassenarbeit in Geschichte merkt, um sie danach wieder zu vergessen, dürfte seiner Bildung damit wenig gedient haben. Roland Reichenbach hat unter Bezug auf Sokrates darauf aufmerksam gemacht, dass Bildungsprozesse oft gerade nicht mit einem *Zuwachs* an Wissen beginnen, sondern mit der *Aufgabe* vorhandener, als zutreffend geglaubter, aber sich als unzutreffend oder unzureichend erweisender Vorstellungen. Über solche Vorstellungen verfügen alle Menschen schon von der frühen Kindheit an. „Research on early learning suggests that the process of making sense of the world begins at very young age. Children begin in preschool years to develop sophisticated understanding of the phenomena around them", heißt es in einem Standardwerk zur Lernforschung.[84] Erst wenn solche bereits vorhanden Vorstellungen als unzureichend, problematisch oder falsch erkannt werden, können Menschen sich auf ‚transformatorische' Bildungsprozesse einlassen. Bildungsprozesse beginnen deshalb oft „negativ": „als Erkenntnis des eigenen *Unwissens*. Erkanntes Unwissen ist ‚aktives' *Nichtwissen*". Von Sokrates lässt sich lernen, „dass ‚Bildung' (…) mit einer Destruktion beginnt: bloße Meinungen müssen zerstört, d.h. als Unwissen überführt und in Nichtwissen transformiert werden."[85] Dies ist kein einmaliger Vorgang, sondern wiederholt sich im lebenslangen Weg der Bildung immer wieder: Erst der Zweifel an dem, was man bereits zu wissen glaubte, ermöglicht das Sich-Einlassen auf neue Sichtweisen. Der Sokrates zugeschriebene Satz „Ich weiß, dass ich nicht weiß" ist gerade nicht resignativ, sondern öffnet den Nicht-Wissenden für die bildende Auseinandersetzung mit neuen Erfahrungen, unbekanntem Wissen und anderem Verstehen. Aber auch wenn dies gelingt, wird das dabei erworbene Wissen reflexiv bleiben, also mit dem Vorbehalt seiner Begrenztheit und Vorläufigkeit verbunden sein.

Selbstkritische Bildung: Ohne Zweifel bereichert Bildung Menschen und macht sie auch klüger. Aber wie zur Vernunft das vernünftige Nachdenken über die Grenzen der Vernunft gehört, so gehört zur eigenen Bildung der selbstkritische Blick auf sie. Bildung vermittelt kein endgültig richtiges oder gar vollständiges Wissen und Weltverstehen. Sie mag den Menschen in gewissem Maße zu bessern, ihn beispielsweise offener für andere und deren Sichtweisen zu machen, aber sie ‚vervollkommnet‘ ihn nicht, wie manche im Überschwang des neuhumanistischen Idealismus dachten. Überheblichkeit ist daher kein Zeichen von Bildung, die Bereitschaft zum selbstkritischen Blick auf die eigene Fehlbarkeit hingegen schon.

Bildung als Habitus

Wenn Bildung „a habit or stance of mind" ist (Abbott), also nicht etwas, was man *besitzt*, sondern etwas, was man *ist* – was kennzeichnet dann einen solchen Habitus oder eine solche Geisteshaltung? Diese Frage ist nicht ohne Tücken, versteht doch die Soziologie im Anschluss an Bourdieu Habitus heute meist als eine Funktion sozialer Differenzierung und damit als Form der Abgrenzung sozialer Gruppen und Schichten voneinander.[86] Darum kann es aber bei einem Konzept von Bildung, in dem das Moment der ‚Bildung für alle‘ eingeschlossen ist, gerade nicht gehen. Bildung als Habitus zu verstehen, kann daher nicht auf eine genaue Beschreibung von konkretem Verhalten, präzise definierten Wissensbeständen oder vorhersehbaren Urteilen hinauslaufen. Erst recht mit Blick auf kulturelle Vielfalt in der Weltgesellschaft wäre ein solcher Versuch von vornherein zum Scheitern verurteilt. Wir werden also bei der Frage nach Bildung als Habitus nach solchen Persönlichkeitsmerkmalen suchen müssen, die sich in unterschiedlichen sozialen und kulturellen Kontexten in verschiedenem konkreten Verhalten ausdrücken können. Ulrich Herrmann hat eine Übersicht solcher, aus Bildungserfahrungen resultierender Persönlichkeitsmerkmale so formuliert: „Bildung ergibt sich

- aus der Erfahrung der Mühe des Aneignungsprozesses, seiner Vorläufigkeit und Unvollständigkeit: Bildung macht *selbstbewusst* und *bescheiden*;
- aus der Erfahrung der Selbstveränderung durch diesen Prozess und seine Unabschließbarkeit: Bildung macht *sensibel* und *neugierig*;
- aus der Befähigung, neue offene Fragen abwägend anzugehen und nicht borniert zu beantworten: Bildung macht *bedachtsam* und *tolerant*;
- aus der Anteilnahme am Leben anderer: Bildung *humanisiert* und weckt *Mitverantwortung*;

- aus der Stärkung von Ichbewusstsein durch kommunikatives pro-soziales Verhalten: Bildung stärkt und *ermutigt*."[87]

Herrmanns Übersicht überzeugt auch deshalb, weil sie – mit Blick auf die kulturelle Vielfalt in der Weltgesellschaft – keine westliche Schlagseite hat, vielleicht von dem Begriff „humanisiert" abgesehen (vgl. Kapitel 3). Sie dürfte mit den außerwestlichen Traditionen des Bildungsdenkens umstandslos vereinbar sein (vgl. Kapitel 4). Gut ergänzen lässt sich diese Übersicht mit einigen Aspekten aus einem kleinen Aufsatz von Robert Spaemann zur der Frage „Wer ist ein gebildeter Mensch?". Es sind Aspekte, die für das Zusammenleben in der Weltgesellschaft von besonderer Bedeutung sind:

„Gebildet ist, wen es interessiert, wie die Welt aus anderen Augen aussieht, und wer gelernt hat, das eigene Blickfeld auf diese Weise zu erweitern. (…) Das Wissen des gebildeten Menschen ist strukturiert. Was er weiß, hängt miteinander zusammen. Und wo es nicht zusammenhängt, da versucht er, einen Zusammenhang herzustellen oder wenigstens zu verstehen, warum dies so schwer gelingt. (…) Das Fremde ist ihm eine Bereicherung, ohne die er nicht leben möchte – kein Grund, sich des Eigenen zu schämen. (…) Der gebildete Mensch kann bewundern, sich begeistern, ohne Angst, sich etwas zu vergeben. Insofern ist er das genaue Gegenteil des Ressentimenttyps, von dem Nietzsche spricht, des Typs, der alles klein machen muß, um sich selbst nicht klein zu machen. Er kann neidlos bewundern und sich an Vorzügen freuen, die er selbst nicht hat."[88] Der Gebildete ist, so könnte man hieran anschließend sagen, weltoffen. Gerade deshalb ist er auch in der Lage, sich zu Entwicklungen zur und in der Weltgesellschaft eigenständige und ggf. auch kritische Urteile zu bilden.

6.

SCHULE IN DER WELTGESELLSCHAFT

> *„Wer nicht mehr weiß, oder nicht mehr zu wissen meint,*
>
> *wohin die Reise gehen soll und was an der Reise gut ist,*
>
> *fühlt sich auch nicht mehr imstande,*
>
> *‚es‘ den Jüngeren zeigen zu wollen;*
>
> *wobei dieses Es sehr viel kein kann –*
>
> *die Welt.“*
>
> *(Roland Reichenbach)*[1]

Wenngleich die weltweit ähnliche Entwicklung der Bildungssysteme in der Moderne bereits als Aspekt der Weltgesellschaft gesehen werden kann (vgl. Kapitel 2), waren doch im 19. und 20. Jahrhundert Schulen und Hochschulen organisatorisch wie in ihren Lehrinhalten stark auf den jeweiligen nationalen Kontext bezogen. In der Hochzeit der Nationalismen drängten die Nationalstaaten mehr und mehr auf die Förderung und Legitimation nationaler Identität durch das Bildungssystem, auch in Abgrenzung zum weltoffeneren Neuhumanismus. In Deutschland äußerte sich in diesem Sinn in aller Klarheit Kaiser Wilhelm II. 1890 vor einer Schulkonferenz: „Wer selber auf dem Gymnasium gewesen ist und hinter die Kulissen gesehen hat, der weiß, wo es da fehlt. Und da fehlt es vor allem an der nationalen Basis. Wir müssen als Grundlage für das Gymnasium das Deutsche nehmen; wir sollten nationale junge Deutsche erziehen und nicht junge Griechen und Römer. (…) Ebenso möchte ich das Nationale bei uns weiter gefördert sehen in Fragen der Geschichte, Geographie und der Sage. (…) Aber vor allen Dingen müssen wir in der vaterländischen Geschichte Bescheid wissen (…)“.[2]

In dieser Zeit entstanden nicht nur in Deutschland jene nationalen Verengungen im Bildungsdenken, deren Reste heute angesichts der fortschreitenden Globalisierungsprozesse anachronistisch wirken. Denn um Verengungen handelte es sich vor dem Hintergrund der europäischen Geschichte der Höheren Bildung seit dem Mittelalter in der Tat. Im Mittelalter und der frühen Neuzeit war an den Universitäten eine internationale Orientierung – die faktisch damals eine europäische war – vollkommen selbstverständlich. Das Lateinische als Bildungs- und Wissenschaftssprache schuf die sprachliche Voraussetzung für einen europaweiten Kommunikationsraum zwischen den Gelehrten. Die Angehörigen einer Universität brachten verschiedene Muttersprachen mit; „Nationes" waren zuerst die inneruniversitären Zusammenschlüsse von Studenten aus gleichen Herkunftsregionen in den in diesem Sinn ‚multinationalen' Universitäten. Aber auch die berufliche Ausbildung im Handwerk war europäisch orientiert. Wer Handwerksmeister werden wollte, musste für längere Zeit, meist für zwei bis drei Jahre, auf die ‚Walz' gehen, auf Wanderschaft mit vorgeschriebenem Abstand zum Heimatort, um bei anderen Meistern zu lernen. Die Wege, die dabei zurückgelegt wurden, waren oft weit und beschwerlich. In einem Regionalmuseum im hessischen Alsfeld ist eine Karte zu sehen, die den Wanderweg eines 18-jährigen Färbergesellen in den Jahren 1825 bis 1827 zeigt. Er führte ihn an Orte, die heute in sieben Nationalstaaten liegen, die inzwischen aber mit einer Ausnahme alle der Europäischen Union angehören: in Deutschland, Polen, Tschechien, der Slowakei, in Österreich, Ungarn und der Schweiz. Jürgen Oelkers bringt es treffend auf den Punkt: „Bildung und Erziehung waren international, *bevor* sie national wurden."[3] So gesehen, ist es eine Art Rückkehr zu den Ursprüngen des neuzeitlichen Bildungswesen, wenn Schulen und Hochschulen in der Weltgesellschaft nationale Abschottungen hinter sich lassen und internationaler werden.

Ein Kerncurriculum für die Schule in der Weltgesellschaft

Im Jahr 2002 sind zwei Aufsätze erschienen, in denen aus unterschiedlichen Perspektiven die Frage erörtert wurde, wie sich heute die Grundstruktur eines Kanons für allgemeine Bildung in einem Kerncurriculum für die Schule niederschlagen – ‚heute' meint bei beiden Autoren mit Blick auf moderne Bildungssysteme weltweit, also in der Weltgesellschaft. *Dietrich Benner* nähert sich dieser Frage historisch-systematisch.[4] Er konstatiert zunächst eine Tradition der *Stufung* allgemeiner Bildung, die überall mit einer Elementarschule beginnt. Deren Aufgabe ist die Einführung in Lesen, Schreiben, Rechnen und Zeichnen, in den Umgang mit basalen Kulturtechniken also, sowie, damit verbunden, die Begegnung mit ersten „Weltinhalten" in Fächern wie Sachunterricht. Auf der Grundlage der zureichenden Beherrschung der basalen Kulturtechniken besteht das Kerncurriculum der zweiten Schulstufe „aus umgangserweiternden, über neuzeitliche Wissenschaft vermittelnden Kunden". Mit dem Begriff der „Kunden" versucht Benner eine Eigenart schulischer Wissengebiete und Fächer auf dieser Schulstufe (der Sekundarstufe I) zu erfassen. Sie beziehen sich auf Wissen, „das zwar über neuzeitliche Wissenschaft vermittelt, selbst aber nicht wissenschaftsförmig ist, sondern zwischen Umgangswissen und wissenschaftlichem Wissen steht."[5] Anders gesagt, schulischer Unterricht im Kontext allgemeiner Bildung auf dieser Stufe ist zwar wissenschaftsorientiert in dem Sinne, dass das in ihm vermittelte Wissen aus wissenschaftlicher Sicht verantwortbar sein muss, dass also beispielsweise keine als widerlegt geltenden Tatsachenbehauptungen verbreitet, Fachbegriffe richtig gebraucht und keine für das Verständnis des jeweiligen Gegenstandes wichtigen wissenschaftlichen Erkenntnisse willkürlich ausgeblendet werden. Aber Unterricht in der 8. oder 9. Schulstufe ist keine systematische Einführung in eine Fachwissenschaft. Er eröffnet jedoch jungen Menschen den Blick für unterschiedliche Weisen, Wirklichkeit zu verstehen und sich in ihr denkend und handelnd zu orientieren. Benner nennt in diesem Sinne als „Kunden" in dieser Schulstufe die Bereiche „mathematischen, fremdsprachlichen, naturkundlichen, gesellschaftlich-historischen, ästhetischen und religiösen Wissens und Könnens."[6] Wissenschaftspropädeutisch wird der schulische Unterricht hingegen auf der dritten Stufe (Sekundarstufe II). Hier geht es um die Einübung des Umgangs mit wissenschaftlichen Denk- und Vorgehensweisen und deren Reflexion.

Benner folgt hier einer Dreistufung des allgemeinbildenden Schulwesens, die sich bereits in Humboldts Schulplänen findet. Zu ergänzen wäre die von Benner nur en passant angesprochene Alternative beruflicher Schulen in der Sekundarstufe II. Für Benner ist der Übergang von einer Schulstufe zur nächsten durch einen jeweils spezifischen „Blickwechsel" geprägt, der zu Erweiterungen und Komplexitätssteigerungen des Weltverständnisses führt. Aus dieser Zusammenschau von Stufen, Wissens- und Kulturbereichen sowie Blickwechseln ergibt sich für ihn eine curriculare Grundstruktur schulischer Bildung:[7]

Die Grundstruktur moderner Bildung			
Schulstufe	Inhalte	Aufgabe	Blickwechsel
Elementarstufe des allgemeinbildenden Schulwesens	Lesen, Schreiben, Zeichnen, Sachkunde	Lernen, mit Weltinhalten und Mitmenschen im Medium der Schriftsprache umzugehen	Blickwechsel von der gesprochenen Sprache und unmittelbarer Interaktion zu Schriftsprache und schriftlicher Kommunikation
Schulstufe der über Wissenschaft vermittelten Weltkunden	Mathematik, Fremdsprachen, Naturkunde, Sozialkunde, Geschichtskunde, Kunst und Religion	Aneignung elementarer, an die Beherrschung der Schriftsprache gebundener und ohne die Schule nicht tradierbarer Kulturbereiche	Übergang von einfachen Erfahrungs- und umgänglichen Lernformen in solche eines Lernens jenseits der Einheit von Leben und Erfahrung
Schulstufe wissenschaftspropädeutischer Wissens- und Reflexionsformen	Wissenschaftspropädeutik elementarer Wissensformen, Wissenschaftsbereiche und Handlungsfelder	Ausdifferenzierung szientifischer historischer und praktischer Wissensformen und Einübung in Unterscheidungen einer nicht-fundamentalistischen Kritik	Übergang von alltäglichen in szientifische und von diesen in ausdifferenzierte praktische Weltverhältnisse und Reflexionsformen

In einer international vergleichenden Studie zur Struktur schulischer Bildungsinhalte kommt *Jürgen Baumert* zu einem ganz ähnlichen Ergebnis wie Benner, allerdings ohne eine Differenzierung nach Stufen vorzunehmen.[8] Baumert identifiziert „in der Gestaltung der Bildungsinhalte Grundmuster, die sich in modernen Gesellschaften in ähnlicher Form wiederfinden". Diese Grundmuster im Angebot von Schulen entsprechen „unterschiedlichen Modi der Weltbegegnung", die die „latente Struktur eines kanonischen Orientierungswissens" darstellen, „das die Grundlage moderner Allgemeinbildung bildet".[9] Diesen Modi der Weltbegegnung liegen nach Baumert unterschiedliche Formen der Rationalität zugrunde, die „jeweils eigene Horizonte des Weltverstehens (eröffnen), die für Bildung grundlegend und nicht wechselseitig austauschbar sind."[10] Als solche Modi nennt Baumert:[11]

- Kognitiv-instrumentelle Modellierung der Welt (Mathematik, Naturwissenschaften)
- Ästhetisch-expressive Begegnung und Gestaltung (Sprache/Literatur, Musik/Malerei/Bildende Kunst, Physische Expression)

- Normativ-evaluative Auseinandersetzung mit Wirtschaft und Gesellschaft (Geschichte, Ökonomie, Politik/Gesellschaft, Recht)
- Probleme konstitutiver Rationalität (Religion, Philosophie).

Man mag über die Trennschärfe dieser Unterscheidungen und der Fächerzuordnungen im Detail streiten (z.B. spielen normative Fragen auch in Philosophie und Literatur eine Rolle und Mathematik auch in den Sozialwissenschaften). Wesentlich an Baumerts Typologie ist aber erstens der Zusammenhang zwischen verschiedenen Modi menschlicher Vernunft und der Struktur eines schulischen Curriculums allgemeiner Bildung: Vernunft und Bildung (Baumert spricht von ‚Rationalität‘) sind nicht szientistisch auf die Denkweise der empirischen Wissenschaften reduzierbar. Zweitens findet sich die Repräsentation der Vielfalt menschlichen Weltverstehens tatsächlich in einer impliziten, aber identifizierbaren Struktur schulischer Bildungsangebote im internationalen Vergleich, sie kann also durchaus als zentrales Element schulischer Kerncurricula in der Weltgesellschaft verstanden werden.

Eine bestimmte Ordnung schulischer Fächer folgt aus diesen Stufen und ‚Kunden‘ respektive ‚Modi des Weltverstehens‘ nicht zwingend. Welche Fremdsprachen unterrichtet und in welcher Reihenfolge sie angeboten werden; ob Fächerzuschnitte enger oder breiter sind, also etwa die naturwissenschaftlichen oder die gesellschaftswissenschaftlichen Fachgebiete jeweils integriert oder in kleinere Fächer unterteilt unterrichtet werden und ob sich dies ggf. zwischen den Schulstufen verändert; welche Bereiche des Wissens und Könnens in welchem Alter für alle Schülerinnen und Schüler obligatorisch sind, welche zur Wahl gestellt werden – alle diese und viele weitere Fragen bleiben in diesen beiden Ansätzen zunächst offen. Dies ist auch kein Nachteil, sondern gerade der Vorteil dieses Verständnisses von einem gemeinsamen Kerncurriculum für Schulen in der Weltgesellschaft, denn es lässt breiten Raum für kulturräumliche, nationale, regionale und lokale Anpassungen und Variationen.

Gleichwohl ist dieser Ansatz mit Blick auf die Förderung von Bildung durch schulisches Lernen unter den Bedingungen der Weltgesellschaft noch ergänzungsbedürftig. Er lässt es zu – und dies ist ja faktisch auch lange geschehen –, dass die inhaltlichen Schwerpunkte, die im schulischen Unterricht zur Geltung kommen, auf nationalkonservative oder auf andere Weise kulturell partikulare Perspektiven *beschränkt* werden. Dies betrifft weniger die Naturwissenschaften und die Fremdsprachen, sehr stark aber die anderen kultur- und gesellschaftswissenschaftlichen Fachgebiete. Schulische Bildung in der Weltgesellschaft ist aber ohne die reflexive Auseinandersetzung mit den Folgen von Globalisierungsprozessen für das menschliche Zusammenleben, also für dessen weltgesellschaftliche Dimension, nicht möglich.

Weltgesellschaftliche Perspektiven als Querschnittsaufgabe

Die systematische Integration weltgesellschaftlicher Perspektiven in das schulische Bildungsangebot erfordert weder neue ‚Kunden' oder Fächer, noch impliziert sie einen zusätzlichen Modus des Weltverstehens. Prozesse der Globalisierung und weltgesellschaftlichen Verdichtung *durchziehen* und *verändern* jene Bereiche unserer Konstruktion von Wirklichkeit (vgl. Kapitel 1), die wir beispielsweise als ‚Politik', ‚Wirtschaft', ‚Geschichte', ‚Literatur' oder ‚Musik' kategorisieren. Sie müssen deshalb auch bei der Behandlung dieser Bereiche im schulischen Lehren mit thematisiert und reflektiert werden. Dies kann kulturell eigene Traditionen ergänzen, beispielsweise in einem Literaturunterricht, der sich nicht *nur* für europäisch-westliche, sondern *auch* für Belletristik aus kulturell ferneren Regionen interessiert, es kann aber ebenso in Spannung zu tradierten Fachverständnissen treten, etwa wenn eine nationalkulturell orientierte Konstruktion von Geschichte im Geschichtsunterricht mit globalgeschichtlichen Perspektiven kontrastiert wird. Weltgesellschaftliche Perspektiven sind als Querschnittsaufaufgabe in zahlreichen schulischen Fächern einzubeziehen, die dadurch mit neuen inhaltlichen Schwerpunkten und Fragestellungen bereichert und verändert werden.

In den pädagogischen Wissenschaften wird diese Aufgabe seit den 1990er-Jahren meist unter Bezeichnung ‚Globales Lernen' diskutiert.[12] Dieser Diskurs hat sich aus entwicklungspolitisch engagierten Gruppen in der außerschulischen Bildung, oftmals in kirchlichen Zusammenhängen, heraus entwickelt. Konzepte Globalen Lernens sind daher häufig mit der normativen Perspektive der Überwindung weltweiter Ungleichheiten verbunden, was allerdings innerhalb dieses Diskurses auch zur Kritik an einer zu starken normativen Aufladung geführt hat.[13]

In Deutschland ist der Ansatz, globalisierungsbezogene Themen als Querschnittsaufgabe in die schulischen Fächer zu integrieren, in einem von der Kultusministerkonferenz und dem Bundesministerium für wirtschaftliche Zusammenarbeit und Entwicklung beauftragten Projekt aufgegriffen worden. Als Ergebnis dieses Projekts wurde ein umfangreicher „Orientierungsrahmen Globale Entwicklung" erarbeitet, der neben konzeptuellen Überlegungen eine Fülle von Anregungen und Beispielthemen für die Grundschule und die Sekundarstufe I in den Fächern bzw. Fachgebieten Sachunterricht, Deutsch, Neue Fremdsprachen, Bildende Kunst, Musik, Politische Bildung, Geographie, Geschichte, Religion/Ethik, Wirtschaft, Mathematik, Naturwissenschaften und Sport enthält.[14] Trotz einer gewissen, in der Tradition des ‚Globalen Lernens' stehenden Drift zu entwicklungspolitischen Fragen in der Anlage dieses Projekts enthält das Ergebnis eine große Fülle von rund 300 Beispielthemen und Themenaspekten, die insgesamt 21 interdisziplinären Themenbereichen zugeordnet werden. Auf der einen Seite zeigt dieses Projekt damit die große Vielzahl globalisierungsbezogener Entwicklungen, die in der Schule thematisiert werden könnten: von „Globalisierung als Thema in Spielfilmen" bis „Zeitgenössische Kunst aus weniger bekannten Kulturräumen", von „Chinas Wanderarbeiter" bis „Der ökologische Fußabdruck", von „Afrikanische Formen des Christentums" bis „Failed States". Auf der anderen Seite wirkt diese Vielfalt auch überfordernd – keine Schule wird alle diese Themen unterrichten können, und für einen Bildungskanon wäre ein solcher Orientierungsrahmen nicht nur zu umfangreich, sondern auch zu disparat. Hier zeigt sich die Stärke von Klafkis Vorschlag, eine sehr begrenzte Zahl an hinreichend komplex definierten globalen ‚Schlüsselproblemen', die jeweils an unterschiedlichen Einzelthemen in verschiedenen Fächern bearbeitet werden können, als Element eines Kanons schulischer Bildung zu verstehen (vgl. Kapitel 5). Dieses Element liegt quer zu den oben genannten ‚Kunden' und ‚Modi des Weltverstehens' und kann als verbindender Faktor in einem weltgesellschaftlich orientierten schulischen Kerncurriculum wirken. Hingegen kann die Vielzahl der im deutschen ‚Orientierungsrahmen' aufgelisteten Themen als Anregung für eine große Vielfalt an schulischen Angeboten zu weltgesellschaftlichen Fragen dienen, unter denen Schülerinnen und Schüler Wahlmöglichkeiten haben. Auf diese Weise ließen sich Einheit und Vielfalt der Bildung, bezogen auf weltgesellschaftliche Perspektiven, in schulischen Curricula verankern.

Zur ergänzen wäre dieses Verhältnis von Konzentration und Vielfalt bei der Thematisierung weltgesellschaftlicher Perspektiven im schulischen Unterricht noch durch einen weiteren Aspekt: den Blick auf die fundamentalen Gemeinsamkeiten der menschlichen Lebensform (vgl. Kapitel 3). Schulischer Unterricht kann in diversen Fächern, vor allem wohl in den gesellschaftswissenschaftlichen, den ästhetischen, den Fremdsprachen sowie in Religion und Philosophie, immer wieder Gelegenheiten nutzen und Anlässe schaffen, um kulturelle Vielfalt in Geschichte und Gegenwart auch als Vielfalt von Antworten auf gemeinsame basale Bedürfnisse, Aufgaben und Probleme menschlicher Gesellschaften verstehbar zu machen. Das heißt nicht, dass alle diese Antworten als gleichwertig angesehen werden müssen, wie es ein oberflächlicher Kulturrelativismus nahelegt – ‚Verfassungskonsens‘, und ‚übergreifender Konsens‘ in der Weltgesellschaft sowie kulturell Eigenes bieten durchaus Maßstäbe für kritische Prüfung und reflektierte Urteilsbildung. Man kann beispielsweise Sklaverei in ihrer immanenten Logik als Institutionalisierungsform menschlicher Arbeit erst einmal verstehen, um sie gleichwohl für die heutige Weltgesellschaft unter Bezug auf Menschenwürde und Menschenrechte abzulehnen. Andererseits sind etwa die Lebensweisen städtischer westlicher Mittelschichten keineswegs die einzige kulturelle Möglichkeit für die Gestaltung etwa des Konsumverhaltens, der Geschlechterbeziehungen oder des familiären Lebens, die in der Weltgesellschaft Legitimität beanspruchen kann. Oder das komplexe Spannungsfeld von religiöser Vielfalt, Religionsfreiheit und Meinungsfreiheit – welche verschiedenen Grenzziehungen werden in der Weltgesellschaft praktiziert, welche davon erscheinen warum als problematisch? Die eigenständige Urteilsbildung zu der Frage, was alle Menschen verbindet, ebenso wie zu der Frage, welche Aspekte tatsächlicher kultureller Vielfalt aus welchen Gründen als legitim gelten können und welche nicht, gehört zu den zentralen Bildungsaufgaben in der Weltgesellschaft.

Nun bestehen Schulen nicht *nur* aus Unterricht. Weltgesellschaftliche Perspektiven lassen sich auch in andere Bereiche des Schullebens integrieren. Beinahe von selbst ergeben sie sich, wenn in schulischen Lerngruppen Kindern und Jugendlichen mit Flucht- oder Migrationserfahrungen Raum gegeben wird, ihre Erfahrungen und Sichtweisen einzubringen – gewiss auch in den Unterricht, aber auch in andere Bereiche des Schullebens, in Arbeitsgemeinschaften, in Feiern, schließlich in der Freizeitgestaltung unter den Jugendlichen, in der die Weltgesellschaft ohnehin auf Smartphones, im Kino, in der Musikszene und im Konsumverhalten Teil des Alltags ist, der immer wieder auch in die Schule hineinwirkt.

Lernfördernder Unterricht

Schulischer Unterricht kann Bildungsprozesse nicht hervorbringen und nicht steuern, wohl aber anregen und fördern. Dies ist nicht nur deshalb der Fall, weil Bildung in einem anspruchsvollen Sinn immer Selbstbildung ist. Auch wenn man schulischen Unterricht zunächst noch ohne die Perspektive der Bildung schlicht als einen Ort des Lehrens und Lernens sieht, zeigt die neuere Lernforschung sehr deutlich, dass das Lehren der Lehrenden das Lernen der Lernenden keineswegs determiniert. Lernen lässt sich vielmehr als ein Vorgang verstehen, bei dem die Lernenden selbst die eigentlichen Akteure sind: „In the most general sense, the contemporary view of learning is that people construct new knowledge and understanding based on what they already know and believe."[15] Schülerinnen und Schüler sind keine passiven, durch Außenreize steuerbaren Objekte. Lernen lässt sich deshalb auch nicht erzwingen; erzwingen lässt sich höchstens beobachtbares Verhalten, aber nicht das, was, bildlich gesprochen, im Kopf eines Menschen vorgeht: die aktive Verarbeitung von Information mit einem gewünschten Ergebnis. Die Lernpsychologie geht heute „von einem aktiven Lernenden aus, der vor dem Hintergrund seines Vorwissens neue Informationen auf seine besondere – und das heißt auch auf seine individuell einzigartige – Weise verarbeitet."[16] Auch John Hattie, der für eine international viel beachtete Studie zu der Frage, welche Maßnahmen das schulische Lernen von Kindern und Jugendlichen fördern können, eine bis dahin unerreicht große Datenmenge ausgewertet hat, teilt diese Erkenntnis: „Am Ende entscheiden die Lernenden selbst, nicht die Lehrperson, was Schülerinnen und Schüler lernen werden."[17] Es versteht sich, dass es sich bei diesem „entscheiden" nicht das Ergebnis eines bewussten Reflexions- und Abwägungsprozesses handeln muss; auch Einschätzungen wie ,langweilig' oder ,uninteressant' sind in diesem Sinne als Entscheidungen zu verstehen.

Eben weil das so ist, kann Unterricht auch nur begrenzt geplant werden. Strenggenommen und bei genauem Hinsehen gibt es auch bei gleicher Planung keine zwei gleich verlaufenden Unterrichtsstunden. Unterricht ereignet sich in einem Wechselspiel von Planung und Zufall. Damit wird Planung durch kompetente Lehrerinnen und Lehrer keineswegs überflüssig, ganz im Gegenteil: Sie ist „eine geistige Übung, die das Risiko für den realen Unterricht dämpft, da sie kognitive Möglichkeiten – und damit verschiedene Handlungsmöglichkeiten – erschlossen hat."[18] Ohne Zweifel gehört die Fähigkeit zu einer solchen Planung, die reflexiv ist, weil die Planenden zugleich um die Grenzen der Planbarkeit des Lehrens und erst recht des Lernens wissen, zu den zentralen beruflichen Anforderungen an Lehrerinnen und Lehrer.

Wie diese durch ihr Handeln im Unterricht Lernen bei den Schülerinnen und Schülern fördern können, ist auf einer allgemeinen Ebene gut beschreibbar. Die einschlägigen neueren Forschungen dazu stützen im Wesentlichen altes pädagogisches Wissen. Hattie fasst die entsprechenden Konsequenzen so zusammen: „Es ist wichtig, dass die Lehrpersonen das Lernen durch die Brille der Schülerinnen und Schüler sehen". Sie müssen daher „wahrnehmen, was Lernende denken und wissen, um Bedeutung und sinnstiftende Erfahrungen im Lichte dieses Wissens zu konstruieren". Im Unterricht sollen Lehrende zwar „direkt, einflussreich, fürsorglich und aktiv" agieren.[19] Aber dieses Agieren soll immer darauf bezogen sein, wie die Schülerinnen und Schüler den Unterricht und ihr eigenes Lernen wahrnehmen. Für Hattie ist daher für lernförderlichen Unterricht Feedback sehr wichtig – und zwar weniger, wie in Schulen meist üblich, in erster Linie als Feedback von Lehrern an Schüler, sondern umgekehrt: „Feedback (ist) besonders wirksam, wenn es der Lehrperson von den Lernenden gegeben wird".[20] Wichtig ist auch eine fehlerfreundliche Lernkultur: „Es ist von entscheidender Bedeutung festzustellen, dass ‚Fehler' nichts Schlimmes sind".[21] So hat das aktive Handeln der Lehrerinnen und Lehrer im Unterricht eine dienende Funktion. Es soll letztlich die Eigenständigkeit der Lernenden fördern: „Schließlich muss die Lehrperson aus dem Weg gehen können, wenn das Lernen sich den Erfolgskriterien nähert".[22]

Auf etwas andere, aber nicht im Gegensatz zu Hattie stehende Weise fasst Hilbert Meyer Forschungen zur Qualität schulischen Unterrichts zusammen. Guter Unterricht soll danach durch zehn Merkmale gekennzeichnet sein: klare Strukturierung, hoher Anteil echter Lernzeit, lernförderliches Klima, inhaltliche Klarheit, sinnstiftendes Kommunizieren, Methodenvielfalt, individuelles Fördern, intelligentes Üben, transparente Leistungserwartungen und vorbereitete Umgebung.[23]

Eine Schwäche solcher Forschungen ist nun aber gerade die Allgemeinheit ihrer Befunde. Dies führt leicht zu Missverständnissen. Ein solches Missverständnis wäre es, eine Art Idealtypus für gelingendes Lehrerhandeln zu konstruieren, also die Professionalität des Lehrers mit einer Standardisierung seines Verhaltens und damit faktisch mit einer Entpersönlichung des Lehrens zu verwechseln. Solche Tendenzen gibt es in der empirischen Schul- und Lehrerforschung durchaus. Aber allgemeine Kriterien wie die oben zitierten können in einer konkreten Situation nicht nur unterschiedlich gewichtet werden, sie können auch zu sehr unterschiedlichem konkretem Handeln führen. Bei der Entscheidung für Handlungsoptionen können nun persönliche Neigungen und Fähigkeiten von Lehrenden eine legitime Rolle spielen – die Stärke des einen mag der kurze, präzise und gut verständliche Lehrervortrag sein, die einer anderen das situationsgenaue, erkenntnisfördernde mäeutische Nachfragen bei Schüleräußerungen. Andreas Gruschka hat an acht Beispielen, wenn auch aus außerschulischen Bereichen, gezeigt, wie extrem unterschiedlich konkretes Handeln von erfolgreich Lehrenden sein kann.[24] Ein zweites Missverständnis ergibt sich aus der Inhaltsferne der zitierten Kriterien. Sie können zu dem Eindruck führen, guter Unterricht sei völlig unabhängig davon zu definieren, worum es inhaltlich in ihm geht. Aber es macht selbstverständlich für Lehrerhandeln, das Lernen fördern soll, einen Unterschied, ob Lesen gelernt, ein physikalisches Experiment ausgewertet, ein Kunstwerk interpretiert, ein biblisches Gleichnis verstanden oder zu einer politischen Kontroverse in kritischer Abwägung von Alternativen ein begründetes eigenes Urteil gebildet werden soll. Hierzu gibt es, bezogen auf die einzelnen Fächer der Schule, durchaus ein beträchtliches Reservoir an Forschung und Theorien in den Fachdidaktiken.

Beiden aber, der empirischen Lern- und Unterrichtsforschung sowie den Fachdidaktiken in ihrer Vielfalt, mangelt es an einer bildungstheoretischen Rahmung, mit deren Hilfe disparate Forschungen aufeinander bezogen werden können. Wie nicht nur *Lernen*, sondern *Bildung* durch Unterricht gefördert werden kann, ist kaum explizit Gegenstand eines die schulbezogenen Wissenschaften verbindenden Diskurses.[25] Dennoch lassen sich bestimmte Aspekte identifizieren, von denen sich nach dem bisherigen Kenntnisstand der schulbezogenen Wissenschaften erwarten lässt, dass sie für die Förderung von *Bildung* durch schulischen Unterricht von Bedeutung sind.

Bildungsfördernder Unterricht

Bei Bildung geht es um grundlegende Veränderungen und Erweiterungen in den Verknüpfungen des Ichs mit der Welt (Humboldt). Nicht jede neue Information bewirkt Bildung, auch nicht jede neue Fertigkeit, sondern solches Lernen, das die Welt- und Selbstverhältnisse von Menschen tangiert, erweitert, ggf. in Frage stellt und (partiell) revidiert – mit den oben erörterten Dialektiken und Grenzen (vgl. Kapitel 5).

Für schulischen Unterricht, der schon durch seine institutionellen Rahmungen (Lehrpläne, starre Lerngruppen, Prüfungsanforderungen etc.) eine Drift zur Standardisierung hat, ist dies eine anspruchsvolle Herausforderung. Denn zum einen unterscheiden sich selbst in sozial und kulturell relativ homogenen Lerngruppen die individuellen Welt- und Selbstverhältnisse. Schon Humboldt wusste, dass in Sachen Bildung wenig gewonnen ist, „wenn man nicht (…) auf die Verschiedenheit der Köpfe, auf die Mannigfaltigkeit der Weise Rücksicht nimmt, wie sich die Welt in verschiedenen Individuen spiegelt."[26] Nicht zuletzt durch weltgesellschaftliche Entwicklungen wie Migrations- und Fluchtbewegungen hat sich diese Heterogenität seit Humboldts Zeiten massiv verstärkt. Zum anderen sind Bildungsprozesse häufig auch mit Irritationen verbunden. Sein Welt- und Selbstverstehen an einer bestimmten Stelle zu überdenken, impliziert ja in vielen Fällen, bisher für richtig Gehaltenes und in der Lebenspraxis als bewährt Empfundenes (Wissen, Einstellungen, Praktiken) revidieren zu müssen. Solche mit Bildung verbundenen Prozesse des Umlernens und Neudenkens können für den Einzelnen durchaus schwierig und langwierig sein. Wer etwa, um Beispiele zu nennen, ganz gut mit der Überzeugung zurechtkam, dass Nationen naturgegebene Ordnungen sind, dass die Geschichte der Neuzeit die eines ungebrochenen ständigen Fortschritts ist, dass die Zeit seit jeher immer und überall gleichförmig vergeht, dass Demokratie gleichbedeutend mit der unmittelbaren und unbegrenzten Herrschaft des Volkes ist oder dass religiöser Glaube und naturwissenschaftliches Wissen einander ausschließende Gegensätze sind, wird sich vermutlich allein durch eine gegenteilige Lehrerinformation nicht davon abbringen lassen. Nach Mietzel müssen für die nachhaltige Veränderung von solchen Konzepten (wie Nation, Fortschritt, Demokratie oder Glaube) eine Reihe von Voraussetzungen vorliegen, „um eine konzeptuelle Veränderung wahrscheinlicher werden zu lassen:

- *Unzufriedenheit mit bisherigen Vorstellungen.* Der Lernende muss Anlass haben, mit seiner ‚alten‘ Konzeption nicht mehr zufrieden zu sein, indem er bewusst registriert, dass er ein Wissensdefizit hat. (…)
- *Vorhandensein einer plausiblen Alternative.* Dem Lernenden muss eine verständliche und plausible alternative Erklärung zur Verfügung stehen. (…)
- *Erkennen einer Diskrepanz zwischen Vorwissen und neuer Information.* Der

Lernende muss bei einem Vergleich von ‚alter' und ‚neuer' Konzeption zu der Feststellung gelangen, dass beide nicht völlig miteinander vereinbar sind. (…)

- *Akzeptieren der alternativen Konzeption.* Der Lernende muss den kognitiven Konflikt bewältigen, indem er die ihm plausibler erscheinende Konzeption akzeptiert und die andere zurückweist.

- *Notwendigkeit der Bewährung der neuen Konzeption.* Die alternative Erklärung muss sich bei der Erklärung von Beobachtungen und der Vorhersage zukünftiger Ereignisse bewähren und damit der ‚alten' Konzeption eindeutig überlegen sein.“[27]

Vor diesem Hintergrund stehen Lehrerinnen und Lehrer, die in ihrem Unterricht Bildungsprozesse anregen und fördern wollen, vor einer Reihe von Aufgaben:

- Sie müssen Schüleräußerungen und –arbeiten kontinuierlich unter dem Aspekt beobachten und analysieren, was sie über deren Weltverstehen aussagen. Dies wird sich im Regelfall auf das Gegenstandsfeld des jeweiligen Faches beziehen, aber es ist unter Umständen auch hilfreich, Lehrerkollegen, die die gleichen Schüler unterrichten, auf für deren Fächer bedeutsame Wahrnehmungen hinzuweisen.

- Sie müssen soweit wie möglich auf die sich darin zeigenden Heterogenität in Lerngruppen durch differenzierte Aufgabenstellungen eingehen. Darüber hinaus ist sinnvoll, im Kollegenkreis für die den Fachunterricht ergänzenden Lernwege (siehe unten) gezielt Angebote vorzusehen, mit denen auf in der Schülerschaft, etwa eines bestimmten Jahrgangs, gehäuft auftretende bildungsrelevante Fragen eingegangen wird (z.B. durch eine AG mit einem externen Experten, durch einen Museumsbesuch oder fächerübergreifendes Projekt).

- Lehrerinnen und Lehrer, die bildungsfördernden Unterricht erteilen wollen, brauchen Geduld. Die Schritte, die Mietzel für konzeptuelle Veränderung nennt, benötigen unter Umständen viel Zeit und mehrfache gezielte Lehrerinterventionen. Ein problematisches Geschichtsbild, Unverständnis für zeitgenössische Kunst, ein naiv-szientistisches Verständnis von Naturwissenschaften oder ein stabiles Ressentiment gegen eine Religion werden sich nur selten durch ein einziges Unterrichtsvorhaben verändern lassen.

Vielfalt ist allerdings für bildungsfördernden Unterricht nicht nur mit Blick auf die Heterogenität von Schülervorstellungen, sondern auch noch in weiteren

Hinsichten von größter Wichtigkeit: als Vielfalt der Perspektiven, von denen aus Fächer und Wissenschaften sich mit der Wirklichkeit auseinandersetzen, und als Vielfalt der Standpunkte, die im Unterricht selbst zur Sprache kommen. Wissenschaftliche Disziplinen wie Schulfächer unterscheiden sich nicht etwa dadurch voneinander, dass sie sich jeweils mit gänzlich anderen Ausschnitten der Wirklichkeit befassen. Der Geschichtsdidaktiker Hans-Jürgen Pandel nennt ein anschauliches Beispiel: „Auf einem freien Feld steht ein einsamer Baum. Die einzelnen Disziplinen sehen diesen ‚Gegenstand' unter unterschiedlichen Blickwinkeln. Für den Biologen ist der Baum Gegenstand botanischer Betrachtung. Die Geografie geht auf die Raumbeziehungen dieses Standortes ein. Die Politik bzw. Sozialkunde kann ihn als Gegenstand einer Bürgerinitiative betrachten: ‚Kein Baum für den Golfplatz/Parkplatz'. Für den Historiker handelt es eine 400 Jahre alte Femelinde, vor der Recht gesprochen wurde. Das Beispiel zeigt, dass sich die Disziplinen nicht anderen Gegenständen zuwenden, sondern die gleichen Gegenstände unter verschiedenen Fragestellungen betrachten."[28]

Nicht immer lässt sich die Zuordnung unterschiedlicher Perspektiven auf das gleiche Untersuchungsobjekt so trennscharf vornehmen wie in diesem Beispiel. In den Wissenschaften konkretisieren sich Perspektiven in Form von Paradigmen, also Sets von fundamentalen Leitsätzen, Fragestellungen und Methoden, die sich zwischen verschiedenen Wissenschaften, aber auch innerhalb einer Wissenschaft und quer zu Wissenschaftsdisziplinen unterscheiden können. Das Paradigma der quantitativen empirischen Sozialforschung etwa ist in der Soziologie, der Politikwissenschaft und der Erziehungswissenschaft verbreitet, steht aber in jeder dieser Disziplinen in Konkurrenz zu anderen Paradigmen. Gleichwohl unterscheiden sich beispielsweise beim Problemfeld Klimawandel naturwissenschaftliche, geographische, politische, ökonomische und ethische Perspektiven deutlich voneinander und lassen die mit diesem Konzept ‚Klimawandel' kategorisierten Phänomene in jeweils anderem Licht erscheinen.

Zahl und Auswahl an Schulfächern sowie deren innere Zuschnitte repräsentieren eine bestimmte, letztlich politisch entschiedene Auswahl an Perspektiven aus dem Spektrum der Wissenschaften. In den meisten Fällen sind Schulfächer nicht eins zu eins einer Wissenschaftsdisziplin zugeordnet, und wo dies doch der Fall zu sein scheint (wie etwa im Fall der Mathematik), reduzieren Schulfächer schon aus Gründen der praktischen Machbarkeit die innere Vielfalt der Forschung in einer Wissenschaft drastisch. Dennoch repräsentiert das oben beschriebene Kerncurriculum der Schule in der Weltgesellschaft eine beträchtliche Vielfalt an unterschiedlichen Sichtweisen auf die Wirklichkeit. Diese Perspektivität *jedes* wissenschaftlichen Zugangs zur Wirklichkeit und die daraus resultierende Pluralität wissenschaftlichen Weltverstehens an geeigneten Beispielen zu erschließen, ist eine zentrale Aufgabe bildungsfördernden Unterrichts. In ihm haben unterschiedliche Positionen einen legitimen Platz, nicht nur in Schülervorstellungen als Ausgangspunkt des weiteren Lernens, sondern auch in den möglichen Ergebnissen dieses Lernens, und sei es erst im Vergleich mit Blicken aus einem anderen Fach auf das gleiche Phänomen. „Mehrperspektivität will Lernprozesse ermöglichen, die es erlauben, den eigenen, zunächst immer naiv und egozentrisch begrenzten Blick auf die Wirklichkeit zu überschreiten und neue Horizonte zu erschließen." Dabei macht bildungsfördernder Unterricht auch den Lernenden transparent, dass er „nicht die Welt selbst zeigen (kann), sondern nur ein Bild von ihr. Deshalb kann Unterricht im besten Sinne die Welt nur als einen ‚Text' lesbar machen, der im Rahmen kultureller Überlieferung bereits vorinterpretiert ist."[29] Mit Blick auf kulturelle Vielfalt in der Weltgesellschaft wäre dies so zu verstehen, dass die jeweils eigene kulturelle Überlieferung immer wieder an geeigneten Beispielen auch durch fremdere Überlieferungen kontrastiert und ergänzt werden sollte – durch einen außereuropäischen Blick auf ein historisches Ereignis etwa, durch von anderen Mittelpunkten als Europa aus gezeichnete geographische Karten, durch Belletristik aus anderen Kulturräumen, durch die vergleichende Beschäftigung mit außereuropäischen Religion und vieles mehr.

Ein Hindernis für Bildung[30] ist hingegen ein Unterricht, der – beabsichtigt oder unbeabsichtigt – den Eindruck erweckt, im jeweiligen Fach gehe es um einen von anderen klar abgegrenzten Objektbereich aus der außerschulischen Wirklichkeit und hierüber vermittele das Fach objektiv wahres Wissen. Im schulischen Alltagsbegriff des ‚Stoffes', der ‚durchzunehmen' ist, wirkt genau diese Vorstellung nach. Der ‚Stoff' scheint nicht aus Denkweisen, sondern aus einer Art Material zu bestehen; er enthält keine Perspektiven, Widersprüche und offene Fragen, sondern nur Tatsachen, die sich unglücklicherweise durch das Wirken der Wissenschaften ständig vermehren, weshalb der ‚Stoffdruck' immer weiter wächst. Andererseits, so ein scheinbarer Vorteil dieses Verständnisses von schulischem Wissen, ist der Stoff gut aufzuteilen (z. B. auf Unterrichtsstunden) und leicht zu messen (für Benotungen). Obwohl diese Metapher des ‚Stoffes' auf den ersten Blick weltanschaulich neutral wirkt, lassen sich hinter ihr auch Ideologisierungen gut verbergen. Wenn beispielsweise der ‚Stoff' des Geschichtsunterrichts scheinbar nur aus historischen Fakten besteht, fallen die hinter der Auswahl solcher Fakten stehenden Narrationen nicht mehr auf.

Ein besonderes Problem stellt diese Verwandlung wissenschaftlichen Wissens in ‚Stoff' heute im Bereich der Naturwissenschaften dar. Wenn der unhintergehbare Konstruktionscharakter dieses Wissens, seine Theorie- und Modellabhängigkeit und damit seine Perspektivität ignoriert werden – was in der öffentlichen Kommunikation häufig geschieht, nicht zuletzt auch in Erfolgsmeldungen aus der Forschung, bei denen es nicht selten einen Subtext mit der Forderung nach mehr Finanzmitteln gibt –, dann wird dieses Wissen leicht für die Legitimation unterschiedlichster Interessen instrumentalisierbar. Mehr noch: In westlichen Gesellschaften wird, wie bereits erwähnt, ein unterkomplexes, szientistisches Verständnis von naturwissenschaftlichem Wissen auch verwendet, um die religionsfeindliche Ideologie des Säkularismus zu begründen.[31] Solche Instrumentalisierungen und weltanschaulichen Aufladungen stehen aber fachlich vertretbaren Verständnissen des naturwissenschaftlichen Denkens gerade entgegen. Die naturwissenschaftlichen Fachdidaktiken reagieren darauf, indem sie in jüngster Zeit die Frage nach der ‚Nature of Science', der ‚Natur der Naturwissenschaften', verstärkt in den Blick nehmen und nach didaktisch-methodischen Ansätzen suchen, wie diese im naturwissenschaftlichen Unterricht thematisiert werden kann. Dabei geht es um Fragen wie:

„– Was unterscheidet Naturwissenschaften von anderen Disziplinen?
– In welchen Zusammenhängen stehen Naturwissenschaften, Technik und Gesellschaft?
– Welche Denk- und Arbeitsmethoden kennzeichnen Naturwissenschaften?
– Welchen epistemologischen Status hat naturwissenschaftliches Wissen?
– Welche Wege der Erkenntnisgewinnung werden in den Naturwissenschaften beschritten?
– Welchen Status haben naturwissenschaftliche Hypothesen, Gesetze, Theorien?"[32]

Entlang solcher Fragestellungen können die naturwissenschaftlichen Fächer sehr gut zur notwendigen Mehrperspektivität schulischer Bildungsangebote beitragen: Einerseits erlauben diese Fragen es den Naturwissenschaften, ihre *von anderen Fächern und Fächergruppen sich unterscheidenden* Perspektiven zu verdeutlichen, andererseits werden sie auch innerhalb des naturwissenschaftlichen Denkens unterschiedlich beantwortet und können so die *innere Pluralität der Naturwissenschaften* erschließen helfen.

Vielfalt der Lernwege

Als im 17. Jahrhundert Johann Amos Comenius in seiner Didactica Magna postulierte, die Schulen müssten *alle* Kinder alles lehren, war das nicht nur in materieller Hinsicht eine visionäre Vorstellung. Es stellte sich auch ein großes konzeptionelles Problem: Wie sollte es möglich sein, dass eine begrenzte Zahl an Lehrern eine solche Menge an Kindern unterrichten könnte? Lehren und intentionales Lernen, das fand damals für die allermeisten Menschen in engen personalen Beziehungen statt: Eltern und Kinder, Neulinge und Erfahrenere, Meister und Lehrlinge. Aber hunderttausende, gar Millionen von Kindern unterrichten? Comenius fand eine Lösung für dieses Problem mit einer genialen Erfindung: dem Frontalunterricht. Er nahm an, dass die Entwicklung von Kindern von Natur aus im Wesentlichen in einer Schrittfolge vorangeht – und wenn die Methode des Unterrichts nur dieser Entwicklung folge, dann könne ein Lehrer eine sehr große Zahl an Kindern gleichzeitig (!) unterrichten:

„Die Kunst des Lehrens erfordert (…) nichts als eine kunstgerechte Anordnung von Zeit, Stoff und Methode. Können wir die richtig treffen, so ist es nicht schwerer, eine beliebig große Schülerzahl alles zu lehren, als mit Hilfe der Werkzeuge, über welche die Buchdruckerkunst verfügt, täglich tausend Bogen mit zierlicher Schrift zu bedecken: (…) Alles wird ebenso leicht und bequem gehen wie die Uhr, wenn sie von ihrem Gewicht richtig reguliert wird.

Laßt uns also im Namen des Höchsten versuchen, einen Typus (conformatio) von Schulen zu begründen, der einer kunstreich angefertigten, mit vielfacher Pracht gezierten Uhr genau entspricht. (…) Wir wollen nun im Namen Gottes die Grundlagen zu ermitteln beginnen, auf denen Lehr- und Lernmethode wie auf einem unbeweglichen Fels aufgebaut werden können. Diese dürfen wir nur in der Natur suchen (…) Die Natur unternimmt alles zu seiner Zeit (…) Die Natur bringt ihre Tätigkeiten nicht durcheinander, sondern nimmt deutlich eins nach dem anderen vor. (…) Die Natur macht keinen Sprung, sie geht schrittweise vor."[33]

Hier finden sich bereits die Merkmale des traditionellen Frontalunterrichts: die Anleitung einer großen Schülerzahl durch einen Lehrer; das schrittweise

Vorgehen; in Analogie zum Buchdruck und zur Uhr eine Gleichförmigkeit des Unterrichtsgeschehens; altershomogene Lerngruppen als Folge der angenommenen gleichen Entwicklungsfolge bei Kindern. Ohne dieses neue Konzept des Lehrens wäre die moderne Schule nicht möglich gewesen. Es kam überdies, wie sich zeigen sollte und wie sich in den Analogien zu Uhr und Buchdruck andeutete, den Arbeitsrhythmen der Manufaktur und der klassischen Industrie entgegen. Aber so visionär dieses Konzept war, es implizierte doch eine Vorstellung, die sich aus heutiger Sicht und nach rund 150 Jahr Erfahrungen mit der Praxis der Schulpflicht nicht halten lässt: die Annahme einer so gleichförmigen Entwicklung von Kindern und Jugendlichen, dass der gemeinsame Unterricht größerer Gruppen über lange Zeiträume hinweg sich konzeptionell und praktisch darauf stützen kann. Kinder gleichen Alters sind schon in ihrer körperlichen Entwicklung mindestens zeitweise sehr unterschiedlich, wie schon ein oberflächlicher Blick in ein 7. Schuljahr zeigt. Sie sind es noch mehr, bezieht man ihre Sozialisationserfahrungen und ihre persönlichen Entwicklungen unter den Bedingungen einer modernen Gesellschaft ein, zumal mit Blick auf weltgesellschaftliche Einflussfaktoren.

Schulen werden sich daher mehr und mehr von der Vorstellung lösen müssen, es gebe im Grundsatz den einen richtigen Weg des Lehrens und Lernens: die altershomogene Schulklasse, die in einem festen Zeittakt (Unterrichtsstunden) von wechselnden Lehrenden, aber doch von jeweils einem Lehrer oder einer Lehrerin unterrichtet wird, und zwar so, dass alle zur gleichen Zeit das Gleiche tun. Dieser Lernweg wird zwar einen gewissen Stellenwert behalten, aber er wird durch andere Wege des Lernens in der Schule ergänzt werden müssen. Idealtypisch lassen sich die im Folgenden skizzierten Lernwege unterscheiden, die sich jedoch durch zahlreiche weitere und kleinere (wie z. B. Exkursionen, Museumsbesuche, innerschulische Veranstaltungen mit externen Gästen) situativ ergänzen lassen. Je vielfältiger die Angebotsstrukturen in dieser Hinsicht sind, desto mehr werden Schulen über den Unterricht hinaus zu anregungsreichen und bildungsförderlichen Lernumgebungen.

Kurse: Der traditionelle Klassenunterricht in Fächern entspricht strukturell diesem Lernweg. Er ist nicht punktuell oder zeitlich sehr eng limitiert, kann längerfristig geplant werden, wird von einem Lehrer oder einer Lehrerin geleitet und von einer festen Lerngruppe besucht. In außerschulischen Bildungsbereichen hat sich gleichwohl der Begriff ‚Kurs‘ durchgesetzt, in der Erwachsenenbildung etwa, oft auch an Hochschulen, ebenso bereits in der Oberstufe von deutschen Gymnasien, international auch manchmal früher, so etwa an Highschools in den USA oder Australien. Kurse werden in den meisten Fällen den traditionellen Fächern zugeordnet, also Fachunterricht sein. Dennoch hat es Vorteile, auch Fachunterricht als Folge von Kursen zu denken, die thematische Schwerpunkte (z. B. Algebra, Geometrie) oder eine Stufenfolge (Englisch I) haben und zeitlich begrenzt sind, wenn auch für längere Zeiträume wie mindestens ein halbes oder ganzes Schuljahr: Sie bieten potenziell weitaus mehr Wahlmöglichkeiten, weil sie auch innerhalb eines Faches in gewissem Umfang alternativ sein können (unbeschadet von ebenfalls notwendigen Pflichtkursen), und sie bieten bessere Fördermöglichkeiten, weil Schülern mit bestimmten Schwächen gezielt zusätzliche Kurse empfohlen werden oder auch einzelne Kurse erneut belegt werden können, ohne dass ein ganzes Schuljahr wiederholt werden muss. Überdies lädt ein Schulcurriculum in Form von Kursen geradezu dazu ein, das schulische Angebot thematisch vielfältiger und attraktiver zu gestalten. Allerdings wird auch ein Unterricht in von jeweils einem Lehrer oder einer Lehrerin geleiteten Kursen nicht von einer homogenen Schülerschaft ausgehen können, sondern Formen des produktiven Umgangs mit Heterogenität finden müssen.

Projekte: Bei Projekten handelt es sich kooperative Arbeitsvorhaben, mit denen ein bestimmtes Problem gelöst und/oder ein konkretes Produkt realisiert werden soll. Das Vorgehen ergibt sich dabei aus den Notwendigkeiten, die das zu lösende Problem oder die zu realisierende Aufgabe mit sich bringen, und nicht aus einer fachlichen oder wissenschaftlichen Systematik. Projekte sind daher in der Regel fächerübergreifend angelegt. Bildungsgeschichtlich geht der Projektgedanke bis in die Handwerks- und Architekturausbildung in der frühen Neuzeit zurück; schulpädagogisch waren im frühen 20. Jahrhundert die deutsche Reformpädagogik sowie in den USA John Dewey und William H. Kilpatrick wichtige Impulsgeber für die Profilierung der Projektmethode im Bereich des schulischen Lernens.[34] Anders als etwa in der Wirtschaft oder der Wissenschaft, wo die Entwicklung eines neuen Produkts oder die Durchführung eines Forschungsvorhabens (beides sind ebenfalls Projekte) mehrere Monate oder Jahre in Anspruch nehmen können, werden sich die entsprechenden Zeiträume in der Schule sich in der Regel zwischen mehreren Tagen und mehreren Wochen bewegen. Wesentlich ist aber, dass mit einem Projekt ein konkretes Ziel verfolgt wird, dessen Gestalt nicht schon vorab feststeht, das in einer begrenzten Zeit verwirklicht werden kann und auf das sich die Beteiligten während dieser Zeit in möglichst großem Maße konzentrieren können. Projekte lassen sich daher nur schlecht im Rahmen eines ein oder zwei wöchentliche Unterrichtsstunden umfassenden Fachunterrichts realisieren. Deshalb werden hier Projekte als ein alternativer Lernweg zu Kursen verstanden. Idealerweise sollte sich der Schulalltag aus Schülersicht im Lauf eines Schuljahres zu einem großen Teil als Wechsel von Kursen und Projekten darstellen.

Selbststudium: Anders als an Hochschulen sieht man in Schulen nur selten Schülerinnen und Schüler, die alleine oder in kleinen Gruppen an einem ruhigen Ort ohne Lehrer an einer Sache arbeiten, und sei es, indem sie konzentriert ein Buch lesen. Angesichts der Situation, dass Lernen letztlich immer als individueller Konstruktionsprozess durch die Lernendenden selbst verstanden werden muss, ist dies eine kuriose Situation. Beispiele, wie Schule für solches Selbststudium gezielt Räume und Zeiten schaffen können, gibt es dennoch.[35] Von großer Bedeutung sind in diesem Zusammenhang gut ausgestattete, in einer ruhigen Atmosphäre zum Lesen einladende Schulbibliotheken. So trivial es klingen mag – da kulturelle Überlieferungen zum großen Teil in Form von Büchern vorliegen, ist für Bildung das Lesen von Büchern unerlässlich. Viele Beobachtungen sowie erste einschlägige Forschungen sprechen entschieden dafür, dass es sich dabei jedenfalls dann, wenn es um längere und komplexe Texte geht, um traditionelle, auf Papier gedruckte Bücher und nicht um digitale Formate handeln sollte. Bücher haben eine tast- und sichtbare Ordnungsstruktur: „Der konkrete Ort des Leseakts ist die einzelne Textseite und diese ist beim Papierbuch ein klar lokalisierbarer Teil eines sinnlich erfassbaren, greifbaren Ganzen. Ein Text auf dem Bildschirm unterscheidet sich davon grundlegend. Sinnfällig präsent ist für die Lesenden jeweils nur eine Seite. (…) Was wir mit der Bildschirmseite vor unseren Augen haben, ist ein undefinierter Ausschnitt aus einer völlig unüberschaubaren Menge an Zeichen, die mit einem Mausklick augenblicklich auf derselben medialen Oberfläche erscheinen können. Die folgende Textseite eines Romans kann genauso rasch erscheinen wie ganz andere Texte oder Zeichen: Videos, Lexika, Nachrichtenmedien, das persönliche E-Mail-Programm, Social-Media-Anwendungen etc."[36] Stocker spricht von einem nachweisbaren Abbau der Fähigkeit zum ‚Deep Reading', verstanden als fokussierte Aufmerksamkeit auf den Text und als „Immersion", als tiefes Eintauchen in dessen sprachliche und gedankliche Welt. Stattdessen setze sich mit der Digitalisierung eine „oberflächliche, auf punktuelle Information abzielende Leseweise" durch, was „mittlerweile als Effekt der Immaterialität von digitalen Texten und der Flüchtigkeit des digitalen Mediums überhaupt durch zahlreiche empirische Studien belegt" sei.[37] Ohne Zweifel ist die Fähigkeit zum Deep Reading bildungsförderlich und ihr drohender Rückgang in Folge der Digitalisierung ein Alarmzeichen für Bildungsinstitutionen. In den USA gibt es deshalb bereits Initiativen und Vorgaben zur verbindlichen Verankerung der Förderung von Deep Reading in schulischen Curricula.[38] Aber letztlich kommt es unabhängig von solchen Versuchen zur Institutionalisierung dieser Bildungsaufgabe darauf an, dass Schulen sich im Umgang mit Texten nicht auf Textschnipsel auf Arbeitsblättern im Fachunterricht beschränken, sondern das Selbststudium inklusive des immersiven Lesens fördern und hierfür auch während des Aufenthalts von Schülerinnen und Schülern in der Schule Zeiten und Gelegenheiten schaffen.

Arbeitsgemeinschaften: Viele Schulen bieten bereits eine mehr oder weniger breite Palette an Arbeitsgemeinschaften für ihre Schülerschaft an. Arbeitsgemeinschaften gelten als ‚extracurriculare' Aktivitäten; die Teilnahme ist freiwillig, sie finden zusätzlich zu unterrichtlichen Angeboten statt und unterliegen nicht der Leistungsbewertung. Gerade deshalb können sie ein beträchtliches Potenzial an Bildungsförderung enthalten, wenn sie zumindest *auch* unter eben diesem Aspekt, der Anregung und Förderung von Bildungsprozessen, von der Schule konzipiert werden. So ermöglicht es das Instrument der Arbeitsgemeinschaften, schnell und unbürokratisch entsprechende Wünsche und Vorschläge von Schülern aufzunehmen oder je nach Thema und Alter auch selbstorganisierte Aktivitäten zu unterstützen. Ferner können Arbeitsgemeinschaften Externe, so etwa aus Vereinen, Kirchen, Verbänden oder aus der Elternschaft, mit ihren Kompetenzen in die Arbeit einer Schule einbinden. Auf diesen Wegen können Arbeitsgemeinschaften sowohl die Vielfalt der schulischen Bildungsangebote vergrößern als auch das Profil einer Schule schärfen.

Reisen: Die ‚Bildungsreise' innerhalb Europas gehörte im 18. und 19. Jahrhundert zum bürgerlichen Bildungskanon.[39] In bürgerlichen Schichten scheint sich derzeit mit dem ‚Auslandsjahr' nach dem Abitur, in dem junge Erwachsene Reiseerfahrungen mit Freiwilligenarbeit in sozialen Projekten, als Au Pair oder in Praktika verbinden, nicht selten auch in weit entfernten Ländern und bewusst in anderen Kulturräumen, eine modernisierte, weltgesellschaftliche Form dieser Bildungsreise zu entwickeln. In Schulen war es bis vor nicht allzu langer Zeit üblich, ‚Klassenfahrten' während der Schulzeit primär als Studien- und damit als Bildungsreisen zu verstehen; davon ist allerdings angesichts von deren Eventisierung, die auch vor kollektiven Flugreisen zu südlichen Stränden nicht haltmacht, nicht allzu viel geblieben. Dabei bietet eine solche Reise noch immer beträchtliche Bildungsmöglichkeiten, wenn sie gut vorbereitet sowie klug mit dem Unterricht, beispielsweise mit einem Projekt, verknüpft und nicht nur als Standardprogramm bei einer der inzwischen auf diesen Markt spezialisierten Reiseagenturen eingekauft wird.[40] Unter weltgesellschaftlichen Bildungsaspekten bedeutsamer dürften aber jene Reisen sein, die in längerfristige internationale Schulkooperationen und Austauschbeziehungen eingebunden sind und die es Jugendlichen ermöglichen, für eine gewisse Zeit am Schul- und Familienleben in einen anderen Land teilzunehmen. Zunehmend nutzen Schulen dieses Instrument auch bereits für transkontinentale Austauschbeziehungen. Solche Auslandsaufenthalte können eine oder zwei Wochen dauern, aber auch ein ganzes Schuljahr umfassen. Hier lassen sich inzwischen im Vergleich über mehrere Schülergenerationen positive Bildungseffekte auch empirisch zeigen.[41]

Pioniere globaler Bildung: international orientierte Schulverbünde

Abschließend sei auf drei Formate hingewiesen, mit denen sich derzeit in Deutschland Schulen vernetzen, die in ihrem Schulprofil auf eine dezidiert internationale respektive weltgesellschaftliche Ausrichtung ihrer Bildungsangebote besonderen Wert legen.

UNESCO-Projektschulen: Dieses weltweite Netzwerk geht auf einen Beschluss der UNESCO aus dem Jahr 1952 zurück. Seitdem ist es kontinuierlich gewachsen. Heute gehören ihm weltweit über 10.000 Schulen in 180 Ländern an, davon 250 in Deutschland. UNESCO-Projektschulen verpflichten sich auf die Orientierung an sechs Leitlinien: Menschenrechtsbildung und Demokratieerziehung, interkulturelles Lernen, Umwelterziehung, globales Lernen und „Welterbeerziehung", womit die Thematisierung der Welterbeprojekte der UNESCO (Naturerbe, Kulturerbe, Erinnerungsstätten und immaterielles Kulturerbe) in Unterricht und Schulalltag gemeint ist.[42] Schulen können sich um eine Mitgliedschaft bewerben, wenn sie sich in ihrer Praxis bereits auf mindestens drei dieser Leitlinien bezieht, internationale Schulpartnerschaften pflegen und zeigen, dass möglichst alle ihrer Fachbereiche in diese Schwerpunktbildung einbezogen werden können. Die zuständigen Schulbehörden müssen diesem Antrag zustimmen; eine Aufnahme erfolgt dann in einem dreistufigen Verfahren, bei dem sich die Kooperation schrittweise über mehrere Jahre verdichtet. UNESCO-Projektschulen unterliegen aber keinem gemeinsamen Curriculum, sondern wählen im Rahmen der sechs Leitlinien ihre Schwerpunkte selbst. Einen Eindruck von der Spannweite möglicher Schwerpunkte geben die Themen der internationalen Projekttage, den die deutschen Mitgliedsschulen alle zwei Jahre gemeinsam mit ausländischen Partnerschulen seit 1996 veranstalten: „10 Jahre nach Tschernobyl"; „50 Jahre Allgemeine Erklärung der Menschenrechte"; „Nachhaltige Entwicklung – Wege einer Kultur des Friedens"; „Kulturen begegnen – weltoffen"; „Lebenselixier Wasser – Probleme, Konflikte, Chance"; „Lebenstraum Sport: fit – friedlich – fair – für eine Welt"; „Nebeneinander – Miteinander – Heimat finden: Wie viel Integration brauchen wir?"; „Unser Handeln – unsere Zukunft"; „Hinterm Tellerrand geht's weiter – weltbewusst essen und leben"; „Welterbe Erde – mach dich stark für Vielfalt". Größere und längerfristige Rahmenthemen, unter denen UNESCO-Projektschulen aus mehreren Ländern an konkreten Projekten arbeiten, sind unter anderem das „Baltic Sea Project" mit Schulen aus neun Ostsee-Anrainerstaaten, ein „Euro-Afrikanischer Dialog" und ein „Euro-Arabischer Dialog" – Themenfelder, an denen die weltgesellschaftliche Orientierung dieses Netzwerks besonders deutlich zum Ausdruck kommt.

Club of Rome Schulen: Der Namensgeber dieses Netzwerks, der Club of Rome, ist eine gemeinnützige Vereinigung von Experten aus Wissenschaft und Wirtschaft mit einer Höchstmitgliederzahl von 100 sowie nationalen Gesellschaften in 32 Staaten, die dessen Ziele unterstützen. Weltweit bekannt wurde der Club of Rome mit der 1972 erschienenen und von ihm beauftragten Studie „Die Grenzen des Wachstums", die geradezu symbolisch für das Ziel der Vereinigung steht: mit einschlägigen Studien und Vorschlägen für eine nachhaltige globale Entwicklung zu wirken. Sein Grundsatz „Global denken – lokal Handeln" ist inzwischen zu einem geflügelten Wort geworden. Die Deutsche Gesellschaft für den Club of Rome hat 2004 mit dem Aufbau eines Netzwerks deutscher Schulen begonnen, die eben diesen Grundsatz zu einer Leitlinie ihrer pädagogischen Arbeit machen wollen. Diesem Netzwerk gehören inzwischen 16 Schulen an. Ihr Profil soll sich durch Orientierung an der Idee einer globalen Verantwortungsgemeinschaft, lokale Vernetzungen und Vielfalt in ihren Bildungsangeboten auszeichnen. Erziehung und Bildung zielt im Selbstverständnis dieses Netzwerks „neben fachlich-beruflicher Qualifikation auch auf die Bereitschaft,

* zur Ehrfurcht vor dem Leben,
* die Vielheit und Vielfalt der Kulturen zu achten,
* zum Handeln im Sinne globaler Solidarität und Gerechtigkeit,
* die Schätze dieser Erde für die kommenden Generationen zu erhalten, für die eigenen Überzeugungen einzustehen und sich mit demokratisch-politischem Engagement in der Bürgergesellschaft einzusetzen,
* zur Lösung der globalen Probleme im Miteinander der Völker beizutragen,
* sich für die Stärkung internationaler Organisationen einzusetzen".[43]

Jede Mitgliedsschule ist gehalten, für jeweils zwei Jahre ein auf das Leitbild des Netzwerks bezogenes Aktivitätskonzept zu erstellen.

Europaschulen: Dieses Netzwerk deutscher Schulen ist, wie der Name nahelegt, zunächst europäisch und weniger global orientiert. Gleichwohl sind Europaschulen stark international ausgerichtet und greifen in ihren Bildungsangeboten auch vielfach weltgesellschaftliche Probleme auf. So heißt es im Profil der hessischen Europaschulen unter anderem: „Der Unterricht an den hessischen Europaschulen wird auf die europäischen und internationalen Forderungen nach einer interkulturellen Kommunikations- und Handlungsfähigkeit der Schülerinnen und Schüler ausgerichtet. Bei der Behandlung der in den curricularen Vorgaben festgelegten Unterrichtsinhalte in allen Fächern und Lernbereichen wird durch die Öffnung des Blickwinkels für europäische Inhalte Mehrperspektivität erreicht. Interkulturelle Arbeit wird als Unterrichtsprinzip in allen Fächern umgesetzt, um die eigene Identität in der Auseinandersetzung mit anderen Personen und Kulturen zu entwickeln. So fördern die Europaschulen das Ziel eines friedlichen Zusammenlebens in einem gemeinsamen europäischen Haus in globaler Verantwortung für die *Eine Welt.*"[44] Europaschulen unterliegen dem staatlichen Bildungsföderalismus und sind zwischen den Bundesländern unterschiedlich reguliert, einschließlich der Vergabe dieser Bezeichnung. Bundesweit gibt es nicht einmal eine verlässliche Statistik zur Arbeit dieser Schulen.[45] Da die hessischen Europaschulen konzeptuell und in der Institutionalisierung ihres Netzwerks in Deutschland als führend gelten, wird nachfolgend nur auf die Situation in Hessen Bezug genommen. In Hessen gibt es derzeit 35 Europaschulen, nachdem das Programm 1992 mit zunächst fünf Schulen begonnen wurde. Seit 2004 erfordert die Mitgliedschaft in diesem Netzwerk eine formelle Zertifizierung, die alle fünf Jahre erneuert werden muss. Für diese Schulen gibt es ein gemeinsam erarbeitetes „Europäisches Curriculum", das nach den Bildungsbereichen Kulturelle und Ästhetische Bildung, Sprachliche Bildung, Mathematisch-Naturwissenschaftliche Bildung und Politische Bildung differenziert ist und für jeden dieser Bildungsbereiche Kompetenzen, Methoden für deren Evaluation und thematische Beispiele enthält. Dieses noch stark von der Kompetenzorientierung geprägte Curriculum mag man in den Kompetenzlisten als überreguliert betrachten können, es zeigt aber dennoch eine bemerkenswerte Breite an Anregungen für die Integration transnationaler Perspektiven in die schulischen Lernangebote. Von großer Bedeutung sind für Europaschulen internationale Schulpartnerschaften. Solche Partnerschaften werden von den hessischen Europaschulen mit Partnerschulen in 27 europäischen und 13 außereuropäischen Ländern gepflegt.[46]

Gemessen an der Gesamtzahl der Schulen mögen die Mitgliedszahlen in solchen Netzwerken als relativ niedrig erscheinen. Gleichwohl sind sie Laboratorien der überfälligen weltgesellschaftlichen Öffnung des schulischen Lernens, von deren Erfahrungen – positiven wie negativen – Impulse für das Schulsystem insgesamt ausgehen können.

Schlussbetrachtung:
Erziehung zum Weltbürger?

„Weltbürgertum (ist) Universalität plus Unterschied".
(Kwame Anthony Appiah)[1]

Impliziert Bildung in der Weltgesellschaft die Notwendigkeit einer Erziehung junger Menschen zu künftigen ‚Weltbürgern'? Braucht es also eine Art ‚Bürgerleitbild' für die Weltgesellschaft, womöglich eines, das nationalstaatliche Bürgerleitbilder ablöst? Was auf den ersten Blick eine naheliegende Forderung zu sein scheint, erweist sich bei näherem Hinsehen als starke Vereinfachung. Schon innerhalb nationalstaatlich verfasster Demokratien lassen sich angesichts der inneren Pluralität moderner Gesellschaften inhaltsreiche Bürgerleitbilder nur schwer formulieren oder gar verbindlich fixieren. Allenfalls gelingt das auf der Ebene allgemeiner politischer Tugenden wie etwa Rechtstreue, Verantwortungsbereitschaft oder Gemeinsinn, die aber für jedes politische Gemeinwesen mit guten Gründen postuliert werden können, sei es eine Kommune, ein föderaler Teilstaat oder ein Nationalstaat. Da sich im Zuge von Globalisierungsprozesse in der Weltgesellschaft bis zu einem gewissen Grade politisch-institutionelle Strukturen sowie vielfältige Felder für ökonomische und andere soziale Beziehungen entwickelt haben, lassen sich solche Tugenden durchaus auch auf die Ebene der Weltgesellschaft beziehen.[2]

Aber damit wird kein Weltbürgertum als *Alternative* zu anderen Formen und Ebenen der sozialen Zugehörigkeit konstituiert. Schon Friedrich Schiller formulierte – in einer Zeit großer kosmopolitischer Hoffnungen – so treffend wie realistisch: „Man ist eben so gut Zeitbürger, als man Weltbürger, Staatsbürger, Hausvater ist."[3] Heute könnte Schiller wohl ergänzen, dass man ebenso gut Bürger einer Gemeinde oder Stadt und der Europäischen Union ist, dass man überdies Angehöriger einer Religionsgemeinschaft oder einer Berufsgruppe, eines Verbandes, oder einer anderen Interessengruppe sein oder sich mit einer politischen Initiative identifizieren kann, und dies auch weit über Landesgrenzen hinaus.[4] Kollektive Zugehörigkeiten können sich in einem Menschen auf verschiedenen Ebenen und mit unterschiedlichen Reichweiten ausbilden, und sie können auch in verschiedenen Formen und Intensitäten gelebt werden. Deshalb kann es *den* Weltbürger im Sinne eines einheitlichen Rollenmodells nicht geben, und jede Erwartung, auf dem Wege der Erziehung zu einem solchen Rollenmodell ließen sich die politischen, sozialen, ökonomischen und kulturellen Probleme und Konflikte in der Weltgesellschaft lösen, wäre von vornherein vergebens.

Dennoch sind Globalisierung und Weltgesellschaft Aspekte einer sozialen Wirklichkeit, in die junge Menschen heute hineinwachsen. Sie im Bildungssystem zu ignorieren, wäre von sträflicher Ignoranz. Der weltgesellschaftliche Zusammenhang menschlichen Lebens in unserer Zeit stellt eine letztlich unausweichliche Herausforderung für die Identitätsbildung von Menschen dar, mag dies auch in unterschiedlichen Regionen und verschiedenen sozialen Zusammenhängen noch in unterschiedlicher Intensität und Dringlichkeit erlebt werden. Ihn dem Wissen, der Reflexion und Urteilsbildung junger Menschen zugänglich zu machen, ist eine unabdingbare Aufgabe für das Bildungswesen, sofern es heute ‚Vorbereitung auf das Leben‘ sein will.

Die weltgesellschaftliche Ebene als Teilbereich, als *eine* Ebene der sozialen Zugehörigkeiten zu verstehen, anzunehmen und für sich mit Leben zu erfüllen, kann man nun aber durchaus als Ausdruck eines zeitgemäßen Weltbürgertums verstehen. Dieses Weltbürgertum gibt es jedoch nur in Vielfalt. Es mag sich aus Perspektiven in einem internationalen Unternehmen oder auf einem afrikanischen Markt, in der Wissenschaft oder im Sport, in einem Internetforum oder in einer NGO, in einer christlichen Kirche oder in einer Moscheegemeinde unterschiedlich darstellen und ausformen. Dennoch ist die Rede von Weltbürgertum nur sinnvoll, wenn sie mit einem universalistischen Kern gedacht wird. Die Vorstellungen von Gleichwertigkeit und moralischer Gleichheit aller Menschen sowie die Akzeptanz des rudimentären ‚Verfassungskonsenses‘, wie er sich in der UN-Charta und im globalen Menschenrechtsregime herausgebildet hat, bilden einen solchen Kern.

Aber zweifelsohne dient es einem gedeihlichen Zusammenleben in der Weltgesellschaft, wenn über einen solchen Kern hinaus sich Elemente eines

‚übergreifenden Konsenses‘ entwickeln und vertiefen. Besonders gewichtig hierbei ist das Element der Bildung. Bildung ermöglicht es Menschen, das Eigene mit der Offenheit für Fremdes zu verbinden. Sie ist ein Gegengift gegen Engstirnigkeit und Ressentiments, erst recht gegen Extremismus und Fanatismus. Deshalb sollte der Weltbürger ein *gebildeter* Mensch sein.

Anmerkungen

Zur Einführung: Die Aktualität der Bildung

1   Christoph Markschies, Theologe und von 2006 bis 2010 Präsident der Humboldt-Universität zu Berlin, in einem Interview in Cicero 3/2007, 53

1. Die Vertreibung aus dem Paradies

1   John Wheeler, Physiker, zit. nach Horgan, John: An den Grenzen des Wissens. Siegeszug und Dilemma der Naturwissenschaften. München 1997, 138
2   Vgl. Adorno, Theodor W.: Negative Dialektik. Frankfurt/M. 1966
3   Vgl. u. a. Jaeggi, Rahel: Entfremdung. Zur Aktualität eines sozialphilosophischen Problems. Frankfurt/New York 2005
4   Hier ist in erster Linie an die heute bestehenden Religionen gedacht, insbesondere an die großen Weltreligionen. Die Vielfalt der menschengeschichtlichen Phänomene, die unter dem Begriff der „Religion" subsummiert werden, macht diesen Begriff notwendigerweise zu einem schwer abgrenzbaren Konzept. So ist es umstritten, ob der Bezug auf Transzendenz, wie er hier vorgenommen wird, tatsächlich das zentrale Merkmal aller historischen Religionen war. Hans Joas etwa sieht mit Referenz auf Karl Jaspers die Entstehung einer Transzendenzvorstellung erst in der „Achsenzeit", also im Zeitraum von etwa 800 v. Chr. bis etwa 200 n. Chr. (oder, mit Blick auf den Islam ein, bis etwa 700), und betrachtet das Heilige als den Kern aller Religionen (Joas, Hans: Die Macht des Heiligen. Eine Alternative zur Geschichte der Entzauberung. Berlin 2017). Nun lassen sich solche Fragen für ältere, vorschriftliche Kulturen schwer mit hinreichender Sicherheit beantworten. Es ließe sich allerdings gegen die These von der Entstehung von Transzendenzvorstellungen erst in der Achsenzeit einwenden, dass schon für die Kultur der Neandertaler, die aus heutiger Sicht auf den Zeitraum vor etwa 100.000 bis 40.000 Jahren datiert wird, Totenkulte nachweisbar sind, die auf Jenseitsvorstellungen hinweisen (Parzinger, Hermann: Die Kinder des Prometheus. Eine Geschichte der Menschheit vor der Erfindung der Schrift. München 2014, 50 f.).
5   Hegels berühmtes Diktum, dass alles was wirklich ist, vernünftig ist, lässt sich vor dem Hintergrund seiner Differenzierung zwischen der Existenz und dem Wirklichen, das auch dessen Möglichkeiten beinhaltet, zwar begrifflich nachvollziehen (vgl. die Erläuterung mit den entsprechenden Nachweisen in einem Blog von Annette Schlemm, https://philosop henstuebchen.wordpress.com/2012/01/22/verstand-vernunft-4/, 1.10.2017). Aber dieses Diktum bleibt dennoch von einem Fortschrittsoptimismus im Blick auf das Verhältnis von Geist und Wirklichkeit geprägt, der vom blutigen 20. Jahrhunderts widerlegt wurde.
6   Diderot, Denis: Artikel „Enzyklopädie". Zit. nach Selg, Annette/Wieland, Rainer (Hg.): Die Welt der Encyclopédie. Frankfurt/M. 2001, 74
7   Vgl. Lakoff, George/Johnson, Mark: Leben in Metaphern. Konstruktion und Gebrauch von Sprachbildern. 3. Aufl., Heidelberg 2003, 186 f.
8   Murphy, Gregory L.: The Big Book of Concepts. Cambridge/London 2004, 1

9   Vgl. Lakoff/Johnson, a. a. O.

10 Einstein, Albert/Infeld, Leopold: Die Evolution der Physik. 20. Aufl., Reinbek 1995, 52 f.

11 Hoffman, Donald D.: Visuelle Intelligenz. Wie die Welt im Kopf entsteht. München 2003

12 Vgl. hierzu wie zur Funktionsweise von Wahrnehmung auch mit anderen menschlichen Sinnesorganen einführend Gegenfurtner, Karl R.: Gehirn & Wahrnehmung. Frankfurt/M. 2003

13 Hoffman, a. a. O., 26

14 Zit. nach Hildebrandt, Antje: Zwei mal zwei ist blau. In: Frankfurter Rundschau vom 2.8.2003

15 Die Geschichte wurde berichtet in Turnbull, Colin M.: Molimo. Drei Jahre bei den Pygmäen. Köln 1963, 286 ff., und ist hier zit. nach Zimbardo, Philip G./Gerrig, Richard J.: Psychologie. 16. Aufl., München 2004, 156

16 vgl. exemplarisch aus der Evolutionsbiologie Maturana, Humberto/Varela, Francisco J.: Der Baum der Erkenntnis. Die biologischen Grundlagen menschlichen Erkennens. Bern und München 1987; aus der Neurobiologie Roth, Gerhard: Aus Sicht des Gehirns. Völlig überarbeitete Neuauflage, Frankfurt/M. 2009; aus der Psychologie Piaget, Jean: Der Aufbau der Wirklichkeit beim Kinde. Stuttgart 1974; aus der Soziologie Berger, Peter L./ Luckmann, Thomas: Die gesellschaftliche Konstruktion der Wirklichkeit. 20. Aufl., Frankfurt/M. 2004; aus der Literaturwissenschaft Schmidt, Siegfried J.: Der Diskurs des Radikalen Konstruktivismus. Frankfurt/M. 1987; aus der Kommunikationswissenschaft Watzlawick, Paul (Hg.): Wie wirklich ist die Wirklichkeit? Wahn, Täuschung, Verstehen. 10. Aufl., München 2010; aus der Erziehungswissenschaft Siebert, Horst: Pädagogischer Konstruktivismus. Lernzentrierte Pädagogik in Schule und Erwachsenenbildung. 3. Aufl., Neuwied und Kriftel 2005

17 Zit. nach Fischer, Ernst Peter: Die Hintertreppe zum Quantensprung. Die Erforschung der kleinsten Teilchen von Max Planck bis Anton Zeilinger. Frankfurt/M. 2012, 169

18 Zeilinger, Anton: Einsteins Schleier. Die neue Welt der Quantenphysik. München 2003, 161 und 205

19 Zit. nach Baeyer, Hans Christian: Das informative Universum. Das neue Weltbild der Physik. München 2005, 82

20 Zeilinger, a. a. O., 213 und 227

21 http://project-physicsteaching.web.cern.ch/project-physicsteaching/german/teilchenphysik-multimedial.htm, 1.10.2017

22 Auf die Geschichte des Realismus in den Wissenschaften selbst kann hier nicht näher eingegangen werden. Sie ist im Wesentlichen ein neuzeitliches Phänomen und reicht vom Empirismus Bacons im 17. Jahrhundert über den klassischen Positivismus im 19. Jahrhundert (Comte, Mill) bis zum Kritischen Rationalismus Poppers im 20. Jahrhundert, dessen Skepsis gegenüber einem Wahrheitsanspruch der Wissenschaften jedoch Berührungspunkte zum Konstruktivismus aufweist.

23 Vgl. eine große Auswahl dieser wunderbaren Bilder in Bolden, Charles F./Edwards, Owen/ Grunsfeld, John Mace/Levay, Zoltan: Expanding Universe. Photographs from the Hubble Space Telescope. Köln 2015. Bereits im Klappentext heißt es: „Art and science converge", und in einem Interview erläutert Zontan Levay das Zustandekommen solcher Bilder (in der deutschen Übersetzung ebd., 210 ff.).

24 Zit. nach Helferich, Christoph: Geschichte der Philosophie. Von den Anfängen bis zur Gegenwart und Östliches Denken. Stuttgart 1985, 189

25 Berger/Luckmann, a. a. O., 190

26 Ebd., 128

27 Vgl. Maturana/Varela, a. a. O., 145 ff.

28 Gleichwohl wird der Realismus auch in den Wissenschaften noch vertreten, allerdings um einen hohen Preis. In der Physik gilt als eine mit dem Realismus vereinbare Deutung der Unschärfen in der Quantenmechanik die Multiversumtheorie, nach der unser Universum nur eines von unzähligen anderen ist, die uns aber nicht zugänglich sind. Andere Universen realisieren dann jeweils andere mögliche Zustände von Elementarteilchen, als die, die durch eine Messung definiert werden. David Deutsch, einer der führenden Vertreter dieses physikalischen Realismus, konzediert in einem Interview offen, dass diese Theorie bizarr ist: „Das Bizarre muss man einfach akzeptieren – weil die Welt bizarr ist." (in DER SPIEGEL Nr. 11 vom 14.3.2005, 18) Jedenfalls ist es wohl nicht übertrieben zu sagen, dass eine solche Theorie weitaus bizarrer ist als die Vorstellungen des Konstruktivismus. In der Philosophie wirbt Markus Gabriel für einen „neuen Realismus" mit der Grundthese, dass es die Welt nicht gibt, weil die Welt kein Gegenstand der Erkenntnis in der Welt sein kann (vgl. Gabriel, Markus: Warum es die Welt nicht gibt. Berlin 2013). Nach Gabriel gibt es das, was wir wahrnehmen, tatsächlich, und zwar so, wie wir es wahrnehmen; aber alles erscheint uns in „Sinnfeldern", von denen es unendlich viele gibt. Gegenstände können hiernach auch in unterschiedlichen Sinnfeldern erscheinen, ein Apfel etwa im Sinnfeld „Obstgarten" oder im Sinnfeld „Mittagspause". Gabriel will den Realismus retten, indem er jede Form, in der uns dieser Apfel erscheint, als gleich real versteht und eine Differenz zwischen Erscheinung und einem Gegenstand „an sich" ablehnt. Allerdings bleibt die Frage recht unklar, woher diese Sinnfelder denn kommen und was sie anderes sein sollen als Konstrukte des menschlichen Verstandes.

29 Hawking, Stephen/Mlodinow, Leonard: Der große Entwurf. Eine neue Erklärung des Universums. Reinbek 2010, 43. Hawking und Mlodinow verwenden zwar nicht den Begriff des Konstruktivismus, sondern bezeichnen ihre Alternative zum Realismus als „modellabhängigen Realismus". Aber tatsächlich sind ihre lesenswerten und auch für Nicht-Naturwissenschaftler verständlichen Ausführungen im Kapitel „Was ist Wirklichkeit?" ihres Buches sehr nahe am Konstruktivismus.

30 Vgl. zur historischen Kritik dieser Vorstellung grundlegend Kuhn, Thomas S.: Die Struktur wissenschaftlicher Revolutionen. 13. Aufl., Frankfurt/M. 1996

31 Hawking/Mlodinow, a. a. O., 41

32 Vgl. Cohen, Floris: Die zweite Erschaffung der Welt. Wie die moderne Naturwissenschaft entstand. Lizenzausgabe, Bonn 2011, 145 ff.

33 Ayala, Francisco J.: Evolution. Heidelberg 2013, 10 und 18

34 Schrenk, Friedemann: Die Frühzeit des Menschen. 5. Aufl., München 2008, 9

35 Ebd., 7

36 Nagel, Thomas: Geist und Kosmos. Warum die neodarwinistische Konzeption der Natur so gut wie sicher falsch ist. Frankfurt/M. 2013, 15 f.

37 Vgl. Gerhardt, Volker: Der Sinn des Sinns. Versuch über das Göttliche. München 2014; Tetens, Holm: Gott denken. Ein Versuch über rationale Theologie. Stuttgart 2015; Swinburne, Richard: Is There a God? Revisited Edition, Oxford 2010. Eher philosophisch argumentiert als Astronom und Wissenschaftshistoriker auch Gingerich, Owen: Gottes Universum. Ein Dialog zwischen Naturwissenschaft und Glaube. Freiburg 2012

38 Fischer, Ernst Peter: Die andere Bildung. Was man von den Naturwissenschaften wissen sollte. 6. Aufl., München 2002, 317

39 Nagel, a.a.O., 183

40 Ebd., 183

41 Bobbio, Noberto: Wir wissen immer weniger. ZEIT-Interview mit Otto Kallscheuer, in DIE ZEIT vom 29.12.1999, 42

42 Zit. nach Frankfurter Allgemeine Zeitung vom 27.6.2005

43 Vgl. auch List, Elisabeth: Vom Darstellen zum Herstellen. Eine Kulturgeschichte der Naturwissenschaften. Weilerswist 2007, 177 ff.

2. Leben in der Weltgesellschaft

1 Osterhammel, Jürgen: Die Verwandlung der Welt. Eine Geschichte des 19. Jahrhunderts. München 2009, 13

2 Luhmann, Niklas: Soziale Systeme. Frankfurt/M. 1984, 585

3 Vgl. zu diesen und weiteren Beispielen Gold, Hartmut/Bavendamm, Gundula/Burkard, Benedikt (Hg.): globalisierung 2.0. Katalog zur gleichnamigen Ausstellung im Museum für Kommunikation Frankfurt, 2007

4 Menzel, Ulrich: Was ist Globalisierung oder die Globalisierung vor der Globalisierung. In: Ferdowksi, Mir A. (Hg.): Weltprobleme. 6. Aufl., Lizenzausgabe, Bonn 2007, 24

5 Menzel erläutert elf historische Ereignisse und Abschnitte zwischen 630 und den 1990er-Jahren, die jeweils mit nachvollziehbaren Gründen als Beginn der Globalisierung bezeichnet werden könnten (vgl. ebd., 28–55); vgl. auch die historische Einführung bei Auernheimer, Georg: Dimensionen der Globalisierung. Schwalbach/Ts. 2015

6 Vgl. für das 19. Jahrhundert die herausragende Arbeit von Osterhammel, a.a.O.; für die Zeit seit 1945 vgl. beispielhaft Iriye, Akira (Hg.): Geschichte der Welt. 1945 bis heute – Die globalisierte Welt. München 2013

7 Vgl. Luhmann, Niklas: Die Weltgesellschaft [1975]. In: ders: Soziologische Aufklärung 2. Opladen 1975; Heintz, Peter: Die Weltgesellschaft im Spiegel von Ereignissen. Diessenhofen 1982; Meyer, John: Weltkultur. Wie die westlichen Prinzipien die Welt durchdringen. Frankfurt/M. 2005. Einen Überblick zur Breite einschlägiger Forschungen bieten das Sonderheft „Weltgesellschaft" der Zeitschrift für Soziologie, Stuttgart 2005, sowie Seitz, Klaus: Bildung in der Weltgesellschaft. Gesellschaftstheoretische Grundlagen Globalen Lernens, Frankfurt/M. 2002, Kapitel II und III. Für eine einführende Orientierung vgl. Werron, Tobias: Das Konzept der „Weltgesellschaft" – sozialwissenschaftliche Perspektiven und Positionen im Überblick. In: Sander, Wolfgang/Scheunpflug, Annette (Hg.): Politische Bildung in der Weltgesellschaft. Herausforderungen, Positionen, Kontroversen. Bonn 2011

8 Werron, a.a.O., 25

9 Vgl. http://www.bpb.de/nachschlagen/zahlen-und-fakten/globalisierung/52808/ngos (1.10.2017), Originalquelle: Union of International Associations: Statistics in international organizations

10 Vgl. Jahn, Egbert: Die wundersame Vermehrung der Nationalstaaten im Zeitalter der Glo-balisierung. Frankfurter Montagsvorlesungen, Neue Folge 27, 2014, 2 (verfügbar unter http://fkks.uni-mannheim.de/montagsvorlesung/nationalstaaten_i/zsframov27_net_nationalstaaten_i_46.pdf, 1.10.2017)

11 Meyer, John/Boli, John/Thomas, George/Ramirez, Francisco O.: Die Weltgesellschaft und der Nationalstaat. In: Meyer, a. a. O., 86 f.

12 So schon im Untertitel bei Meyer, a. a. O.

13 Vgl. Eisenstadt, Shmuel N.: Die Vielfalt der Moderne. Weilerswist 2000

14 Vgl. ebd. sowie zahlreiche weitere Arbeiten von Eisenstadt; zum Stand der sozialwissen-schaftlichen Diskussion über diese Theorie einer „Vielfalt der Moderne" vgl. Schwinn, Thomas: Multiple Modernities: Konkurrierende Thesen und offene Fragen. In: Zeitschrift für Soziologie 6/2009

15 Vgl. Fukuyama, Francis: Das Ende der Geschichte. Wo stehen wir? München 1992

16 Quelle: Homepage der Bundeswehr, www.bundeswehr.de (9.3.2016)

17 Vgl. Huntington, Samuel P.: Kampf der Kulturen. Die Neugestaltung der Weltpolitik im 21. Jahrhundert, Hamburg 2006. Die amerikanische Originalausgabe erschien 1993 („The Clash of Civilizations"), zuvor war bereits 1993 ein Aufsatz von Huntington mit gleichem Titel, allerdings noch versehen mit einem Fragezeichen, in der Zeitschrift Foreign Affairs erschienen.

18 Huntington, Kampf der Kulturen, a. a. O., 58

19 Ebd., 21 f.

20 Vgl. Sen, Amartya: Die Identitätsfalle. Warum es keinen Krieg der Kulturen gibt. Mün-chen 2007

21 Vgl. dazu Graf, Friedrich Wilhelm: Die Wiederkehr der Götter. Religion in der moder-nen Kultur. München 2004, 203 ff.

22 Sen, a. a. O., 20

23 Ebd., 17 f.

24 Vgl. Huntington, a. a. O., 57

25 Ebd., 526

26 Vgl. Joas, Hans: Glaube als Option. Zukunftsmöglichkeiten des Christentums. Freiburg 2012, 40 f.

27 Vgl. Hauser, Linus: Kritik der neomythischen Vernunft. Paderborn, Bd. 1: Menschen als Götter der Erde. 1800–1945, 2. Aufl. 2005; Bd. 2: Neomythen der beruhigten Endlich-keit. Die Zeit von 1945 bis heute, 2009; Bd. 3: Die Fiktionen der Science auf dem Wege in das 21. Jahrhundert, 2016

28 Vgl. dazu die anregenden und materialreichen Analysen bei Martin, David: On Seculari-zation. Towards a Revisited General Theory. Aldershot 2005; Lauster, Jörg: Die Verzau-berung der Welt. Eine Kulturgeschichte des Christentums. München 2014; Siedentop, Larry: Die Erfindung des Individuums. Der Liberalismus und die westliche Welt. Stutt-gart 2015

29 Vgl. Joas, Hans/Wiegandt, Klaus (Hg.): Säkularisierung und die Weltreligionen. Frankfurt/M. 2007; Graf, Friedrich Wilhelm: Götter global. Wie die Welt zum Super-markt der Religionen wird. München 2014

30 Graf, Die Wiederkehr der Götter, a. a. O.

31 Graf, Götter global, a. a. O., 15

32 Ebd., 246
33 Huntington, a.a.O., 526
34 Vgl. u.a. Siedentop, a.a.O., 67 ff.; Meyer, John, a.a.O., 37 ff.; Fend, Helmut: Geschichte des Bildungswesens. Der Sonderweg im europäischen Kulturraum. Wiesbaden 2006, 43 ff.
35 Vgl. dazu und zu den Wegen und Umwegen dieser Verbreitung beispielsweise in Asien auch Osterhammel, a.a.O., 1117 ff.
36 Vgl. die entsprechende Übersicht bei Adick, Christel: Globalisierungseffekte im Schulsystem. In: Sander/Scheunpflug, a.a.O.
37 Vgl. Deutsches PISA-Konsortium (Hg.): PISA 2000. Basiskompetenzen von Schülerinnen und Schülern im internationalen Vergleich. Opladen 2001
38 So das hier nur beispielhaft genannte Angebot der staatlichen Herderschule in Gießen, Stand Schuljahr 2017/18.
39 Vgl. Osterhammel, a.a.O., 1140 ff.
40 Die OECD konstatierte für 2014 weltweit 4,5 Millionen ausländische Studierende und prognostizierte für die Folgejahre eine Steigerung auf 6,4 Millionen (vgl. http://www.for schung-und-lehre.de/wordpress/?p=19743, 1.10.2017)

3. Globaler Humanismus – Möglichkeiten und Grenzen

1 Johann Wolfgang von Goethe: West-Östlicher Divan [1819], liegt in zahlreichen Ausgaben vor.
2 Rawls, John: Politischer Liberalismus. Frankfurt/M. 2003, S. 219. Der Bezug auf Rawls in diesem Kapitel bedeutet nicht, dass damit auf dessen gesamte politische Philosophie rekurriert werden soll.
3 Ebd., 221
4 Ebd., 219
5 Ebd., 249
6 Vgl. Bielefeld, Heiner: Menschenrechte in der Einwanderungsgesellschaft. Plädoyer für einen aufgeklärten Multikulturalismus. Bielefeld 2007, 36 ff.
7 Vgl. ebd., 104 f.
8 Vgl. Joas, Hans: Sind die Menschenrechte westlich? München 2015, 71 ff.
9 Bielefeld, a.a.O., 49
10 Kielmansegg, Peter Graf von: Angst essen Deutschland auf. In: Frankfurter Allgemeine Zeitung Nr. 52 vom 2.3.2016, 11
11 Rüsen, Jörn: Einleitung: Einheitszwang und Unterscheidungswille – die kulturelle Herausforderung der Globalisierung und die Antwort des Humanismus. In: ders./Laass, Henner (Hg.): Interkultureller Humanismus. Menschlichkeit in der Vielfalt der Kulturen. Schwalbach/Ts. 2009, 15
12 Laass, Henner/Probasky, Herbert/Rüsen, Jörn/Wulff, Angelika: Einleitung. In: dies. (Hg.): Lesebuch Interkultureller Humanismus. Texte aus drei Jahrtausenden. Schwalbach/Ts. 2013, 10
13 Nida-Rümelin, Julian: Philosophie einer humanen Bildung. Hamburg 2013, 49
14 Vgl. Niethammer, Friedrich Immanuel: Der Streit des Philantropinismus und Humanismus in der Theorie des Erziehungs-Unterrichts unserer Zeit. Jena 1808
15 Paulsen, Friedrich: Geschichte des gelehrten Unterrichts auf den deutschen Schulen und

Universitäten vom Ausgang des Mittelalters bis zur Gegenwart. 2 Bde., Leipzig 1895; hier vor allem Bd. 2: der gelehrte Unterricht im Zeichen des Neuhumanismus 1740–1892. Im Folgenden zit. nach der 2. Aufl. von 1897.

16 Ebd., Bd. 2, 91

17 Petrarca, Francesco: Heilmittel gegen Glück und Unglück. De remediis utriusque fortunae. Lateinisch-deutsche Ausgabe in Auswahl übersetzt und kommentiert von Rudolf Schottlaender. Hg. von Eckhard Keßler, München 1988, S. 191; zit. nach Lauster, Die Verzauberung der Welt, a.a.O., 249

18 Vgl. u.a. die leicht zugänglichen Auszüge aus Arbeiten dieser beiden Gelehrten bei Laass et al., a.a.O., 34 ff.

19 Vgl. Lauster, a.a.O., 245–293

20 Kant, Immanuel: Beantwortung der Frage: Was ist Aufklärung? Erstmals im Dezember 1784 in den Berlinischen Monatsschrift erschienen, inzwischen in zahlreichen Ausgaben verfügbar.

21 Lauster, a.a.O., 465

22 Vgl. ebd., 450 ff.

23 Vgl. Stoecker, Ralf: Die philosophischen Schwierigkeiten mit der Menschenwürde – und wie sie sich vielleicht lösen lassen. In: Information Philosophie, http://www.information-philosophie.de/?a=1&t=4948&n=2&y=1&c=1 (1.10.2017). Die umfangreiche Debatte zur Begründung der Menschenwürde kann mir ihren vielfältigen Verästelungen hier nicht aufgearbeitet werden; vgl. dazu unter anderem Bahr, Petra/Heinig, Hans-Michael (Hg.): Menschenwürde in der säkularen Verfassungsordnung. Rechtswissenschaftliche und theologische Perspektiven. Tübingen 2006; Baldus, Manfred: Kämpfe um die Menschenwürde. Die Debatten seit 1949. Berlin 2016

24 Siedentop, a.a.O., 67 ff.

25 Vgl. Joas: Sind die Menschenrechte westlich? A.a.O., 21 ff.

26 Stoecker, a.a.O., 9

27 Vgl. die gründliche Analyse des europäischen Humanismus des 19. und 20. Jahrhunderts in Baab, Florian: Was ist Humanismus? Geschichte des Begriffs, Gegenkonzepte, säkulare Humanismen heute. Regensburg 2013

28 Vgl. Fincke, Andreas: Mit Gott fertig? Konfessionslosigkeit, Atheismus und säkularer Humanismus in Deutschland. Aschaffenburg 2017; Sander, Wolfgang: Schulische Bildung zwischen Religion und Säkularismus. In: Müller, Stefan/Sander, Wolfgang (Hg.): Bildung in der postsäkularen Gesellschaft. Weinheim 2018

29 Herder, Johann Gottfried: Briefe zur Beförderung der Humanität. Dritte Sammlung (1794), Auszug in Laass et al., a.a.O., 52

30 Paulsen, Geschichte des gelehrten Unterrichts, a.a.O., Bd. 1, V

31 Radhakrishnan, Sarvapalli: Meine Suche nach Wahrheit. Auszug in Laass et al., a.a.O., 144; vgl. auch die kluge und anregende theologische Kritik am europäischen Humanismus bei Essen, Georg: „… an der zähesten Stelle der Humanität". Theologische Brocken zum Verhältnis von Christentum und Humanismus. In: Gieselmann, Martin/Straub, Jürgen (Hg.): Humanismus in der Diskussion. Rekonstruktionen, Revisionen und Reinterventionen eines Programms. Bielefeld 2012

32 Horkheimer, Max/Adorno, Theodor W.: Dialektik der Aufklärung. Frankfurt/M. 1969 [Erstausgabe 1944], 9

33 Adorno, Theodor W.: Minima Moralia. Nr. 153 (zahlreiche Ausgaben, zuletzt Frankfurt/M. 2003)

34 Vgl. das Interview mit Horkheimer sowie zahlreiche weitere Zitate im Einleitungstext vom Helmut Gumnior in Horkheimer, Max: Die Sehnsucht nach dem ganz Anderen. Ein Interview mit Kommentar von Helmut Gumnior. Hamburg 1970

35 Ebd., 54

36 Ebd., 61

37 Vgl. u.a. Habermas, Jürgen: Zwischen Naturalismus und Religion. Frankfurt/M. 2005; ders./Ratzinger, Josef: Dialektik der Säkularisierung. Über Vernunft und Religion. Freiburg 2006

38 Foucault, Michel: Die Ordnung der Dinge. In: ders.: Die Hauptwerke. Frankfurt/M. 2008, 463

39 Vgl. Paulus, Markus: Die Stellung des Subjekts bei Foucault und Habermas. In: e-Journal Philosophie der Psychologie, Dezember 2009 (http://www.jp.philo.at/texte/PaulusM1.pdf, 1.10.2017). In den letzten Jahren vor seinem Tod scheint Foucault allerdings unter Rückgriff auf antike Techniken der Selbstsorge um eine Restituierung des Subjektbegriffs bemüht gewesen zu sein, ohne dass er diese Überlegungen aber noch mit Blick auf die Zukunft der modernen Gesellschaft hätte hinreichend ausarbeiten können. Vgl. dazu Foucault, Michel: Subjektivität und Wahrheit. Vorlesungen am Collège de France 1980–1981. Berlin 2016; Frank, Martin: Das Subjekt kommt zurück. In: ZEIT-ONLINE vom 8.7.2004 (www.zeit.de/2004/29/ST-Foucault/komplettansicht?print=true, 1.10.2017)

40 Keupp, Heiner: Die Reflexive Modernisierung von Identitätskonstruktionen: Wie heute Identität geschaffen wird. In: Hafeneger, Benno (Hg.): Subjektdiagnosen. Subjekt, Modernisierung und Bildung. Schwalbach/Ts. 2005, 79

41 Ebd., 73

42 Safranski, Rüdiger: Zeit. Was sie aus uns macht und was wir mit ihr machen. München 2015, 70

43 Müller, Stefan/Mende, Janna: Weder getrennt noch eins. Identität, Differenz und die Frage nach Freiheit. In: dies. (Hg.): Differenz und Identität. Konstellationen der Kritik. Weinheim und Basel 2016, 9f.

44 Die Abgrenzung zum Posthumanismus ist dabei nicht immer eindeutig; vgl. die Übersicht bei Herberger, der auch transhumanistische Ideen unter Posthumanismus subsummiert (Herberger, Stefan: Posthumanismus. Eine kritische Einführung. Darmstadt 2009). Dennoch ist die Unterscheidung zwischen beiden Strömungen sinnvoll, weil die meisten Posthumanisten im Unterschied zum Transhumanismus nicht auf eine genetische oder technische Veränderung des Menschen zielen.

45 Vgl. Hauser, Kritik der neomythischen Vernunft, a.a.O.

46 Sloterdijk, Peter: Regeln für den Menschenpark. Ein Antwortschreiben zu Heideggers Brief über den Humanismus. 12. Aufl., Frankfurt/M. 1999.

47 Für diesen Abschnitt verdanke ich viele Anregungen Arbeiten aus dem Projekt „Humanismus in der Epoche der Globalisierung. Ein interkultureller Dialog über Kultur, Menschheit und Werte", das von 2007 bis 2009 unter Leitung von Jörn Rüsen am Kulturwissenschaftlichen Institut Essen durchgeführt wurde.

48 Ratzinger, Joseph: Was die Welt zusammenhält. Vorpolitische moralische Grundlagen eines freiheitlichen Staates. In: Habermas/Ratzinger, a.a.O., 55

49 Rüsen, Jörn: Das Antlitz der Menschheit – Humanismus in einer trostlosen Zeit. Vortrag am 15.2.2009 in Dresden, unveröffentlicht, zit. nach Laass et al., a.a.O., 348

50 Jaspers, Karl: Über Bedingungen und Möglichkeiten eines neuen Humanismus. In: Saner, Hans (Hg.): Das Wagnis der Freiheit. München 1996, zit. nach Laass et al., a.a.O., 332

51 Straub, Jürgen/Gieselmann, Martin: Humanismus nach seiner Zeit? Aktuelle Rekonstruktionen, Revisionen, Reinventionen. In: Gieselmann/Straub, a.a.O., 17

52 Rentsch, Thomas: Gott. Berlin 2005, 31

53 Einen hervorragenden ersten Überblick geben die Beiträge und Textdokumentationen bei Laass et al., a.a.O., und Rüsen/Laass, Interkultureller Humanismus, a.a.O.

54 Vgl. Armstrong, Karen: Die Geschichte von Gott. 4000 Jahre Judentum, Christentum und Islam. München 2012, 390 f.

55 Vgl. Diner, Dan: Versiegelte Zeit. Über den Stillstand in der islamischen Welt. 4. Aufl., Berlin 2015

56 Ikeda, Daisaku: Humanismus. Ein buddhistischer Entwurf für das 21. Jahrhundert. Darmstadt 2012, 44

57 Nida-Rümelin, a.a.O., 116

58 Gerhardt, Der Sinn des Sinns, a.a.O. 9

59 Tagore, Rabindranath: Die Religion des Menschen. Freiburg 1962, zit. nach einem Auszug in Laass et al., a.a.O., 138

4. Traditionen der Bildung

1 Demokratit: Fragmente (Fr. 247, Cap. 247), zit. nach Ladenthin, Volker (Hg.): Philosophie der Bildung. Eine Zeitreise von den Vorsokratikern bis zur Postmoderne. 2. Aufl., Bonn 2012, 41

2 Die psychologische Konzeptforschung hat die *Notwendigkeit* einer gewissen Unschärfe von Konzepten gezeigt, weil wir die Vielfalt materieller und geistiger Objekte – die umso größer wird, je genauer wir hinsehen – einhegen müssen, um sie ordnen zu können (vgl. Murphy, The Big Book of Concepts, a.a.O., 21). Entscheidend für die Brauchbarkeit eines Konzepts ist im allgemeinen Sprachgebrauch (einschließlich des allgemeinen akademischen Sprachgebrauchs) nicht die Präzision seiner Definition, sondern die Frage, ob es eine Erfahrung mit der Wirklichkeit repräsentiert, die mit anderen Konzepten nicht adäquat erfasst wird. Dies ist beim Konzept der ‚Bildung‘, wie hier gezeigt werden wird, in transkultureller Weise der Fall. Anders stellt sich die Situation unter Umständen bei eng begrenzten Forschungsvorhaben dar, insbesondere in der empirischen Forschung. Hier kann es notwendig sein, für den jeweiligen Forschungszweck ein komplexes Konzept präziser zu definieren und dafür Ausblendungen anderer, für diese Forschung nicht relevanter Aspekte in Kauf zu nehmen.

3 Ein exzellentes Beispiel dafür, wie der Begriff „education" im Sinn von „Bildung" verwendet und inhaltlich gefüllt werden kann, ist eine Begrüßungsansprache an Erstsemester an der Universität Chicago aus dem Jahr 2002: Abbott, Andrew: „Welcome to the University of Chicago." Supplement zu Forschung & Lehre 8/2007

4 Da es in diesem Kapitel vorrangig um eine transkulturelle Perspektive geht, wird hier darauf verzichtet, die Geschichte der Bildungstheorie vor und nach Humboldt systematisch zu rekonstruieren. Vgl. dazu Dörpinghaus, Andreas/Poenitsch, Andreas/Wigger, Lothar:

Einführung in die Theorie der Bildung. 5. Aufl., Darmstadt 2013; Reichenbach, Roland: Philosophie der Bildung und Erziehung. Eine Einführung. Stuttgart 2007

5   Humboldt, Wilhelm von: Theorie der Bildung des Menschen. Bruchstück [1793], im Folgenden zit. nach Tenorth, Heinz-Elmar (Hg.): Allgemeine Bildung. Analysen zu ihrer Wirklichkeit, Versuche über ihre Zukunft. Weinheim und München 1986

6   Ebd., 34

7   Ebd., 35

8   Ebd., 35

9   Ebd., 35

10 Ebd., 37

11 Ebd., 36

12 Ebd., 37

13 Ebd., 36

14 Ebd., 36

15 Ebd., 34

16 Blankertz, Herwig: Die Geschichte der Pädagogik von der Aufklärung bis zur Gegenwart. Wetzlar 1982, 104

17 Vgl. Herrlitz, Hans-Georg/Hopf, Wulf/Titze, Hartmut/Cloer, Ernst: Deutsche Schulgeschichte von 1800 bis zur Gegenwart. Eine Einführung. 5. Aufl., Weinheim und München 2009, 29 ff.; Sander, Wolfgang: Politik in der Schule. Kleine Geschichte der politischen Bildung in Deutschland. 3. Auf., Marburg 2013, 26 ff.

18 Paulsen, Friedrich: Bildung. In: Rein, Wilhelm (Hg.): Enzyklopädisches Handbuch der Pädagogik. Bd. I, Jena 1903, 658

19 Aus Johann Wilhelm Süverns Vorlesungen über Geschichte 1807/1808. In: Mitteilungen aus dem Litteraturarchive in Berlin. Dritter Band 1901–1905, S. 51 ff.; zit. nach Titze, Hartmut: Die Politisierung der Erziehung. Untersuchungen über die soziale und politische Funktion der Erziehung von der Aufklärung zum Hochkapitalismus. Frankfurt/M. 1973, 97 f.

20 Ein Überblick zum Stellenwert des Christentums für die Geschichte der Bildung und des Schulwesens in Europa seit der Antike findet sich u. a. bei Fend, a. a. O., Kapitel 2 bis 5

21 Hier zit. nach Amt der Vereinigten Evangelisch-Lutherischen Kirche Deutschlands (VELKD) (Hg.): Luther lesen. Die zentralen Texte. Bearbeitet und kommentiert von Martin H. Jung, Göttingen 2016, 81

22 Vgl. Dolch, Josef: Lehrplan des Abendlandes. Zweieinhalbtausend Jahre seiner Geschichte. 3. Aufl., Ratingen 1971

23 Vgl. dazu den Vortrag von Gert Melville: Ist religiöse Bildung institutionalisierbar? Exemplarische Überlegungen zu klösterlichen Befunden des Mittelalters. Der Vortrag wurde am 1.2.2017 an der Universität Göttingen gehalten und ist verfügbar unter https://www.uni-goettingen.de/de/539347.html (1.10.2017)

24 Fend, a. a. O., 43

25 Humboldt, a. a. O., 35 f.

26 Vgl. u. a. Baader, Meike Sophie: Erziehung als Erlösung. Transformationen des Religiösen in der Reformpädagogik. Weinheim/München 2005; Kuld, Lothar/Bolle, Rainer/Knauth, Thorsten (Hg.): Pädagogik ohne Religion? Beiträge zur Bestimmung und Abgrenzung der Domänen von Pädagogik, Ethik und Religion. Münster 2005; Oelkers, Jür-

gen/Osterwalde, Fritz/Tenorth, Heinz-Elmar (Hg.): Das verdrängte Erbe. Pädagogik im Kontext von Religion und Theologie. Weinheim und Basel 2003

27 Tenorth, Heinz-Elmar: Geschichte der Erziehung. Einführung in die Grundzüge ihrer neuzeitlichen Entwicklung. Weinheim und München 1988, 41

28 Vgl. Reichenbach, Philosophie der Bildung und Erziehung, a.a.O., 197 ff.

29 Eine dem heutigen Sprachgebrauch angepasste Übersetzung findet sich bei Dörpinghaus et al., a.a.O., 44 ff.

30 Eine bemerkenswerte moderne christliche Adaption des Höhlengleichnisses findet sich Spaemann, Robert: Der letzte Gottesbeweis. München 2007, 10

31 Vgl. zur Bedeutung von Bildung für die jüdische Identität Jouhy, Ernest: Vielfalt der Kulturen – Einheit der Bildung. Ein Beispiel: Judentum. In: Tenorth (Hg.), Allgemeine Bildung, a.a.O.

32 Vgl. Aberbach, Moshe: Jewish Education and History. Continuity, crisis and change. New York 2009, darin vor allem Introduction: Origins of Jewish education in the ancient world; Oz, Amos/Oz-Salzberger, Fania: Juden und Worte. Berlin 2013, 20 f.; vgl. ferner zur frühen Erziehungsgeschichte des Judentums Botticini, Maristella/Eckstein, Zvi: How Education Shaped Jewish History, 70–1492. Princeton 2012, sowie zur jüdischen Erziehungsgeschichte in Osteuropa Stampfer, Shaul: Families, Rabbis and Education. Traditional Jewish Society in Nineteenth-Century Eastern Europe. Oxford and Portland 2010

33 Hier zit. nach Oz/Oz-Salzberger, a.a.O., 32 ff.

34 Ebd., 35

35 Ebd., 10 f.

36 Jouhy, a.a.O., 269

37 Vgl. Preuß, Monika: Gelehrte Juden. Lernen als Frömmigkeitsideal in der frühen Neuzeit. Göttingen 2007

38 Ebd., 109

39 Oz, Amos: Eine Geschichte von Liebe und Finsternis. Frankfurt/M. 2004, 268

40 Oz/Oz-Salzberger, a.a.O., 49

41 Vgl. Krämer, Gudrun: Geschichte des Islam. München 2005, 22 ff.

42 Vgl. Günther, Sebastian: Ibn Rushd and Thomas Aquinas on Education. In: Pomerantz, Maurice A./Shain, Aram (ed.): The Heritage of Arabo-Islamic Learning. Studies Presented to Wada Kadi. Leiden 2016

43 Zit. nach dem Vortrag von Sebastian Günther: „Nur Wissen, das durch Lehre lebendig wird, sichert den Eingang ins Paradies." Die Madrasa als religiöse Bildungseinrichtung im mittelalterlichen Islam. Der Vortrag wurde am 18.1.2017 an der Universität Göttingen gehalten und ist verfügbar unter https://www.uni-goettingen.de/de/539347.html (1.10.2017)

44 Vgl. Reagan, Timothy: Non-Western Educational Traditions. Local Approaches to Thought and Practice. Fourth Edition, New York 2018, 141 f.

45 Vgl. Krämer, a.a.O., 162

46 Vgl. Armstrong, a.a.O., 265 ff.

47 Vgl. die instruktiven Übersichten und Analysen bei Günther, Sebastian: Bildungsauffassungen klassischer muslimischer Gelehrter. Von Abu Hanifa bis Ibn Khaldun (8.-15. Jh.). In: Sejdini, Zekirija (Hg.): Islamische Theologie und Religionspädagogik in Bewegung. Neue Ansätze in Europa. Bielefeld 2016; Alavi, S.M.: Muslim Educational Thought in

the Middle Ages. Neu-Delhi 1988; Stanton, Charles Michael: Higher Learning in Islam. The Classical Period, A.D. 700–1300. Savage 1990

48   Zit. nach Armstrong, a.a.O., 291

49   Vgl. Günther, Bildungsauffassungen klassischer muslimischer Gelehrter, a.a.O., 64

50   Vgl. Günther, Sebastian: „Eine Erkenntnis, durch die keine Gewissheit entsteht, ist keine sichere Erkenntnis". Arabische Schriften zur klassischen islamischen Pädagogik. In: Sarıkaya, Yaşar/Bäumer, Franz-Josef (Hg.): Aufbruch zu neuen Ufern. Aufgaben, Problemlagen und Profile einer islamischen Religionspädagogik im europäischen Kontext. Münster 2017, 84 f.

51   Ibn Tufail: Hayy Ibn Yaqdhan – ein muslimischer Inselroman. Hg. von Jameleddine Ben Abdeljelil/Viktoria Frysak, Wien 2007. Vgl. zum historischen Kontext und zum Verständnis dieses Romans auch Günther, Sebastian: „Der Lebende, Sohn des Wachen: Über die Geheimnisse der orientalischen Weisheit" – Literatur und Religion in einem philosophisch-allegorischen Roman des klassischen muslimischen Gelehrten Ibn Tufail. In: Tholen, Toni/Moenninghof, Burkhard/Bernstorff, Wiebke von (Hg.): Literatur und Religion. Hildesheim 2012

52   Vgl. Günther, Sebastian: Be Masters in That You Teach und Continue to Learn: Medieval Muslim Thinkers on Educational Theory. In: Comparative Education Review 3/2006, 387

53   Diner, a.a.O.

54   Vgl. Krämer, a.a.O., 79

55   Vgl. Diner, a.a.O., 107 ff.

56   Vgl. ebd., 36 f. Diners Zahlenangaben basieren auf dem Arab Human Development Report der Vereinten Nationen, Ausgabe 2003 mit dem Schwerpunkt „Building a Knowledge Society" (http://hdr.undp.org/sites/default/files/rbas_ahdr2003_en.pdf, 1.10.2017)

57   Jaspers, Karl: Die maßgebenden Menschen. Sokrates, Buddha, Konfuzius und Jesus. München 2013

58   Die „Gespräche" liegen in zahlreichen Ausgaben und Übersetzungen vor. Im Folgenden wird auf folgende Bezug genommen: Konfuzius: Gespräche. Aus dem Chinesischen von Richard Wilhelm. Hamburg 2011. Ich folge dabei der Empfehlung von Gu, Xuewu: Konfuzius zur Einführung. Hamburg 1999, 10

59   Vgl. Reagan, Non-Western Educational Traditions, a.a.O., 171; Schoenfeldt, Eberhard: Der Edle ist kein Instrument. Bildung und Ausbildung in Korea (Republik). Studien zu einem Land zwischen China und Japan. Kassel 1996, 78

60   Schoenfeldt, a.a.O., 91

61   Konfuzius, a.a.O., 130 (XVII/9). Die höchste Stufe ist etwas undeutlich; zu Interpretationsmöglichkeiten vgl. Schoenfeldt, der es für wahrscheinlich hält, dass hier unerreichbare, ideale Vorbilder gemeint sind. Konfuzius selbst habe sich nicht dieser Gruppe zugerechnet (a.a.O., 95).

62   Gu, a.a.O., 32

63   Konfuzius, a.a.O., 125 (XVI/38)

64   Ebd., 49 (VII/8)

65   Ebd., 28 f. (II/11 und 16)

66   Ebd., 105 (XIV/3)

67   Ebd., 14 (II/12)

68 Vgl. Schoenfeldt, a. a. O., 92 f.
69 Konfuzius, a. a. O., 155 (XX/3)
70 Vgl. Reagan, a. a. O., 177 ff.
71 Vgl. Reagan, a. a. O., 198 ff.
72 Vgl. ebd., 205 f.
73 Ikeda, Humanismus, a. a. O., 87
74 Vgl. Chattopadhyaya, Umesh: Indischer Humanismus. In: Rüsen/Laas (Hg.), Interkultureller Humanismus, a. a. O., 121
75 Ikeda, a. a. O., 39
76 Vgl. Reagan, a. a. O., 218; zur Frühgeschichte buddhistischer Bildungsvorstellungen und -praktiken auch Chaudhuri, Rachita: Buddhist Education in Ancient India. Kolkata 2008
77 Vgl. ebd., 219
78 Chattopadhyaya, a. a. O., 143 f.

5. Perspektiven der Bildung

1 Bieri, Peter: Wie wollen wir leben? 3. Aufl., Salzburg 2011, 83
2 Deutsche UNESCO-Kommission (Hg.): Lernfähigkeit: Unser verborgener Reichtum. UNESCO-Bericht für das 21. Jahrhundert. Neuwied, Kriftel und Berlin 1997, 40
3 Vgl. z. B. Dörpinghaus/Poenitsch/Wigger, a. a. O.
4 Koller, Hans-Christoph: Bildung anders denken. Einführung in die Theorie transformatorischer Bildungsprozesse. Stuttgart 2012
5 Ebd., 9
6 Ebd., 15 f.
7 Ebd., S. 9
8 Sölle, Dorothee: Das Recht ein anderer zu werden. Neuwied und Berlin 1971
9 Mit Blick auf das in Kapitel 4 Gesagte ist es selbstverständlich, dass mit diesem Bezug auf die christliche Tradition kein Monopolanspruch auf die Begründung von Bildung erhoben werden soll. Auch ist damit nicht in Frage gestellt, dass die Geistesgeschichte Europas und des Westens nicht *alleine* vom Christentum geprägt wurde. Schon die in den Debatten über die geistesgeschichtlichen Quellen einer kulturellen Identität Europas immer wieder bemühte Trias „Jerusalem, Athen, Rom" verweist auf die Komplexität der antiken europäischen Geistesgeschichte und erinnert daran, dass die christliche Tradition in Europa ohne Einflüsse der griechischen Philosophie auf das theologische Denken und ohne ihre jüdischen Wurzeln nicht zu verstehen ist. Oftmals ist wegen dieser jüdischen Wurzeln auch von der „jüdisch-christlichen Tradition" Europas die Rede, was allerdings, wie Wolfgang Huber unter Bezug auf Franz Rosenzweig und Martin Buber gezeigt hat, leicht zu Deutungen führen kann und auch geführt hat, die gegenüber dem Judentum als vereinnahmend oder abwertend verstanden werden können (vgl. Huber, Wolfgang: Die jüdisch-christliche Tradition. In: Joas, Hans/Wiegandt, Klaus (Hg.): Die kulturellen Werte Europas. 5. Aufl., Frankfurt/M. 2006).
10 Habermas, Jürgen: Zeit der Übergänge. Kleine Politische Schriften IX, Frankfurt/M. 2001, 174 f.
11 vgl. u. a. Lauster, Die Verzauberung der Welt, a. a. O., sowie die großen internationalen Forschungsprojekte zur Geschichte des Christentums: The Cambridge History of Chris-

tianity, 9 Bde., Cambridge 2014, ferner das auf 14 Bde. angelegte Editionsprojekt „Die Geschichte des Christentums", Freiburg 1996 ff.

12 Um zumindest *ein* Beispiel zu nennen: Die Art und Weise, wie in der konservativen Restauration in Preußen in den Jahren nach 1848 die Berufung auf das Christentum benutzt wurde, um die Legitimation der gefährdeten Hohenzollernherrschaft durch rigorose Bildungsbegrenzung in der breiten Bevölkerung zu sichern, kann aus pädagogischer wie aus theologischer Sicht nur als schändlich bezeichnet werden (vgl. dazu Sander, Politik in der Schule, a.a.O., 34 ff.).

13 Winkler, Heinrich August: Geschichte des Westens. Von den Anfängen in der Antike bis zum 20. Jahrhundert. Sonderausgabe, München 2016, 25

14 Vgl. Armstrong: Die Geschichte von Gott, a.a.O., 23 f.

15 Schulze, Hagen: Staat und Nation in der europäischen Geschichte. München 1994, 20

16 Vgl. Lauster, a.a.O., 61 f.

17 Benedikt XVI.: Glaube, Vernunft und Universität. Erinnerungen und Reflexionen. Ansprache in Aula Magna der Universität Regensburg. Dienstag, 12. September 2006. Veröffentlicht vom Heiligen Stuhl: http://w2.vatican.va/content/benedict-xvi/de/speeches/2006/september/documents/hf_ben-xvi_spe_20060912_university-regensburg.pdf (1.10.2017)

18 Gerhardt, Der Sinn des Sinns, a.a.O., 113

19 Ebd., 29

20 Ebd., 9

21 Ebd., 21

22 Ebd., 21

23 Ebd., 112

24 Ebd., 11

25 Rentsch, Gott, a.a.O., 8 ff.

26 Ebd., 11

27 Ebd., 14; vgl. zum Begriff der „Wahrheit" aus der Sicht des Verf. Kapitel 1.

28 Ebd., 17

29 Ebd., 21

30 Ebd., 26

31 Ebd., 30

32 Ebd., 29

33 Ebd., 29

34 Ebd., 32

35 Ebd., 36

36 Ebd., 38

37 Ebd., 40

38 Ebd., 42 ff.

39 Ebd., 46 f.

40 Ebd., 41

41 Ebd., 206

42 Ebd., Klappentext

43 Dass das Thema ‚Gottesbeweise' damit doch noch nicht endgültig erledigt sein könnte, darauf deutet Spaemanns Beitrag zu diesem Thema hin: Spaemann, Der letzte Gottesbeweis, a.a.O.

44 Kant, Immanuel: Kritik der reinen Vernunft. Vollständige Ausgabe nach der zweiten, hin und wieder verbesserten Auflage 1787, vermehrt um die Vorrede zur ersten Auflage 1781. Köln 2011, 43

45 Tetens, Gott denken, a.a.O.

46 Ebd., 21

47 Ebd., 22; vgl. zur Kritik des Naturalismus ferner u.a. Nagel, Geist und Kosmos, a.a.O.; Keil, Geert: Kritik des Naturalismus. Berlin/New York 1993

48 Tetens, a.a.O., 89f.

49 Spaemann, Der letzte Gottesbeweis, a.a.O., 27

50 Wittgenstein, Ludwig: Tractatus logico-philosophicus, 6.4312, hier zit. nach http://trac tatus-online.appspot.com/Tractatus/jonathan/D.html (1.10.2017)

51 Spaemann, a.a.O., 12

52 Söding, Thomas: Das Christentum als Bildungsreligion. Der Impuls des Neuen Testaments. Freiburg 2016

53 Ebd., 46

54 Ebd., 103ff.

55 Ebd., 180

56 Ebd., 201

57 Ebd., 25

58 Barth, Hans-Martin: Dogmatik. Evangelischer Glaube im Kontext der Weltreligionen. 3., aktualisierte und ergänzte Aufl., Gütersloh 2008, 492

59 Bolz, Norbert: Zurück zu Luther. Paderborn 2016, 50

60 Ebd., 46

61 Ebd., 45

62 Ebd., 52

63 Söding, a.a.O., 278

64 Luther, Martin: Grund und Ursach aller Artickel D. Mart. Luthers, so durch Römische Bulle unrechtlich verdamt seinde. Augsburg 1521; hier in einer modernisierten Sprache zit. nach einem Ausstellungsplakat in der Schlosskirche Wittenberg, 2017

65 Luther hat aus diesem „Als ob" seine „Zwei-Reiche-Lehre" entwickelt; vgl. dazu gut nach-vollziehbar Bolz, a.a.O., 65ff.

66 Adorno, Theodor W.: Erziehung zur Mündigkeit. Frankfurt/M. 1969, 95

67 Adorno, Theodor W.: Theorie der Halbbildung (1959). In: ders.: Gesammelte Schriften. Bd. 8, Frankfurt M. 1972, 94

68 Manemann, Jürgen: Der Dschihad und die Kultur des Westens. Warum ziehen junge Europäer in den Krieg? Bielefeld 2015, 38

69 Horkheimer, Max: Begriff der Bildung (1952). In: ders.: Gesammelte Schriften. Bd. 8, Frankfurt/M. 1985, 415

70 Vgl. zum hier vertretenen Politikverständnis Sander, Wolfgang: Politik entdecken – Freiheit leben. Didaktische Grundlagen politischer Bildung. 4. Aufl., Schwalbach/Ts. 2013, 61ff.

71 Abbott: „Welcome to the University of Chicago", a.a.O., 14

72 Ebd., 20

73 An anderer Stelle habe ich unter Bezug auf Abbott von „Bildung als Kontingenzbewälti-gung" gesprochen (Sander, Wolfgang: Bildung und Perspektivität. Kontroversität und In-doktrinationsverbot als Grundsätze von Bildung und Wissenschaft. In: Erwägen – Wis-

sen – Ethik 2/2009, 246). Diese Formulierung scheint mir aus heutiger Sicht als überzogen, weil mit ihr Bildung als Religionsersatz missverstanden werden könnte. Bildung kann bei der Bewältigung von Lebensproblemen und -krisen *helfen*, aber sie löst sie nicht.

74 Horkheimer, Begriff der Bildung, a.a.O., 415 f.

75 Herrmann, Ulrich: „Bildung", „Kompetenz" – oder was? Einige notwendige Begriffsklärungen. In: Vierteljahresschrift für wissenschaftliche Pädagogik 3/2012, 496. Der nach der ersten PISA-Studie ab 2000 in den erziehungswissenschaftlichen und fachdidaktischen Diskussionen ebenso wie in der Bildungspolitik ausgeuferten Debatte über ‚Kompetenzorientierung' soll hier keine vertiefte Aufmerksamkeit gewidmet werden. Trotz ihrer Nachwirkungen in bildungspolitischen Vorgaben sowie der Praxis von Schulen und Hochschulen sind inzwischen die Grenzen dieses Ansatzes und die Aporien, die mit seiner extremen Ausweitung in alle Bereiche des Bildungssystems hinein verbunden waren, deutlich zutage getreten (vgl. Sander, Wolfgang: Die Kompetenzblase – Transformationen und Grenzen der Kompetenzorientierung. In: zeitschrift für didaktik der gesellschaftswissenschaften (zdg) 1/2013).

76 Klafki, Wolfgang: Grundzüge eines neuen Allgemeinbildungskonzepts. Im Zentrum: Epochaltypische Schlüsselprobleme. In: ders.: Neue Studien zur Bildungstheorie und Didaktik. Zeitgemäße Allgemeinbildung und kritisch-konstruktive Didaktik. 2., erweiterte Aufl., Weinheim und Basel 1991 (1. Aufl. 1985)

77 Vgl. dazu kritisch Nida-Rümelin: Philosophie einer humanen Bildung, a.a.O., 194 ff.

78 Klafki, a.a.O., 69

79 Ebd., 53

80 Klafki modifiziert damit einen vergleichbaren Ansatz von Wolfgang Hilligen, den dieser in der Didaktik der politischen Bildung in den 1960er- und 1970 Jahren unter Bezug auf „existentielle Herausforderungen" entwickelt hatte (vgl. Hilligen, Wolfgang: Didaktik des politischen Unterrichts I. Opladen 1975, 28 f., in der 4. Aufl., Bonn 1985, 32 f.).

81 Klafki, a.a.O., 56

82 Vgl. Fuhrmann, Manfred: Der europäische Bildungskanon. Frankfurt/M. und Leipzig 2004

83 Vgl. zu weiteren Gründen ebd., 205 ff.

84 Bransford, John D./Brown, Ann L./Cocking, Rodney R. (Hg.): How People Learn. Brain, Mind, Experience, and School. Expanded Edition, Washington D.C. 2000, 15

85 Reichenbach, Philosophie der Bildung und Erziehung, a.a.O., 196

86 Vgl. Bourdieu, Pierre: Die feinen Unterschiede. Kritik der gesellschaftlichen Urteilskraft. Frankfurt/M. 1982

87 Herrmann, a.a.O., 491 f.

88 Spaemann, Robert: Was ist ein gebildeter Mensch? In: Hastedt, Heiner (Hg.): Was ist Bildung? Eine Textanthologie. Stuttgart 2012, 224 ff.

6. Schule in der Weltgesellschaft

1 Reichenbach, Roland: Für die Schule lernen wir. Plädoyer für eine gewöhnliche Institution. Seelze 2013, 19

2 Zit. nach Michael, Berthold/Schepp, Heinz-Hermann (Hg.): Politik und Schule von der Französischen Revolution bis zur Gegenwart. 2 Bde., Bd. 1, Frankfurt/M. 1973, 145 f.

3   Oelkers, Jürgen: Die öffentliche Schule zwischen Globalisierung und Internationalisierung. Vortragsmanuskript, 2005 (http://www.kmk.org/pad/sokrates2/download/10_Jahre _COMENIUS/vortrag_oelkers.pdf, 1.9.2006)

4   Benner, Dietrich: Die Struktur der Allgemeinbildung in Kerncurriculum moderner Bildungssysteme. In: Zeitschrift für Pädagogik 1/2002

5   Ebd., 73

6   Ebd., 74

7   Tabelle nach ebd., 77

8   Vgl. Baumert, Jürgen: Deutschland im internationalen Bildungsvergleich. In: Kilius/Kluge/Reisch 2002

9   Ebd., 106 f.

10 Ebd., 107

11 Ebd., 113

12 Vgl. dazu u.a. Pike, Graham: Global Education. In: Arthur, James/Davies, Ian/Hahn, Carole (Hg.); The SAGE Handbook of Education for Citizenship and Democracy. Los Angeles et al. 2008; Seitz, Bildung in der Weltgesellschaft, a.a.O.; Scheunpflug, Annette/Schröck, Nikolaus: Globales Lernen. Stuttgart 2002

13 Vgl. Asbrand, Barbara/Scheunpflug, Annette: Globales Lernen. In: Sander, Wolfgang (Hg.): Handbuch politische Bildung. 4., völlig überarbeitete Aufl., Schwalbach/Ts. 2014

14 Orientierungsrahmen für den Lernbereich Globale Entwicklung. Zusammengestellt und bearbeitet von Jörg-Robert Schreiber und Hannes Siege, 2., aktualisierte und erweiterte Aufl., Bonn 2016

15 Bransford et al., How People Learn, a.a.O., 10

16 Mietzel, Gerd: Pädagogische Psychologie des Lehrens und Lernens. 8., überarbeitete und erweiterte Aufl., Göttingen 2007, 202

17 Hattie, John: Lernen sichtbar machen. Überarbeitete deutschsprachige Ausgabe von „Visible Learning", besorgt von Wolfgang Beywl und Klaus Zierer, Baltmannsweiler 2013, 284

18 Scheunpflug, Annette: Biologische Grundlagen des Lernens. Berlin 2001, 174

19 Hattie, a.a.O., 280

20 Ebd., 206

21 Ebd., 5

22 Ebd., 46

23 Vgl. Meyer, Hilbert: Was ist guter Unterricht? 11. Aufl., Berlin 2016

24 Vgl. Gruschka, Andreas: Lehren. Stuttgart 2014

25 Zu diesen Wissenschaften lassen sich mindestens die Fachdidaktiken, die Schulpädagogik mit ihren Unterspezialisierungen (z.B. Grundschulpädagogik, Förderpädagogik), die empirische Bildungsforschung (die trotz dieser Bezeichnung selten *Bildungsprozesse* erforscht), die Lernpsychologie und Bildungssoziologie zählen. *Bildungstheoretische* Diskurse finden derzeit dagegen eher in der Allgemeinen Erziehungswissenschaft und der Philosophie statt.

26 Humboldt, Theorie der Bildung, a.a.O., 37

27 Mietzel, a.a.O., 298

28 Pandel, Hans-Jürgen: Fachübergreifendes Lernen – Artefakt oder Notwendigkeit? In: sowi-online-journal 1/2001 (https://www.sowi-online.de/sites/default/files/pandel.pdf, 1.10.2017), 2

29 Duncker, Ludwig: Professionalität des Zeigens. Mehrperspektivität als Prinzip der Allgemeinen Didaktik. In: ders./Sander, Wolfgang/Surkamp, Carola (Hg.): Perspektivenvielfalt im Unterricht. Stuttgart 2005, 11 f.; dieser Band enthält Reflexionen und Beispiele für mehrperspektivischen Unterricht aus 12 schulischen Fächern und Fachgebieten.

30 Es ist hier nicht der Ort, allen Hindernissen für Bildung näher nachzugehen, die sich aus institutionellen Strukturen von Schulen und Hochschulen, bildungspolitischen Modetrends sowie ökonomischen und sonstigen Instrumentalisierungen der Bildungssysteme ergeben. Dies müsste Gegenstand eines anderen Buches sein, in dem die fatalen Folgen umfassender Verrechtlichung, „New Public Management'-Strategien und technokratischer Quantifizierungsillusionen für Schulen und Hochschulen genauer zu untersuchen wären. Dass diese Entwicklungen der Bildung mehr schaden als nutzen, darf wohl mit guten Gründen als Ausgangshypothese einer solchen Untersuchung gesetzt werden. In teilweise polemisch zugespitzter, aber anschaulicher und gut nachvollziehbarer Form vgl. dazu Liessmann, Konrad Paul: Theorie der Unbildung. München 2008; Lenzen, Dieter: Bildung statt Bologna! Berlin 2014

31 Vgl. Sander, Schulische Bildung zwischen Religion und Säkularismus, a. a. O.; vgl. zur Kritik eines unreflektierten Szientismus im naturwissenschaftlichen Unterricht auch Zeyer, Albert: Szientismus im naturwissenschaftlichen Unterricht? Konsequenzen aus der politischen Philosophie von John Rawls. In: Zeitschrift für Didaktik der Naturwissenschaften, Jg. 11 (2005), 193 ff.

32 Hofheinz, Volker: Erwerb von Wissen über „Nature of Science". Eine Fallstudie zum Potenzial impliziter Aneignungsprozesse in geöffneten Lehr-Lern-Arrangements am Beispiel von Chemieunterricht. Dissertation an der Universität Siegen, 2008, 62 (verfügbar unter https://www.deutsche-digitale-bibliothek.de/binary/SRTZO43RPLZIEKIBJCJ3 OEBYNSQHST6Q/full/1.pdf, 1.10.2017)

33 Comenius, Große Didaktik, hier zit. nach Scheuerl, Hans (Hg.): Lust an der Erkenntnis: Die Pädagogik der Moderne. Von Comenius und Rousseau bis in die Gegenwart. München 1992, 27 f.

34 Vgl. zur historischen Entwicklung, zu Merkmalen und zur praktischen Anwendung der Projektmethode als Standardwerk Frey, Karl: Die Projektmethode. „Der Weg zum bildenden Tun". 12. Aufl., Weinheim und Basel 2012

35 So hat die Helene-Lange-Schule in Wiesbaden „Schülertreffs" als Arbeits- und Begegnungsbereiche und wöchentlich vier Stunden für „Offenes Lernen" als nicht vorab verplantes Zeitfenster festgelegt; vgl. Riegel, Enja: Schule kann gelingen! Wie unsere Kinder wirklich fürs Leben lernen. Frankfurt/M. 2005, 21 ff.

36 Stocker, Günther: „Aufgewacht aus tiefem Lesen." Überlegungen zur Medialität des Bücherlesens im digitalen Zeitalter. In: Herrmann, Hans Christian von/Moser, Jeannie (Hg.): Lesen. Ein Handapparat. Frankfurt/M. 2015, 41

37 Ebd., 43; vgl. dort auch Nachweise zu einschlägigen Studien.

38 Vgl. Günther, Markus: Wenn Kinder nicht mehr lesen können. In: Frankfurter Allgemeine Sonntagszeitung vom 9.7.2017, 5

39 Vgl. Fuhrmann, Der europäische Bildungskanon, a. a. O., 173 ff.

40 Vgl. exemplarisch zur didaktischen Reflexion von Reisen aus Sicht der politischen Bildung Ciupke, Paul: Reisend lernen: Studienreise und Exkursion. In: Sander, Handbuch politische Bildung, a. a. O.

41 Vgl. Bachner, David/Zeutschel, Ulrich: Students of Four Decades. Participants' Reflections on the Meaning and Impact of an International Homestay Experience. Münster 2009. Die auf qualitativen Interviews basierende Studie bezieht sich auf Teilnehmererfahrungen in deutsch-amerikanischen Austauschbeziehungen von den 1950er- bis zu den 1990er-Jahren und deren langfristige Wirkungen.

42 Einen anschaulichen Überblick zur Arbeit der UNESCO-Projektschulen gibt die Ausgabe 4/2012 von UNESCO-heute, einem Magazin der Deutschen UNESCO-Kommission, sowie die von dieser Kommission herausgegebene Broschüre „60 Jahre UNESCO-Projektschulen – weltoffenes Lernen in einem globalen Netzwerk", Bonn 2013. Zur Geschichte und Organisation dieses Netzwerks vgl. ferner Hornberg, Sabine: Schule im Prozess der Internationalisierung von Bildung. Münster 2010, 130 ff.; einige kritische Befunde zur Umsetzung der Leitlinien in deutschen UNESCO-Projektschulen zeigen sich bei Sanders, Anja: ‚Bildung für das Leben in der Weltgesellschaft'. Eine dokumenten- und fallanalytisch gestützte Untersuchung des Bildungskonzepts der UNESCO-Projektschulen Deutschlands. Lüneburg 2012 (online unter http://opus.uni-lueneburg.de/opus/voll texte/2013/14259/pdf/DissAnjaSanders.pdf, 1.10.2017)

43 Aus dem Leitbild der Club of Rome Schulen, http://www.club-of-rome-schulen.org/un ser-leitbild (1.10.2017), kleine Fehler korrigiert.

44 Gesellschaft für europäische Bildungsprojekte e.V. im Auftrag des Hessischen Kultusministeriums (Hg.): Europäisches Curriculum der Hessischen Europaschulen. Kompetenzorientiertes Curriculum für die Europäische Dimension und das Interkulturelle Lernen. Weilburg 2010, 10

45 Vgl. Hornberg, a.a.O., 95

46 Vgl. Hessisches Kultusministerium (Hg.): Hessische Europaschulen. Ein Schulentwicklungsprogramm des Landes Hessen. Wiesbaden 2010, 8 f.

Schlussbetrachtung: Erziehung zum Weltbürger?

1 Appiah, Kwame Anthony: Der Kosmopolit. Philosophie des Weltbürgertums. München 2007, 182

2 Vgl. Höffe, Otfried: Demokratie im Zeitalter der Globalisierung. München 1999, 335 ff.

3 Schiller, Friedrich: Über die ästhetische Erziehung des Menschen in einer Reihe von Briefen [1793]. Stuttgart 2000, 134

4 Vgl. dazu auch zu Sen, a.a.O., in Kapitel 2.

Literaturverzeichnis

Abbott, Andrew: „Welcome to the University of Chicago." Supplement zu Forschung & Lehre 8/2007

Aberbach, Moshe: Jewish Education and History. Continuity, crisis and change. New York 2009

Adick, Christel: Globalisierungseffekte im Schulsystem. In: Sander/Scheunpflug 2005

Adorno, Theodor W.: Negative Dialektik. Frankfurt/M. 1966

Adorno, Theodor W.: Erziehung zur Mündigkeit. Frankfurt/M. 1969

Adorno, Theodor W.: Minima Moralia. Frankfurt/M. 1969

Adorno, Theodor W.: Theorie der Halbbildung [1959]. In: ders.: Gesammelte Schriften. Bd. 8, Frankfurt M. 1972

Alavi, S.M.: Muslim Educational Thought in the Middle Ages. Neu-Delhi 1988

Amt der Vereinigten Evangelisch-Lutherischen Kirche Deutschlands (VELKD) (Hg.): Luther lesen. Die zentralen Texte. Bearbeitet und kommentiert von Martin H. Jung, Göttingen 2016

Appiah, Kwame Anthony: Der Kosmopolit. Philosophie des Weltbürgertums. München 2007

Armstrong, Karen: Die Geschichte von Gott. 4000 Jahre Judentum, Christentum und Islam. München 2012

Arthur, James/Davies, Ian/Hahn, Carole (Hg.); The SAGE Handbook of Education for Citizenship and Democracy. Los Angeles et al. 2008

Asbrand, Barbara/Scheunpflug, Annette: Globales Lernen. In: Sander 2014

Auernheimer, Georg: Dimensionen der Globalisierung. Schwalbach/Ts. 2015

Ayala, Francisco J.: Evolution. Heidelberg 2013

Baab, Florian: Was ist Humanismus? Geschichte des Begriffs, Gegenkonzepte, säkulare Humanismen heute. Regensburg 2013

Baader, Meike Sophie: Erziehung als Erlösung. Transformationen des Religiösen in der Reformpädagogik. Weinheim/München 2005

Bachner, David/Zeutschel, Ulrich: Students of Four Decades. Participants' Reflections on the Meaning and Impact of an International Homestay Experience. Münster 2009

Baeyer, Hans Christian: Das informative Universum. Das neue Weltbild der Physik. München 2005

Bahr, Petra/Heinig, Hans-Michael (Hg.): Menschenwürde in der säkularen Verfassungsordnung. Rechtswissenschaftliche und theologische Perspektiven. Tübingen 2006

Baldus, Manfred: Kämpfe um die Menschenwürde. Die Debatten seit 1949. Berlin 2016

Barth, Hans-Martin: Dogmatik. Evangelischer Glaube im Kontext der Weltreligionen. 3., aktualisierte und ergänzte Aufl., Gütersloh 2008

Baumert, Jürgen: Deutschland im internationalen Bildungsvergleich. In: Kilius/Kluge/Reisch 2002

Benedikt XVI.: Glaube, Vernunft und Universität. Erinnerungen und Reflexionen. Ansprache in Aula Magna der Universität Regensburg. Dienstag, 12. September 2006. Veröffentlicht vom Heiligen Stuhl (http://w2.vatican.va/content/benedict-xvi/de/speeches/2006/september/documents/hf_ben-xvi_spe_20060912_university-regensburg.pdf)

Benner, Dietrich: Die Struktur der Allgemeinbildung in Kerncurriculum moderner Bildungssysteme. In: Zeitschrift für Pädagogik 1/2002

Berger, Peter L./Luckmann, Thomas: Die gesellschaftliche Konstruktion der Wirklichkeit. 20. Aufl., Frankfurt/M. 2004

Bielefeld, Heiner: Menschenrechte in der Einwanderungsgesellschaft. Plädoyer für einen aufgeklärten Multikulturalismus. Bielefeld 2007

Bieri, Peter: Wie wollen wir leben? 3. Aufl., Salzburg 2011

Bildung – Renaissance einer Leitidee. Thementeil von Zeitschrift für Pädagogik 4/2015

Blankertz, Herwig: Die Geschichte der Pädagogik von der Aufklärung bis zur Gegenwart. Wetzlar 1982

Bobbio, Noberto: Wir wissen immer weniger. ZEIT-Interview mit Otto Kallscheuer, in DIE ZEIT vom 29.12.1999

Bolden, Charles F./Edwards, Owen/Grunsfeld, Joh Mace/Levay, Zoltan: Expanding Universe. Photographs from the Hubble Space Telescope. Köln 2015

Bolz, Norbert: Zurück zu Luther. Paderborn 2016

Botticini, Maristella/Eckstein, Zvi: How Education Shaped Jewish History, 70–1492. Princeton 2012

Bourdieu, Pierre: Die feinen Unterschiede. Kritik der gesellschaftlichen Urteilskraft. Frankfurt/M. 1982

Bransford, John D./Brown, Ann L./Cocking, Rodney R. (Hg.): How People Learn. Brain, Mind, Experience, and School. Expanded Edition, Washington D.C. 2000

Chattopadhyaya, Umesh: Indischer Humanismus. In: Rüsen/Laas 2009

Chaudhuri, Rachita: Buddhist Education in Ancient India. Kolkata 2008

Ciupke, Paul: Reisend lernen: Studienreise und Exkursion. In: Sander 2014

Cohen, Floris: Die zweite Erschaffung der Welt. Wie die moderne Naturwissenschaft entstand. Lizenzausgabe, Bonn 2011

Deutsch, David: „Die Welt ist bizarr". Interview in DER SPIEGEL 11/2005

Deutsche UNESCO-Kommission (Hg.): Lernfähigkeit: Unser verborgener Reichtum. UNESCO-Bericht für das 21. Jahrhundert. Neuwied, Kriftel und Berlin 1997

Deutsche UNESCO-Kommission (Hg.): UNESCO heute 4/2012: UNESCO-Projektschulen

Deutsche UNESCO-Kommission: 60 Jahre UNESCO-Projektschulen. Weltoffenes Lernen in einem globalen Netzwerk. Bonn 2013

Deutsches PISA-Konsortium (Hg.): PISA 2000. Basiskompetenzen von Schülerinnen und Schülern im internationalen Vergleich. Opladen 2001

Diner, Dan: Versiegelte Zeit. Über den Stillstand in der islamischen Welt. 4. Aufl., Berlin 2015

Dolch, Josef: Lehrplan des Abendlandes. Zweieinhalbtausend Jahre seiner Geschichte. 3. Aufl., Ratingen 1971

Dörpinghaus, Andreas/Poenitsch, Andreas/Wigger, Lothar: Einführung in die Theorie der Bildung. 5. Aufl., Darmstadt 2013

Duncker, Ludwig: Professionalität des Zeigens. Mehrperspektivität als Prinzip der Allgemeinen Didaktik. In: ders./Sander/Surkamp 2005

Duncker, Ludwig: Zwischen Bildung und Qualifikation. In: Neue Sammlung 1/2005

Duncker, Ludwig/Sander, Wolfgang/Surkamp, Carola (Hg.): Perspektivenvielfalt im Unterricht. Stuttgart 2005

Einstein, Albert/Infeld, Leopold: Die Evolution der Physik. 20. Aufl., Reinbek 1995

Eisenstadt, Shmuel N.: Die Vielfalt der Moderne. Weilerswist 2000

Essen, Georg: „… an der zähesten Stelle der Humanität". Theologische Brocken zum Verhältnis von Christentum und Humanismus. In: Gieselmann/Straub 2012

Fend, Helmut: Geschichte des Bildungswesens. Der Sonderweg im europäischen Kulturraum. Wiesbaden 2006

Ferdowksi, Mir A. (Hg.): Weltprobleme. 6. Aufl., Lizenzausgabe, Bonn 2007

Fincke, Andreas: Mit Gott fertig? Konfessionslosigkeit, Atheismus und säkularer Humanismus in Deutschland. Aschaffenburg 2017

Fischer, Ernst Peter: Die andere Bildung. Was man von den Naturwissenschaften wissen sollte. 6. Aufl., München 2002

Fischer, Ernst Peter: Die Hintertreppe zum Quantensprung. Die Erforschung der kleinsten Teilchen von Max Planck bis Anton Zeilinger. Frankfurt/M. 2012

Foucault, Michel: Die Ordnung der Dinge. In: ders.: Die Hauptwerke. Frankfurt/M. 2008

Foucault, Michel: Subjektivität und Wahrheit. Vorlesungen am Collège de France 1980–1981. Berlin 2016

Frank, Martin: Das Subjekt kommt zurück. In: ZEIT-ONLINE vom 8.7.2004 (www.zeit.de/2004/29/ST-Foucault/komplettansicht?print=true)

Frey, Karl: Die Projektmethode. „Der Weg zum bildenden Tun". 12. Aufl., Weinheim und Basel 2012

Fuhrmann, Manfred: Der europäische Bildungskanon. Frankfurt/M. und Leipzig 2004

Fukuyama, Francis: Das Ende der Geschichte. Wo stehen wir? München 1992

Gabriel, Markus: Warum es die Welt nicht gibt. Berlin 2013

Gegenfurtner, Karl R.: Gehirn & Wahrnehmung. Frankfurt/M. 2003

Gerhardt, Volker: Der Sinn des Sinns. Versuch über das Göttliche. München 2014

Gesellschaft für europäische Bildungsprojekte e. V. im Auftrag des Hessischen Kultusministeriums (Hg.): Europäisches Curriculum der Hessischen Europaschulen. Kompetenzorientiertes Curriculum für die Europäische Dimension und das Interkulturelle Lernen. Weilburg 2010

Gieselmann, Martin/Straub, Jürgen (Hg.): Humanismus in der Diskussion. Rekonstruktionen, Revisionen und Reinterventionen eines Programms. Bielefeld 2012

Gingerich, Owen: Gottes Universum. Ein Dialog zwischen Naturwissenschaft und Glaube. Freiburg 2012

Gold, Hartmut/Bavendamm, Gundula/Burkard, Benedikt (Hg.): globalisierung 2.0. Katalog zur gleichnamigen Ausstellung im Museum für Kommunikation Frankfurt, 2007

Graf, Friedrich Wilhelm: Die Wiederkehr der Götter. Religion in der modernen Kultur. München 2004

Graf, Friedrich Wilhelm: Götter global. Wie die Welt zum Supermarkt der Religionen wird. München 2014

Gruschka, Andreas: Lehren. Stuttgart 2014

Gu, Xuewu: Konfuzius zur Einführung. Hamburg 1999

Günther, Markus: Wenn Kinder nicht mehr lesen können. In: Frankfurter Allgemeine Sonntagszeitung vom 9.7.2017

Günther, Sebastian: Be Masters in That You Teach und Continue to Learn: Medieval Muslim Thinkers on Educational Theory. In: Comparative Education Review 3/2006

Günther, Sebastian: „Der Lebende, Sohn des Wachen: Über die Geheimnisse der orientalischen Weisheit" – Literatur und Religion in einem philosophisch-allegorischen Roman des klassischen muslimischen Gelehrten Ibn Tufail. In: Tholen/Moenninghof/Bernstorff (Hg.) 2012

Günther, Sebastian: Bildungsauffassungen klassischer muslimischer Gelehrter. Von Abu Hanifa bis Ibn Khaldun (8.-15. Jh.). In: Sejdini 2016

Günther, Sebastian: Ibn Rushd and Thomas Aquinas on Education. In: Pomerantz/Shain, Aram 2016

Günther, Sebastian: „Nur Wissen, das durch Lehre lebendig wird, sichert den Eingang ins Paradies." Die Madrasa als religiöse Bildungseinrichtung im mittelalterlichen Islam. Videoaufzeichnung eines Vortrags wurde am 18.1.2017 an der Universität Göttingen, verfügbar unter https://www.uni-goettingen.de/de/539347.html

Günther, Sebastian: „Eine Erkenntnis, durch die keine Gewissheit entsteht, ist keine sichere Erkenntnis". Arabische Schriften zur klassischen islamischen Pädagogik. In: Sarikaya/Bäumer 2017

Habermas, Jürgen: Zwischen Naturalismus und Religion. Frankfurt/M. 2005

Habermas, Jürgen/Ratzinger, Josef: Dialektik der Säkularisierung. Über Vernunft und Religion. Freiburg 2006

Habermas, Jürgen: Zeit der Übergänge. Kleine Politische Schriften IX, Frankfurt/M. 2001

Hafeneger, Benno (Hg.): Subjektdiagnosen. Subjekt, Modernisierung und Bildung. Schwalbach/Ts. 2005

Hastedt, Heiner (Hg.): Was ist Bildung? Eine Textanthologie. Stuttgart 2012

Hattie, John: Lernen sichtbar machen. Überarbeitete deutschsprachige Ausgabe von „Visible Learning", besorgt von Wolfgang Beywl und Klaus Zierer, Baltmannsweiler 2013

Hauser, Linus: Kritik der neomythischen Vernunft. Paderborn, Bd. 1: Menschen als Götter der Erde. 1800–1945, 2. Aufl. 2005; Bd. 2: Neomythen der beruhigten Endlichkeit. Die Zeit von 1945 bis heute, 2009; Bd. 3: Die Fiktionen der Science auf dem Wege in das 21. Jahrhundert. 2016

Hawking, Stephen/Mlodinow, Leonard: Der große Entwurf. Eine neue Erklärung des Universums. Reinbek 2010

Heintz, Peter: Die Weltgesellschaft im Spiegel von Ereignissen. Diessenhofen 1982

Helferich, Christoph: Geschichte der Philosophie. Von den Anfängen bis zur Gegenwart und Östliches Denken. Stuttgart 1985

Herberger, Stefan: Posthumanismus. Eine kritische Einführung. Darmstadt 2009

Herrlitz, Hans-Georg/Hopf, Wulf/Titze, Hartmut/Cloer, Ernst: Deutsche Schulgeschichte von 1800 bis zur Gegenwart. Eine Einführung. 5. Aufl., Weinheim und München 2009

Herrmann, Hans Christian von/Moser, Jeannie (Hg.): Lesen. Ein Handapparat. Frankfurt/M. 2015

Herrmann, Ulrich: „Bildung", „Kompetenz" – oder was? Einige notwendige Begriffsklärungen. In: Vierteljahresschrift für wissenschaftliche Pädagogik 3/2012

Hessisches Kultusministerium (Hg.): Hessische Europaschulen. Ein Schulentwicklungsprogramm des Landes Hessen. Wiesbaden 2010

Hildebrandt, Antje: Zwei mal zwei ist blau. In: Frankfurter Rundschau vom 2.8.2003

Hilligen, Wolfgang: Didaktik des politischen Unterrichts. 4. Aufl., Bonn 1985

Höffe, Otfried: Demokratie im Zeitalter der Globalisierung. München 1999

Hoffman, Donald D.: Visuelle Intelligenz. Wie die Welt im Kopf entsteht. München 2003

Hofheinz, Volker: Erwerb von Wissen über „Nature of Science". Eine Fallstudie zum Potenzial impliziter Aneignungsprozesse in geöffneten Lehr-Lern-Arrangements am Beispiel von Chemieunterricht. Dissertation an der Universität Siegen, 2008 (https://www.deutsche-digitale-bibliothek.de/binary/SRTZO43RPLZIEKIBJCJ3OEBYNSQHST6Q/full/1.pdf)

Horgan, John: An den Grenzen des Wissens. Siegeszug und Dilemma der Naturwissenschaften. München 1997

Horkheimer, Max: Begriff der Bildung [1952]. In: ders.: Gesammelte Schriften. Bd. 8, Frankfurt/M. 1985

Horkheimer, Max: Die Sehnsucht nach dem ganz Anderen. Ein Interview mit Kommentar von Helmut Gumnior. Hamburg 1970

Horkheimer, Max/Adorno, Theodor W.: Dialektik der Aufklärung. Frankfurt/M. 1969

Hornberg, Sabine: Schule im Prozess der Internationalisierung von Bildung. Münster 2010

Huber, Wolfgang: Die jüdisch-christliche Tradition. In: Joas, Hans/Wiegandt, Klaus (Hg.): Die kulturellen Werte Europas. 5. Aufl., Frankfurt/M. 2006

Humboldt, Wilhelm von: Theorie der Bildung des Menschen. Bruchstück [1793]. In: Tenorth 1986

Huntington, Samuel P.: Kampf der Kulturen. Die Neugestaltung der Weltpolitik im 21. Jahrhundert, Hamburg 2006

Ibn Tufail: Hayy Ibn Yaqdhan – ein muslimischer Inselroman. Hg. von Jameleddine Ben Abdeljelil/Viktoria Frysak, Wien 2007

Ikeda, Daisaku: Humanismus. Ein buddhistischer Entwurf für das 21. Jahrhundert. Darmstadt 2012

Iriye, Akira (Hg.): Geschichte der Welt. 1945 bis heute – Die globalisierte Welt. München 2013

Jaeggi, Rahel: Entfremdung. Zur Aktualität eines sozialphilosophischen Problems. Frankfurt/New York 2005

Jahn, Egbert: Die wundersame Vermehrung der Nationalstaaten im Zeitalter der Globalisierung. Frankfurter Montagsvorlesungen, Neue Folge 27, 2014, 2 (verfügbar unter http://fkks.uni-mannheim.de/montagsvorlesung/nationalstaaten_i/zsframov27_net_nationalstaaten_i_46.pdf)

Jaspers, Karl: Die maßgebenden Menschen. Sokrates, Buddha, Konfuzius und Jesus. München 2013

Joas, Hans: Glaube als Option. Zukunftsmöglichkeiten des Christentums. Freiburg 2012

Joas, Hans: Sind die Menschenrechte westlich? München 2015

Joas, Hans: Die Macht des Heiligen. Eine Alternative zur Geschichte der Entzauberung. Berlin 2017

Joas, Hans/Wiegandt, Klaus (Hg.): Säkularisierung und die Weltreligionen. Frankfurt/M. 2007

Jouhy, Ernest: Vielfalt der Kulturen – Einheit der Bildung. Ein Beispiel: Judentum. In: Tenorth 1986

Kant, Immanuel: Kritik der reinen Vernunft. Vollständige Ausgabe nach der zweiten, hin und wieder verbesserten Auflage 1787, vermehrt um die Vorrede zur ersten Auflage 1781. Köln 2011

Keil, Geert: Kritik des Naturalismus. Berlin/New York 1993

Keupp, Heiner: Die Reflexive Modernisierung von Identitätskonstruktionen: Wie heute Identität geschaffen wird. In: Hafeneger 2005

Kielmansegg, Peter Graf von: Angst essen Deutschland auf. In: Frankfurter Allgemeine Zeitung Nr. 52 vom 2.3.2016, S. 11

Kilius, Nelson/Kluge, Jürgen/Reisch, Linda (Hg.): Die Zukunft der Bildung. Frankfurt/M. 2002

Klafki, Wolfgang: Grundzüge eines neuen Allgemeinbildungskonzepts. Im Zentrum: Epochaltypische Schlüsselprobleme. In: ders.: Neue Studien zur Bildungstheorie und Didaktik. Zeitgemäße Allgemeinbildung und kritisch-konstruktive Didaktik. 2., erweiterte Aufl., Weinheim und Basel 1991

Klapheck, Elisa/Calderon, Ruth: Säkulares Judentum aus religiöser Quelle. Berlin 2015

Koller, Hans-Christoph: Bildung anders denken. Einführung in die Theorie transformatorischer Bildungsprozesse. Stuttgart 2012

Konfuzius: Gespräche. Aus dem Chinesischen von Richard Wilhelm. Hamburg 2011

Krämer, Gudrun: Geschichte des Islam. München 2005

Kuhn, Thomas S.: Die Struktur wissenschaftlicher Revolutionen. 13. Aufl., Frankfurt/M. 1996

Kuld, Lothar/Bolle, Rainer/Knauth, Thorsten (Hg.): Pädagogik ohne Religion? Beiträge zur Bestimmung und Abgrenzung der Domänen von Pädagogik, Ethik und Religion. Münster 2005

Laass, Henner/Probasky, Herbert/Rüsen, Jörn/Wulff, Angelika (Hg.): Lesebuch Interkultureller Humanismus. Texte aus drei Jahrtausenden. Schwalbach/Ts. 2013

Laass, Henner/Probasky, Herbert/Rüsen, Jörn/Wulff, Angelika: Einleitung. In: dies. 2013

Ladenthin, Volker (Hg.): Philosophie der Bildung. Eine Zeitreise von den Vorsokratikern bis zur Postmoderne. 2. Aufl., Bonn 2012

Lakoff, George/Johnson, Mark: Leben in Metaphern. Konstruktion und Gebrauch von Sprachbildern. 3. Aufl., Heidelberg 2003

Lauster, Jörg: Die Verzauberung der Welt. Eine Kulturgeschichte des Christentums. München 2014

Lenzen, Dieter: Bildung statt Bologna! Berlin 2014

Liessmann, Konrad Paul: Theorie der Unbildung. München 2008

List, Elisabeth: Vom Darstellen zum Herstellen. Eine Kulturgeschichte der Naturwissenschaften. Weilerswist 2007

Luhmann, Niklas: Die Weltgesellschaft. In: ders: Soziologische Aufklärung 2. Opladen 1975

Luhmann, Niklas: Soziale Systeme. Frankfurt/M. 1984

Luther, Martin: Grund und Ursach aller Artickel D. Mart. Luthers, so durch Römische Bulle unrechtlich verdamt seinde. Augsburg 1521

Manemann, Jürgen: Der Dschihad und die Kultur des Westens. Warum ziehen junge Europäer in den Krieg? Bielefeld 2015

Martin, David: On Secularization. Towards a Revisited General Theory. Aldershot 2005

Maturana, Humberto/Varela, Francisco J.: Der Baum der Erkenntnis. Die biologischen Grundlagen menschlichen Erkennens. Bern und München 1987

Melville, Gert: Ist religiöse Bildung institutionalisierbar? Exemplarische Überlegungen zu klösterlichen Befunden des Mittelalters. Videoaufzeichnung eines Vortrags am 1.2.2017 an der Universität Göttingen, verfügbar unter https://www.uni-goettingen.de/de/539347.html

Menzel, Ulrich: Was ist Globalisierung oder die Globalisierung vor der Globalisierung. In: Ferdowski 2007

Meyer, Hilbert: Was ist guter Unterricht? 11. Aufl., Berlin 2016

Meyer, John: Weltkultur. Wie die westlichen Prinzipien die Welt durchdringen. Frankfurt/M. 2005

Meyer, John/Boli, John/Thomas, George M./Ramirez, Francisco O.: Die Weltgesellschaft und der Nationalstaat. In: Meyer 2005

Michael, Berthold/Schepp, Heinz-Hermann (Hg.): Politik und Schule von der Französischen Revolution bis zur Gegenwart. 2 Bde., Frankfurt/M. 1973

Mietzel, Gerd: Pädagogische Psychologie des Lehrens und Lernens. 8., überarbeitete und erweiterte Aufl., Göttingen 2007

Moegling, Klaus: Kultureller Transfer und Bildungsinnovation: Wie Schulen die nächste Generation auf die Zukunft der Globalisierung vorbereiten können. Immenhausen 2017

Müller, Stefan/Mende, Janna (Hg.): Differenz und Identität. Konstellationen der Kritik. Weinheim und Basel 2016

Müller, Stefan/Mende, Janna: Weder getrennt noch eins. Identität, Differenz und die Frage nach Freiheit. In: dies. 2016

Müller, Stefan/Sander, Wolfgang (Hg.): Bildung in der postsäkularen Gesellschaft. Weinheim 2018

Murphy, Gregory L.: The Big Book of Concepts. Cambridge/London 2004

Nagel, Thomas: Geist und Kosmos. Warum die neodarwinistische Konzeption der Natur so gut wie sicher falsch ist. Frankfurt/M. 2013

Nida-Rümelin, Julian: Philosophie einer humanen Bildung. Hamburg 2013

Niethammer, Friedrich Immanuel: Der Streit des Philantropinismus und Humanismus in der Theorie des Erziehungs-Unterrichts unserer Zeit. Jena 1808

Oelkers, Jürgen: Die öffentliche Schule zwischen Globalisierung und Internationalisierung. Vortragsmanuskript, 2005 (http://www.kmk.org/pad/sokrates2/download/10_Jahre_COMENIUS/vortrag_oelkers.pdf)

Oelkers, Jürgen/Osterwalde, Fritz/Tenorth, Heinz-Elmar (Hg.): Das verdrängte Erbe. Pädagogik im Kontext von Religion und Theologie. Weinheim und Basel 2003

Orientierungsrahmen für den Lernbereich Globale Entwicklung. Zusammengestellt und bearbeitet von Jörg-Robert Schreiber und Hannes Siege, 2., aktualisierte und erweiterte Auf., Bonn 2016

Osterhammel, Jürgen: Die Verwandlung der Welt. Eine Geschichte des 19. Jahrhunderts. München 2009

Oz, Amos: Eine Geschichte von Liebe und Finsternis. Frankfurt/M. 2004

Oz, Amos/Oz-Salzberger, Fania: Juden und Worte. Berlin 2013

Pandel, Hans-Jürgen: Fachübergreifendes Lernen – Artefakt oder Notwendigkeit? In: sowi-online -journal 1/2001 (https://www.sowi-online.de/sites/default/files/pandel.pdf)

Parzinger, Hermann: Die Kinder des Prometheus. Eine Geschichte der Menschheit vor der Erfindung der Schrift. München 2014

Paulsen, Friedrich: Geschichte des gelehrten Unterrichts auf den deutschen Schulen und Universitäten vom Ausgang des Mittelalters bis zur Gegenwart. 2 Bde., Leipzig 1895

Paulsen, Friedrich: Bildung. In: Rein 1903

Paulus, Markus: Die Stellung des Subjekts bei Foucault und Habermas. In: e-Journal Philosophie der Psychologie, Dezember 2009 (http:/www.jp.philo.at/texte/PaulusM1.pdf)

Piaget, Jean: Der Aufbau der Wirklichkeit beim Kinde. Stuttgart 1974

Pike, Graham: Global Education. In: Arthur/Davies/Hahn 2008

Pomerantz, Maurice A./Shain, Aram (ed.): The Heritage of Arabo-Islamic Learning. Studies Presented to Wada Kadi. Leiden 2016

Preuß, Monika: Gelehrte Juden. Lernen als Frömmigkeitsideal in der frühen Neuzeit. Göttingen 2007

Ratzinger, Joseph: Was die Welt zusammenhält. Vorpolitische moralische Grundlagen eines freiheitlichen Staates. In: Habermas/Ratzinger 2005

Rawls, John: Politischer Liberalismus. Frankfurt/M. 2003

Reagan, Timothy: Non-Western Educational Traditions. Local Approaches to Thought and Practice. Fourth Edition, New York 2018

Reichenbach, Roland: Philosophie der Bildung und Erziehung. Eine Einführung. Stuttgart 2007

Reichenbach, Roland: Für die Schule lernen wir. Plädoyer für eine gewöhnliche Institution. Seelze 2013

Rein, Wilhelm (Hg.): Enzyklopädisches Handbuch der Pädagogik. Bd. I, Jena 1903

Rentsch, Thomas: Gott. Berlin 2005

Riegel, Enja: Schule kann gelingen! Wie unsere Kinder wirklich fürs Leben lernen. Frankfurt/M. 2005

Roth, Gerhard: Aus Sicht des Gehirns. Völlig überarbeitete Neuauflage, Frankfurt/M. 2009

Rüsen, Jörn: Einleitung: Einheitszwang und Unterscheidungswille – die kulturelle Herausforderung der Globalisierung und die Antwort des Humanismus. In: ders./Laass 2009

Rüsen, Jörn/Laass, Henner (Hg.): Interkultureller Humanismus. Menschlichkeit in der Vielfalt der Kulturen. Schwalbach/Ts. 2009

Safranski, Rüdiger: Zeit. Was sie aus uns macht und was wir mit ihr machen. München 2015

Sander, Wolfgang: Bildung und Perspektivität. Kontroversität und Indoktrinationsverbot als Grundsätze von Bildung und Wissenschaft. In: Erwägen – Wissen – Ethik 2/2009

Sander, Wolfgang: Die Kompetenzblase – Transformationen und Grenzen der Kompetenzorientierung. In: zeitschrift für didaktik der gesellschaftswissenschaften (zdg) 1/2013

Sander, Wolfgang: Politik entdecken – Freiheit leben. Didaktische Grundlagen politischer Bildung. 4. Aufl., Schwalbach/Ts. 2013

Sander, Wolfgang: Politik in der Schule. Kleine Geschichte der politischen Bildung in Deutschland. 3. Aufl., Marburg 2013

Sander, Wolfgang (Hg.): Handbuch politische Bildung. 4., völlig überarbeitete Aufl., Schwalbach/ Ts. 2014

Sander, Wolfgang: Nach der Säkularisierungsthese: Religion als Herausforderung für schulische Bildung. In: Hüsch, Sebastian/Marcuzzi, Max (Hg.): La religion au XXIe siècle. Enjeux de la discussion autour de la société postséculière/Religion im 21. Jahrhundert. Dimensionen der Diskussion um die post-säkulare Gesellschaft. Cahiers d'Etudes Germaniques, Aix-en-Provence N° 74 (2018)

Sander, Wolfgang: Schulische Bildung zwischen Religion und Säkularismus. In: Müller/Sander 2018

Sander, Wolfgang/Scheunpflug, Annette (Hg.): Politische Bildung in der Weltgesellschaft. Herausforderungen, Positionen, Kontroversen. Bonn 2011

Sanders, Anja: ,Bildung für das Leben in der Weltgesellschaft'. Eine dokumenten- und fallanalytisch gestützte Untersuchung des Bildungskonzepts der UNESCO-Projektschulen Deutschlands. Lüneburg 2012 (http://opus.uni-lueneburg.de/opus/volltexte/2013/14259/pdf/DissAnjaSanders.pdf)

Sarıkaya, Yaşar//Bäumer, Franz-Josef (Hg.): Aufbruch zu neuen Ufern. Aufgaben, Problemlagen und Profile einer islamischen Religionspädagogik im europäischen Kontext. Münster 2017

Scheuerl, Hans (Hg.): Lust an der Erkenntnis: Die Pädagogik der Moderne. Von Comenius und Rousseau bis in die Gegenwart. München 1992

Scheunpflug, Annette: Biologische Grundlagen des Lernens. Berlin 2001

Scheunpflug, Annette/Schröck, Nikolaus: Globales Lernen. Stuttgart 2002

Schiller, Friedrich: Über die ästhetische Erziehung des Menschen in einer Reihe von Briefen [1793]. Stuttgart 2000

Schlemm, Annette: Was vernünftig ist, das ist wirklich … In: dies.: Philosophenstübchen-Blog, https://philosophenstuebchen.wordpress.com/2012/01/22/verstand-vernunft-4/

Schmidt, Siegfried J.: Der Diskurs des Radikalen Konstruktivismus. Frankfurt/M. 1987

Schoenfeldt, Eberhard: Der Edle ist kein Instrument. Bildung und Ausbildung in Korea (Republik). Studien zu einem Land zwischen China und Japan. Kassel 1996

Schrenk, Friedemann: Die Frühzeit des Menschen. 5. Aufl., München 2008

Schulze, Hagen: Staat und Nation in der europäischen Geschichte. München 1994

Schwinn, Thomas: Multiple Modernities: Konkurrierende Thesen und offene Fragen. In: Zeitschrift für Soziologie 6/2009

Seitz, Klaus: Bildung in der Weltgesellschaft. Gesellschaftstheoretische Grundlagen Globalen Lernens, Frankfurt/M. 2002

Sejdini, Zekirija (Hg.): Islamische Theologie und Religionspädagogik in Bewegung. Neue Ansätze in Europa. Bielefeld 2016

Selg, Annette/Wieland, Rainer (Hg.): Die Welt der Encyclopédie. Frankfurt/M. 2001

Sen, Amartya: Die Identitätsfalle. Warum es keinen Krieg der Kulturen gibt. München 2007

Siebert, Horst: Pädagogischer Konstruktivismus. Lernzentrierte Pädagogik in Schule und Erwachsenenbildung. 3. Aufl., Neuwied und Kriftel 2005

Siedentop, Larry: Die Erfindung des Individuums. Der Liberalismus und die westliche Welt. Stuttgart 2015

Sloterdijk, Peter: Regeln für den Menschenpark. Ein Antwortschreiben zu Heideggers Brief über den Humanismus. 12. Aufl., Frankfurt/M. 1999

Söding, Thomas: Das Christentum als Bildungsreligion. Der Impuls des Neuen Testaments. Freiburg 2016

Sölle, Dorothee: Das Recht ein anderer zu werden. Neuwied und Berlin 1971

Spaemann, Robert: Der letzte Gottesbeweis. München 2007

Spaemann, Robert: Was ist ein gebildeter Mensch? In: Hastedt 2012

Stampfer, Shaul: Families, Rabbis and Education. Traditional Jewish Society in Nineteenth-Century Eastern Europe. Oxford and Portland 2010

Stanton, Charles Michael: Higher Learning in Islam. The Classical Period, A. D. 700–1300. Savage 1990

Stocker, Günther: „Aufgewacht aus tiefem Lesen.“ Überlegungen zur Medialität des Bücherlesens im digitalen Zeitalter. In: Herrmann/Moser 2015

Stoecker, Ralf: Die philosophischen Schwierigkeiten mit der Menschenwürde – und wie sie sich vielleicht lösen lassen. In: Information Philosophie, http://www.information-philosophie.de/?a=1&t=4948&n=2&y=1&c=1

Straub, Jürgen/Gieselmann, Martin: Humanismus nach seiner Zeit? Aktuelle Rekonstruktionen, Revisionen, Reinventionen. In: Gieselmann/Straub 2012

Swinburne, Richard: Is There a God? Revisited Edition, Oxford 2010

Tenorth, Heinz-Elmar (Hg.): Allgemeine Bildung. Analysen zu ihrer Wirklichkeit, Versuche über ihre Zukunft. Weinheim und München 1986

Tenorth, Heinz-Elmar: Geschichte der Erziehung. Einführung in die Grundzüge ihrer neuzeitlichen Entwicklung. Weinheim und München 1988

Tetens, Holm: Gott denken. Ein Versuch über rationale Theologie. Stuttgart 2015

The Cambridge History of Christianity. 9 Bde., Cambridge 2014

Tholen, Toni/Moenninghof, Burkhard/Bernstorff, Wiebke von (Hg.): Literatur und Religion. Hildesheim 2012

Titze, Hartmut: Die Politisierung der Erziehung. Untersuchungen über die soziale und politische Funktion der Erziehung von der Aufklärung bis zum Hochkapitalismus. Frankfurt/M. 1973

Watzlawick, Paul (Hg.): Wie wirklich ist die Wirklichkeit? Wahn, Täuschung, Verstehen. 10. Aufl., München 2010

Werron, Tobias: Das Konzept der „Weltgesellschaft" – sozialwissenschaftliche Perspektiven und Positionen im Überblick. In: Sander/Scheunpflug 2011

Widmaier, Benedikt/Steffens, Gerd (Hg.): Weltbürgertum und Kosmopolitisierung. Interdisziplinäre Perspektiven für die Politische Bildung. Schwalbach/Ts. 2010

Winkler, Heinrich August: Geschichte des Westens. Von den Anfängen in der Antike bis zum 20. Jahrhundert. Sonderausgabe, München 2016

Wittgenstein, Ludwig: Tractatus logico-philosophicus (http://tractatus-online.appspot.com/Tractatus/jonathan/D.html)

Zeilinger, Anton: Einsteins Schleier. Die neue Welt der Quantenphysik. München 2003

Zeitschrift für Soziologie, Sonderheft „Weltgesellschaft", Stuttgart 2005

Zeyer, Albert: Szientismus im naturwissenschaftlichen Unterricht? Konsequenzen aus der politischen Philosophie von John Rawls. In: Zeitschrift für Didaktik der Naturwissenschaften, Jg. 11 (2005)

Zimbardo, Philip G./Gerrig, Richard J.: Psychologie. 16. Aufl., München 2004

Florian Hartleb

Die Stunde der Populisten

**Wie sich unsere Politik trumpetisiert
und was wir dagegen tun können**

Florian Hartleb

DIE STUNDE DER POPULISTEN

Wie sich unsere Politik trumpetisiert
und was wir dagegen tun können

Was ist mit unseren westlichen Demokratien momentan eigentlich los? Ist der US-Präsident Donald Trump ein Vorbote für Europa? Warum schlägt die Stunde der Vereinfacher im Zuge von Flüchtlingskrise, Terrorismus und Brexit derzeit so laut und schrill?

Fest steht: Die jüngsten politischen Entwicklungen machen demokratischen Multiplikatoren große Sorgen. Zu gravierend haben sich gesellschaftliche Spaltungstendenzen in die politischen Systeme eingespeist.

In diesem neuen Band wird Aufklärungsarbeit betrieben und herausgearbeitet, wie den Demagogen Einhalt geboten werden kann.

ISBN 978-3-7344-0464-1,
240 S., € 16,90

E-Book: ISBN 978-3-7344-0465-8 (PDF),
€ 13,99

ISBN 978-3-7344-0538-9 (EPUB), € 13,99

Der Autor

Dr. phil. Florian Hartleb ist Politikberater und Publizist; Managing Director von Hanse Advice in Tallinn/Estland. Er forscht seit dem Jahr 2000 zu Populismus und Radikalismus und hat u. a. zum Thema promoviert.

www.wochenschau-verlag.de  www.facebook.com/
wochenschau.verlag  @wochenschau-ver

EschbornerLandstraße42–50,60489Frankfurt/M.,Tel.:07154/1327-30, info@wochenschau-verlag.de

WOCHEN SCHAU VERLAG

... ein Begriff für politische Bildung

Grundlagen

Wolfgang Sander (Hrsg.)

Handbuch
politische Bildung

4., völlig überarbeitete Auflage

Die völlig überarbeitete und aktualisierte Auflage des Handbuchs politische Bildung präsentiert in bewährter Form und differenziert die
aktuellen Kontroversen in der Wissenschaft,
didaktische Prinzipien, inhaltsbezogene Auf-
gabenfelder sowie Medien und Methoden. Die
Beiträge zu den Institutionen politischer Bildung in Deutschland und zum internationalen
Vergleich sind deutlich ausgeweitet worden.

Mehr als 50 Autorinnen und Autoren bereiten
das professionelle Wissen des Fachs in kom-
pakter Form auf. Damit ist das Handbuch für
Studium und Weiterbildung noch nützlicher geworden und eine echte Weiterentwicklung der
vorangegangenen Auflagen.

ISBN 978-3-89974852-9
624 S., € 49,80

Mit Beiträgen von

Barbara Asbrand | Helle Becker | Anja Besand | Stephan Bundschuh | Paul Ciupke | Carl
Deichmann | Joachim Detjen | Karlheinz Dürr | Andreas Eis | Sebastian Fischer | Thomas Goll |
Hans-Georg Golz | Tilman Grammes | Johannes Greving | Benno Hafeneger | Carole L. Hahn |
Reinhold Hedtke | Thomas Hellmuth | Peter Henkenborg | Alfred Holzbrecher | Klaus-Peter Hufer |
Li Hui | Ingo Juchler | Kerry J. Kennedy | Andreas Kost | Christoph Kühberger | Hans-Werner Kuhn
| Dirk Lange | Frank Langner | Alexandra Lechner-Amante | Andreas Lutter | Dieter Maier | Peter
Massing | Michael May | Mirka Mosch | Norbert Neuß | Heinrich Oberreuter | Bernd Overwien |
Andreas Petrik | Adrianne Pinkney | Kerstin Pohl | Stefan Rappenglück | Sibylle Reinhardt | Dagmar
Richter | Wolfgang Sander | Jessica Schattschneider | Armin Scherb | Annette Scheunpflug | Lothar
Scholz | Hannes Strelow | Georg Weißeno | Christine Zeuner | Béatrice Ziegler

www.wochenschau-verlag.de  www.facebook.com/
wochenschau.verlag @wochenschau-ver

Eschborner Landstraße 42–50, 60489 Frankfurt/M, Tel.: 07154 1327-30, info@wochenschau-verlag.de